WOLFGANG SCHMIDBAUER
Der neue Psychotherapie-Führer

W0060256

Buch

Wolfgang Schmidbauer stellt in diesem Buch die wesentlichen Richtungen der Psychotherapie vor und führt mit kompetenten Hinweisen
durch den Dschungel der verschiedenen Schulen und Möglichkeiten
psychotherapeutischer Hilfe. Er zeigt mögliche Zugangswege und
schildert Rahmenbedingungen, die durch die Krankenkassen gesetzt
werden. Er beschreibt nicht nur den idealen Verlauf der jeweiligen
Therapien, sondern auch die Schattenseiten und typische Schwierigkeiten, mit denen zu rechnen ist. Sein zuverlässiges Urteil ermöglicht
es Fachleuten wie auch Betroffenen, sich zu orientieren.

Autor

Dr. Wolfgang Schmidbauer ist als Psychotherapeut sowie als Lehranalytiker und Supervisor in München tätig. Der erfahrene Therapeut
hat sich auch als Verfasser einer Reihe von kritisch-aufklärerischen
Büchern über die heilenden Berufe hervorgetan.

Wolfgang Schmidbauer

Der neue Psychotherapie-Führer

Die wichtigsten
psychotherapeutischen Methoden.
Informationen und Tips
für Interessierte und Betroffene

GOLDMANN

Umwelthinweis:
Alle bedruckten Materialien dieses Taschenbuches
sind chlorfrei und umweltschonend.

Der Goldmann Verlag
ist ein Unternehmen der Verlagsgruppe Bertelsmann

Vollständige Taschenbuchausgabe Juni 1997
Wilhelm Goldmann Verlag, München
© 1994 der Originalausgabe Wilhelm Goldmann Verlag, München
Umschlaggestaltung: Design Team München
Druck: Presse-Druck Augsburg
Verlagsnummer: 12694
KF · Herstellung: Sebastian Strohmaier
Made in Germany
ISBN 3-442-12694-0

1 3 5 7 9 10 8 6 4 2

Inhalt

Vorwort zur Taschenbuchausgabe 9

Einleitung 12

Allgemeine Fragen

Der Zugang zur Psychotherapie 17
Der Leidensdruck · Die Finanzierung · Nach dem Kassenkontingent · Kassenzugelassene Therapeuten · Ausbildungskandidaten · Stationär – ambulant · Akute Krisen · Therapeutenwechsel · Ausgefallene Stunden · Soll man den Bericht an den Gutachter lesen?

Schwierigkeiten mit der Psychotherapie 35
Weltanschauung und Wertvorstellungen · Therapie und Ideologie · Die Modernität der Therapie · Neue Klienten – andere Methoden

Kurzdarstellung psychotherapeutischer Methoden

Die Psychoanalyse 51
Theoretische Grundvorstellungen · Der Unterschied von Wissen und Einsicht · Die Bedeutung der Kindheit · Die psychoanalytische Situation · Traumbearbeitung · Der therapeutische Wert der analytischen Situation · Die Aktivitäten des Therapeuten · Deuten · Vorstufen des Deutens · Konstruktionen · Die Übertragung · Die Übertragungsneurose · Die Gegen-übertragung · Widerstand · Das Durcharbeiten · Indikation · Das Vorge-spräch · Zeitaufwand und Kosten · Erfolgsaussichten und Erfolgskontrolle

Individualpsychologische Therapie 104
Behandlungsmethode · Indikation · Prognose

Psychotherapie nach C. G. Jung 109
Theoretische Voraussetzungen · Technisches Vorgehen · Indikation · Auf-wand

Analytische Psychotherapie 116
Spezielle Techniken · Indikation

Dynamische Psychotherapie 125
Indikation · Zeitaufwand und Kosten

Kurzpsychotherapie 133
Indikation · Verlauf · Erfolgsaussichten und praktische Gesichtspunkte

Gruppentherapeutische Methoden 139
Künstliche und natürliche Gruppen

Analytische Gruppenpsychotherapie 143
Indikation und Zusammensetzung der Gruppen · Zeitaufwand und Kosten ·
Ergebnisse

Transaktionsanalyse 150
Ein Beispiel · Der Entschluß · Die Spiele · Die Therapie: Ein Entschluß wird
gefaßt · Indikation, Zeitaufwand und Kosten

Gestalttherapie 157
Therapeutische Verfahren · Indikation, Zeitaufwand und Kosten

Psychodrama 162
Die therapeutische Methode · Indikation, Zeitaufwand und Kosten

Verhaltenstherapie 167
Systematische Desensitivierung · Reizüberflutung (Flooding, Implosion) ·
Verstärkungssysteme (Verhaltensmodifikation) · Selbstsicherheitstraining ·
Kognitive Verhaltenstherapie

Gesprächspsychotherapie 184
Die Technik der Gesprächspsychotherapie · Indikation, Zeitaufwand und
Kosten

Primärtherapie 193
Die Technik der Primärtherapie · Indikation, Zeitaufwand und Kosten

Selbsterfahrungsgruppen
als »Therapie für Normale« 200
Balint-Gruppen · Gruppendynamisches Laboratorium und Sensitivitätstraining · Erfahrungsgruppen (Encounter-Gruppe, Kontaktgruppe) · Indikation, Zeitaufwand und Kosten

Körpertherapie 213
Atemtherapie · Bioenergetik · Eutonie, Feldenkrais-Methode

Nachwort
Mißbrauch in der Therapie 220

Allgemeine Literatur 228

Register 233

Vorwort zur Taschenbuchausgabe

Dieser Psychotherapie-Führer wird erfreulicherweise jetzt als Taschenbuch einem weiteren Käuferkreis zugänglich gemacht. Kritiker haben die Darstellung vorwiegend gelobt; getadelt wurde jedoch ein Mangel, dem ich jetzt abzuhelfen suche: die notgedrungene Einseitigkeit des Ansatzes, die mit meiner psychoanalytischen Orientierung zusammenhängt. Als besserwisserische Dogmatik lehne ich eine tiefenpsychologische Orthodoxie gerade so ab wie eine lerntheoretische; als Mittel, eigene Erfahrungen darzustellen und zu reflektieren, ist für jeden professionellen Therapeuten eine »Schule« des Denkens unentbehrlich.

Für die Taschenbuchausgabe habe ich einen neuen Abschnitt über Mißbrauch in der Therapie an den Schluß des Vorworts gestellt und den Abschnitt über die Verhaltenstherapie ergänzt. Auch das kommentierte Literaturverzeichnis am Ende des Buchs wurde aktualisiert und erweitert.

Bereits in der Erstausgabe war von Plänen zu einer einheitlichen gesetzlichen Regelung der Arbeit von Psychologen im Gesundheitswesen die Rede. Leider ist es bis heute bei solchen Plänen geblieben; der Gesetzgeber hat hier wenig Initiative und Eigenständigkeit gegenüber den Fachverbänden an den Tag gelegt, deren Interessen höchst heterogen sind. Im Gegensatz zu dem früher beklagten Mangel an qualifizierten Psychotherapeuten insgesamt hat sich dieser Mangel zunehmend verlagert. Er betrifft vor allem die wenig attraktiven, universitätsfernen Regionen. Während in Heidelberg oder München-Schwabing inzwischen angeblich mehr Psychotherapeuten pro Kopf der

Bevölkerung praktizieren als in Hollywood oder Manhattan, haben es Menschen in Kleinstädten und Dörfern immer noch schwer, ohne längere Fahrzeiten bei einem Therapeuten ihrer Wahl unterzukommen.

Vor hundert Jahren lebten mindestens zwei Drittel der Deutschen noch in solchen kleinen ländlichen Gemeinden. Heute konzentriert sich die Bevölkerung in städtischen Zentren; die Brüche, denen Familien im Lauf weniger Generationen ausgesetzt sind, erscheinen enorm. Mein eigener Vater ist in einem kleinen Bauernhof in Niederbayern aufgewachsen, in dem es kein fließendes Wasser, keine Kanalisation und Zentralheizung, kein Radio und nur drei gedruckte Bücher gab. Um in seinem Leben als »Studierter« zu bestehen, brauchte er andere Vorbilder als seinen Vater.

Die Auflösung überlieferter Bindungen und die im Entwurf des eigenen Lebens enthaltene Chance, »ganz anders« zu sein als Vater und Mutter, vervielfachen auch die Möglichkeiten des Konflikts. Die Realität der Berufsarbeit erfüllt nicht die hohen Glückserwartungen, der Liebespartner erfüllt die Sehnsucht nicht, es besser zu haben als die Eltern in ihrer Ehe. Jeder einzelne muß um sein eigenes Gleichgewicht zwischen Gefühls- und Triebwünschen, wirtschaftlicher Anpassung und persönlichen Idealen ringen. Neue Dienstleistungsberufe versprechen angesichts dieser schwierigen Situation, zu beraten und zu unterstützen. Aber diese Helfer – die Psychotherapeuten – befriedigen dadurch auch eigene wirtschaftliche und emotionale Interessen. So ist ein schwer durchschaubarer Markt entstanden, und mit diesem beschäftigt sich das vorliegende Buch.

Wir wissen heute aus vielen Forschungen, daß nicht die wissenschaftliche Methode, sondern die persönliche Beziehung zwischen dem Therapeuten und seinem Patienten für den Erfolg des Unternehmens einer Psychotherapie von ausschlaggebender Bedeutung ist. Deshalb ist auch der Wert von sachlichen Informationen begrenzt, denen zwangsläufig solche persönlichen Qualitäten fehlen. Nach langjähriger Arbeit nicht nur als Psychotherapeut, sondern auch als kritischer Autor über das Feld der helfenden Berufe bin ich immer noch überzeugt, daß eine forschende, die Realität prüfende Haltung hier keineswegs alle Fragen beantworten, aber doch viele Verwirrungen lindern und Enttäuschungen vorbeugen kann. In einer solchen Orientierungshilfe lassen sich die Probleme zwar, so gut es geht und soweit die Mühe des Autors trägt, einfach und klar ausdrücken, aber nicht über ein gewisses Maß hinaus vereinfachen.

Der »Psychotherapie-Führer« wendet sich an alle, die sich für dieses Feld interessieren, als Betroffene, aber auch als Berater von Betroffenen – Familienangehörige, Laienhelfer, Lehrer, Pfarrer, Allgemeinärzte, Gesundheitsberufe. Bewährte und verbreitete Methoden sind ausführlicher dargestellt als wenig erprobte.

Adressen einzelner Institute oder Verbände habe ich nicht angegeben, weil der einfachere Zugang zur Psychotherapie darin liegt, sich vor Ort, bei persönlich bekannten Ärzten, Psychologen, Lebensberatungsstellen oder sozialpsychiatrischen Diensten zu erkundigen und die Krankenkasse nach einer Liste der von ihr zugelassenen psychologischen und ärztlichen Therapeuten zu fragen. Große Firmen haben häufig eigene, soziale Dienste für ihre Angestellten, die ebenfalls weiterhelfen können. Ein erster, ganz wichtiger Schritt ist geleistet, wenn ein Betroffener sich selbst zugesteht, daß es nicht Ausdruck eines Makels ist, psychotherapeutische Hilfe zu suchen, sondern Einsicht in die Lebensbedingungen unserer Zeit, in der jeder von uns sich daran gewöhnen muß, gelegentlich die beratenden Kompetenzen anderer Menschen anzufragen und für sich zu nutzen.

Einleitung

Wer in eine Situation gerät, in der er sich Hilfe für seelische Schwierigkeiten wie Ängste, Depressionen oder organisch nicht erklärbare Körpersymptome wünscht, findet sich einem schwer durchschaubaren Angebot gegenüber. Es gibt verschiedene »Schulen« der Psychotherapie und Verhaltenstherapie, deren Grundsätze selbst vielen Ärzten nicht genügend bekannt sind. Neben dem von den Krankenkassen geregelten und daher einigermaßen überschaubaren Angebot werden in Kleinanzeigen und auf Hochglanzprospekten Kurse angeboten, die eine enorme Steigerung des seelischen Wohlbefindens versprechen, häufig jedoch im Kleingedruckten vermerken, sie seien als Therapie bei seelischen Beschwerden nicht anzuwenden, setzen eine voll entwickelte seelische Belastbarkeit bereits voraus.

Der vorliegende Text sucht diese Situation zu erhellen, indem er die wichtigsten Methoden der Psychotherapie darstellt: ihre Lehren von der Entstehung seelischer Krankheiten ebenso wie die von ihnen gewiesenen Wege zu Besserung oder Heilung, ihre Erfolgsaussichten und wenn möglich ihre besonderen Anzeigen (Indikationen) und Vorzüge. Gerade die letzte Frage ist schwer zu beantworten, weil nahezu jede therapeutische Richtung von sich behauptet, mit fast allen neurotischen Schwierigkeiten fertig zu werden.

Vollständigkeit wurde nicht angestrebt, doch dürften die im Text beschriebenen Therapieformen ungefähr 90 Prozent der professionellen Arbeit in den europäischen Ländern erfassen. Es gibt nach verschiedenen Schätzungen zwischen 150 und 250 unterschiedliche »Schulrichtungen«. Aber die Wahrscheinlichkeit, ihnen zu begegnen, ist höchst unterschiedlich; ebenso ihre Originalität, die häufig einer genauen und vergleichenden Prüfung nicht standhält. Man tut gut daran, Neuerer höher zu schätzen, die ihre Quellen nennen und nicht nur sich selbst zitieren. Es gibt solche, die etwa Freud erst ausplündern, um ihn dann mit großer Geste zu verwerfen: alles Nützliche, was er zu sagen wußte, ist bereits ihr Eigentum; nur die Ungereimtheiten, die sich bei ihm finden lassen, bleiben als seine Besonderheiten übrig.

Ehe die wichtigsten Richtungen der Psychotherapie dargestellt werden, sollen auch die Rahmenbedingungen beschrieben werden, welche zum Beispiel die Krankenkassen setzen. Ferner werden in einem zweiten Rahmenartikel die Schwierigkeiten behandelt, welche dem Unternehmen der Psychotherapie anhaften – die Ängste vor und die Vorurteile gegen eine Therapie, die »weltanschauliche« Qualität von Psychotherapie und die Veränderung in der typischen Klientel von Psychotherapeuten.

Dieser Psychotherapie-Führer informiert nicht über alle seelischen Störungen und auch nicht über alle Behandlungsmethoden, denn hier spielen Medikamente (die sogenannten Psychopharmaka mit den drei großen Gruppen der Tranquilizer, der Neuroleptika und der Antidepressiva) eine große Rolle. Er konzentriert sich auf die Modelle zur Behandlung jener im Grenzgebiet zwischen »normalem« Alltagskonflikt und sozial auffälligem Verhalten angesiedelten Störungen, die seit den Pionieren der Psychotherapie »Neurosen« heißen und von den Geisteskrankheiten, den Psychosen, abgegrenzt werden. Wie der Übergang zwischen dem Gesunden und dem Neurotiker, so ist auch der zwischen Neurose und Psychose unscharf, fließend. Es ist ganz falsch, anzunehmen, daß Neurosen »leichtere« Störungen sind und es sich angenehmer mit ihnen lebt als mit einer Psychose. Es ist auch nicht so, daß Neurosen mit Psychotherapie behandelt werden und Psychosen nicht.

Oft ist Psychotherapie auch bei Psychosen aussichtsreich, aber sie verlangt einen höheren Einsatz des Therapeuten und Möglichkeiten, den Patienten in Krisen auch stationär unterzubringen. Deshalb hat sie es (auch wegen der unsicheren Kassenfinanzierung) schwer, zur professionellen Routine zu werden. Gegenwärtig werden in Westeuropa Neurosen vorwiegend mit Psychotherapie, Psychosen mit einer Kombination aus Psychotherapie und Psychopharmaka behandelt. Der zentrale Unterschied zwischen neurotischen und psychotischen Störungen liegt darin, daß der neurotisch Kranke *einsieht*, daß mit ihm etwas nicht in Ordnung ist, während der Psychotiker diese Qualität der »Krankheitseinsicht« nicht hat und eher die Umwelt für störend und gestört hält; auf deren imaginierte Angriffe reagiert er dann mit bizarrem Verhalten.

ALLGEMEINE FRAGEN

Der Zugang zur Psychotherapie

Wer soll in Psychotherapie? Möglichst viele, sagen die Psychotherapeuten, vor allem, wenn sie an ihr bescheidenes Stück (weniger als ein Prozent; für Medikamente gegen seelische Störungen wird weit mehr ausgegeben als für psychologische Behandlungen) aus dem großen Kuchen des Gesundheitsgeschäfts denken. Möglichst wenige, sagen beispielsweise manche Beauftragte der Kirchen, denen diese »weltliche Seelsorge« (Sigmund Freud) schon immer ein Dorn im Auge war, oder aber auch Ärzte, die an ihren Arzneimitteln und chemischen Erklärungsmodellen von Neurosen und Psychosen festhalten wollen. Möglichst nur die, bei denen sonst teure Dauermedikationen, Krankenhausbehandlungen und Operationen notwendig werden, sagt der an Kosteneinsparungen denkende Gesundheitspolitiker. Was aber kann sich der potentielle Interessent sagen?

Eine Psychotherapie ist unangenehm, sie kostet Zeit und steht vor logistischen Problemen, wenn man über mehrere Jahre hin ein- bis dreimal pro Woche in eine Praxis gehen soll. Sie ist angenehm, denn sie hat nur wenige Nebenwirkungen, vor allem keine toxischen Spätschäden, wie leider viele Psychopharmaka; sie macht auch nicht süchtig (von Grenzfällen abgesehen, in denen ein Beobachter diesen Eindruck gewinnen kann).

In manchen Fällen ist der Leidensdruck groß und die Aussichten, auf anderem Weg zu einer Heilung zu kommen, sind erschöpft, z. B. bei Bluthochdruck, Magengeschwüren, Bronchialasthma und anderen psychosomatischen Erkrankungen. Hier haben die meisten Psychotherapiepatienten schon ihre Erfahrungen mit der Organmedizin gesammelt. Sie wollen nicht resignieren und sich auf eine lebenslange Behandlung mit chemischen Stoffen oder eine chirurgische Operation einlassen. In anderen Fällen ist Psychotherapie ohnehin das einzige Mittel, das Erfolg verspricht: Wenn ein Mann jede Woche ein neues Türschloß braucht, weil er morgens auf dem Weg in die Arbeit eine Stunde damit verbringt, sich immer erneut zu vergewissern, daß die Türe auch abgesperrt ist, dann wird er eine gewisse Folgerichtigkeit darin sehen, dieses Zwangssymptom mit Psychotherapie und nicht mit einem Medikament zu behandeln. Ähnliches gilt für neurotische Ängste oder akute Verzweiflung, die nach der Trennung von einem Liebespartner auftreten.

Hier ist den Betroffenen meist klar, daß ein Medikament nicht das richtige Mittel ist, um eine Störung zu behandeln, die so eindeutig mit der eigenen Lebensführung zusammenhängt. Allerdings heißt das nicht, daß sie nicht zuerst zu einem Medikament greifen. Es hängt von vielen äußeren und inneren Bedingungen ab, ob der potentielle Psychotherapiepatient sich zu dieser Form der Behandlung entschließt, oder sich lieber versorgen und betäuben läßt. Eine große Rolle spielt es, ob sich im Familien- oder Bekanntenkreis Personen finden, die gute Erfahrungen mit einer Therapie gemacht haben (»friends and supporters of psychotherapy«, vgl. S. 37). Wichtig ist auch, was der Arzt des Vertrauens empfiehlt, was Lehrer, Eltern sagen, welche Informationen aus den Medien ankommen und für vertrauenswürdig gehalten werden.

Mir scheint in solchen Fällen die Ambivalenzdebatte das beste Mittel zu einer Klärung. Ambivalenzdebatte besagt, daß es kein Licht ohne Schatten gibt, daß wir im Leben selten zwischen dem reinen Guten und dem finsteren Bösen zu entscheiden haben, häufig aber ein größeres gegen ein kleineres Übel abwägen müssen. Wenn wir das nicht tun, weil wir nur schwarz oder weiß sehen wollen, versäumen wir viel Zeit und landen am Ende beim größeren Übel, weil uns das kleinere zu weit vom erstrebten, jedoch unerreichbaren Guten entfernt schien.

Eine Psychotherapie versuchen, das heißt, die eigenen seelischen Störungen und Behinderungen ernst nehmen. Das ist einerseits besser, als sie zu verleugnen, anderseits schlechter, als sich alleine in ihrer Überwindung zu erproben. Nehmen wir einen harmlosen Vergleich: Wenn der Wasserhahn tropft, können wir einen Installateur rufen oder versuchen, uns mit unserem Schraubenschlüssel selbst an die Arbeit zu machen. Wenn uns die Reparatur gelingt, haben wir die Rechnung des Installateurs gespart und können stolz sein auf unser Geschick. Wenn sie mißlingt, ohne daß sich etwas verschlimmert, können wir immer noch den Installateur rufen. Wenn aber bei unserem Reparaturversuch alle drei Wohnungen unter der unsrigen einen Wasserschaden erleiden, sollten wir daraus die Lehre ziehen, daß wir nicht dazu geschaffen sind, Wasserhähne aufzuschrauben, und das nächste Mal gleich den Fachmann rufen.

Alle Vergleiche hinken, aber die Literatur wäre langweilig ohne sie. Mit dem Beispiel ist gemeint, daß seelische Belastungen, die wir mit unseren eigenen Mitteln verarbeiten können, uns stärker machen. Andere hingegen, in denen unsere Mittel so überfordert sind, daß die Belastung unter ihrer Anwendung nicht allmählich leichter, sondern immer größer wird, rufen nach psychotherapeutischer Hilfe. In diesen Bedingungsgefügen spielt auch das Lebensalter eine wichtige Rolle. Wenn ein Zwanzigjähriger nach zwei Nächten mit einer Frau, die ihn zunächst fasziniert hat, impotent wird, kann er noch sagen: Sie war eben nicht die Richtige. So muß er sich in die Suche nach der Richtigen stürzen. Wenn er mit 35 und einer Liste von zehn »falschen« Frauen immer noch die Richtige sucht und nicht an eine Psychotherapie denkt, scheint das eine schwerwiegende Verleugnung, eine Art Dreistigkeit, die ganz anders beurteilt werden muß als die unbekümmerte Lösung des Zwanzigjährigen. Bei diesem hätte uns der Entschluß, schon nach dem ersten Scheitern einer Liebesbeziehung in Therapie zu gehen, eher verwundert: Hat er so wenig Mut, einen zweiten Versuch zu wagen?

Wenn eine Angestellte nach anderthalb Jahren Streit mit ihrem Chef hat und kündigt, ist das die normalste Sache der Welt. Wenn sie zehn Jahre später achtmal den Arbeitsplatz gewechselt hat und deshalb weit weniger verdient als ihre Altersgenossinnen, sollte sie vielleicht überlegen, ob diese Wiederholungen nicht an einer neurotischen Problematik liegen, die sie in einer Psychotherapie bearbeiten kann.

Der Leidensdruck

Man könnte sagen, daß sich mit jedem dieser gescheiterten Versuche, die Störung mit Bordmitteln zu beheben (»Es war nicht die Richtige«, »Schon wieder ein solches Ekel als Chef«, oder aber »Alle Vorgesetzten sind ekelhaft«), der Leidensdruck erhöht. Die Selbstkritik sagt, daß die Möglichkeiten, die Verantwortung für das Scheitern nach außen zu verschieben, allmählich erschöpft sind. Freunde und Bekannte sagen, »es muß doch auch an Dir liegen«. Die Kränkung durch das Ende, die Mühe des neuen Anfangs zehren an den Kräften.

Der Leidensdruck gilt als wesentlicher Motor der Psychotherapie. Wer nicht leidet und deshalb auch nichts tun will, um weniger zu leiden, ist ein schlechter Klient für eine psychotherapeutische Behandlung. Wer nur deshalb kommt, weil er fürchtet, leiden zu müssen, wenn er keine Psychotherapie macht, ist ein problematischer Klient. Solche Situationen ergeben sich beispielsweise, wenn ein Ehemann in Behandlung kommt, weil seine Frau sich sonst von ihm scheiden lassen will. Er findet sich und seine Männlichkeit ganz in Ordnung, will aber die Partnerin nicht verlieren und macht dem Therapeuten ein ambivalentes Angebot von der Sorte: »Meine Frau sagt, ich bin gefühlskalt. Ich glaube das nicht. Aber vielleicht ist doch etwas dran, und deshalb bin ich hier.«

Eine große Gruppe stationär Behandelter fällt in die Dynamik des Leidensdrucks aus zweiter Hand: die Drogenabhängigen, welche vor die Wahl gestellt sind, entweder eine Therapieauflage zu erfüllen oder eine Gefängnisstrafe abzusitzen. Die Arbeit mit ihnen ist manchmal undankbar, zum Beispiel wenn sich ein so »Behandelter« nach vier Monaten kühl lächelnd mit der Bemerkung verabschiedet, er habe jetzt seine Auflage erfüllt und diese sei das einzige gewesen, was ihn hier gehalten habe – Therapie sei zwar Quatsch, aber doch längst nicht so stressig wie der Knast. Es gibt aber auch Fälle, in denen der »Zwangsbehandelte« nach einiger Zeit Geschmack an dem therapeutischen Angebot findet und schließlich von einem freiwilligen und motivierten Patienten nicht mehr zu unterscheiden ist.

Die Finanzierung

Seit den sechziger Jahren sind die tiefenpsychologisch fundierte und die analytische Psychotherapie Leistungen der gesetzlichen Krankenkassen (also der Ersatzkassen, wie DAK, BEK usw., der AOK und der Betriebskrankenkassen). Voraussetzung ist, daß die Behandlung notwendig und aussichtsreich ist; das wird von einem Gutachter festgestellt, dem der Therapeut einen entsprechenden anonymen Bericht vorlegen muß. In den achtziger Jahren sind die Leistungen für Verhaltenstherapie dazugekommen; hier ist allerdings die Gesamtzahl der bezahlten Sitzungen geringer. Die meisten Privatkassen haben sich den Leistungen der gesetzlichen Krankenkassen angeglichen; sie wollen schließlich nicht den Eindruck erwecken, für einen höheren Beitrag ihre Kunden schlechter zu versorgen. Gegenwärtig ist eine gesetzliche Regelung geplant, wonach die Patienten bei einer längeren ambulanten Psychotherapie ein Viertel der Kosten selbst bezahlen sollen. Jeder zur Psychotherapie ermächtigte Arzt kann fünf Sitzungen (»probatorische Sitzungen«) auf Krankenschein (also ohne Bericht an einen Gutachter) abrechnen. 25 Sitzungen sind als »Krisenintervention« mit einem Kurzgutachten möglich; soll daraus eine längere Therapie werden, muß während dieser Krisenintervention ein Antrag gestellt werden. Die 25 Sitzungen werden dann auf das Gesamtkontingent der ersten Genehmigung (beispielsweise 160 Sitzungen analytische Psychotherapie oder 50 Sitzungen tiefenpsychologisch fundierte Therapie) angerechnet. (Weitere Einzelheiten zur Finanzierung sind bei den Methodenbeschreibungen angegeben).

Nach dem Kassenkontingent

Ein Finanzierungsproblem ergibt sich nicht nur zu Beginn, sondern auch am Ende einer Therapie bei Kassenpatienten: Was tun, wenn das Kassenkontingent erschöpft ist, aber der Patient den Wunsch hat, weiterzuarbeiten, und der Therapeut dies für sinnvoll hält? Dann kehren beide in die Ursituation zurück, die vor unserer Kassenregelung auch in Deutschland herrschte: das Honorar muß ausgehandelt werden. Der Kassensatz liegt gegenwärtig zwischen 80 und 110 DM für die »Stunde« von 50 Minuten. Wenn sich beide Seiten entgegenkommen, kann man z. B. bei finanziell wenig gesegneten Patienten mit einem geringeren Stundenhonorar weiterarbeiten und diese Einbuße dadurch kompensieren, daß Privatkassen bis zu 160 Mark bezahlen. In der Regel gelingt es in einem solchen Spätstadium der Behandlung, wenn beide Beteiligten miteinander vertraut sind, auch mit einer Sitzung pro Woche auszukommen. Die entstehende Belastung von (Ferien abgerechnet) rund 300 Mark im Monat läßt sich meist verkraften. Wichtig sind klare Absprachen; eine Gratistherapie ist den Beteiligten nur zuzumuten, wenn offen über die damit verbundenen Befürchtungen diskutiert werden kann.

Bei Gruppentherapien läßt sich die Behandlung nach Erschöpfung des Kassenkontingents mit wesentlich geringeren Belastungen fortführen. Hier genügt bei einer Sitzung pro Woche und einem Honorar von 35 Mark pro Gruppenteilnehmer ein monatlicher Aufwand von rund 100 Mark, um die Behandlung selbst zu finanzieren. Gerade die langfristige Gruppentherapie eignet sich sehr gut, um einen begonnenen psychotherapeutischen Prozeß in Gang zu halten und in Krisensituationen ein Forum zu haben, das Unterstützung anbietet. Daher gehen Patienten, die eine Einzeltherapie abgeschlossen haben, nachher öfter noch einige Jahre in eine Gruppe. Diese Gruppe beim früheren Einzeltherapeuten zu machen, hat Vor- und Nachteile: Er ist bereits vertraut, und der Abschied aus der Einzelbehandlung ist nicht so schmerzlich. Andererseits kann keine Erfahrung mit einem neuen Therapeuten in einem anderen Rahmen gemacht werden, und die Reste der ausschließlichen Beziehung zum Therapeuten in der Einzeltherapie erschweren die Kontaktaufnahme zu den Gruppenmitgliedern.

Kassenzugelassene Therapeuten

Nicht alle Therapeuten sind von den Krankenkassen zugelassen. In Deutschland dürfen nur Ärzte und Heilpraktiker selbständig behandeln. Ehe das gegenwärtig im Entwurf vorliegende Psychologengesetz die seit dem »Heilpraktikergesetz« aus dem Dritten Reich doch erheblich veränderte Situation neu regelt, machen in den letzten Jahren die meisten Diplom-Psychologen, die als Psychotherapeuten in eigener Praxis arbeiten, eine sogenannte »erleichterte Prüfung« nach dem Heilpraktikergesetz, d. h. sie legen ihr Diplom und einige andere Urkunden vor und erhalten die Erlaubnis zur Ausübung der Heilkunde auf dem Gebiet der Psychotherapie. Ärzte haben diese Erlaubnis nach der Approbation grundsätzlich.

Beide Berufe müssen eine spezielle Weiterbildung nachweisen, wenn sie von den Krankenkassen anerkannt werden wollen. Diese Ausbildungen sind noch recht unterschiedlich; Ärzte haben es im allgemeinen leichter, mit der Zusatzbezeichnung »Psychotherapie« eine Kassenzulassung zu erhalten. Psychologen müssen entweder eine tiefenpsychologische Vollausbildung an einem von der kassenärztlichen Vereinigung anerkannten Institut nachweisen, oder eine Verhaltenstherapieausbildung. Dadurch werden sie »delegationsfähig«, d. h. ein Kassenarzt mit der Zusatzbezeichnung Psychotherapie oder Psychoanalyse kann Behandlungen an sie delegieren. In anderen Fällen haben Klinische Psychologen spezielle Verträge mit einzelnen Kassen (»Erstattungspsychologen«). Für den Patienten ist das meist relativ unwichtig. Wenn er zu einem Psychologen geht, kann er nicht gleichzeitig mit Medikamenten behandelt werden, weil Psychologen keine Rezepte ausstellen dürfen. Das ist für die Psychotherapie aber kein Nachteil, weil gleichzeitige Psycho- und Pharmakotherapie die Situation immer etwas verwirrt, so daß auch Mediziner eine während einer Psychotherapie begonnene körperliche Behandlung häufig lieber durch einen Kollegen durchführen lassen. Der organisatorische Unterschied zwischen der Therapie bei einem Arzt und der bei einem Psychologen ist, daß der Patient eines Psychologen einen eigenen Termin wahrnehmen muß, um den delegierenden Arzt aufzusuchen, der ihn vor Beginn der Behandlung sehen soll, um sicherzustellen, daß keine körperliche Krankheit übersehen wurde.

Natürlich ist diese Vorschrift medizinisch kaum zu begründen. Ein delegierender Arzt kann schließlich ebenso leicht eine körperliche Krankheit übersehen, wie jeder andere Praktiker. Psychologen sind heute so ausgebildet, daß sie zwischen psychischen und somatischen Beschwerden ebenso gut unterscheiden können wie Ärzte. Meist sind Psychotherapiepatienten ohnehin schon sehr oft untersucht worden. Es geht bei dieser Delegationsregelung eher um eine symbolische Befriedigung von medizinischen Standesinteressen. Sinnvoller wäre eine *wechselseitige* Konsultationspflicht. Durch sie wären sicherlich große Einsparungen im Gesundheitswesen möglich: Vor der Psychotherapie durch den Psychologen muß, wie gegenwärtig, ein Arzt konsultiert werden, der klärt, ob nicht ein organisches Leiden übersehen wurde. Zusätzlich müßte aber auch vor der Einleitung einer medizinischen Therapie (z. B. mit Psychopharmaka, mit einer Operation) ein Psychologe konsultiert werden, der klärt, ob nicht ein seelisches Leiden übersehen wurde.

Wenn eine Behandlungsmethode oder ein Behandler nicht von den Kassen zugelassen ist, spricht das in der Regel nicht für sie bzw. ihn. Wie bei allen Standardisierungen ist durch die bürokratische Regelung der Zulassung ein professioneller Durchschnitt gewährleistet. Er garantiert keine Spitzenleistung, gewährleistet aber, daß eine gewisse Sicherheit gegen Betrug besteht. Wenn ein Therapeut genial ist, müßte er eigentlich auch die keineswegs besonders schwer zu erfüllenden Anforderungen einer Kassenzulassung meistern. Wenn er eine ganz neue, den Kassen noch gänzlich unbekannte Methode hat, – warum muß sie seine einzige sein? Was hindert ihn, die relativ allgemeinen Orientierungen der Psychoanalyse oder der Lerntheorie soweit nachzuweisen, daß die kassenärztliche Vereinigung ihn akzeptiert?

Die Kassenverbände gehorchen dem Trägheitsgesetz aller großen Institutionen. Sie widersetzen sich Neuerungen so lange, bis ihr Segen zweifelsfrei erwiesen ist, unter Umständen sogar noch länger. Daher kann es durchaus Situationen geben, in denen eine nicht von den Kassen zugelassene Behandlung etwas Hervorragendes leistet. Im Bereich der Psychotherapie allerdings sprechen alle bisherigen Nachuntersuchungen dafür, daß nicht die altmodische oder innovative Methode, sondern die persönliche Beziehung zum Therapeuten den Ausschlag für den Erfolg gibt. Neurotisch gestörte Menschen glauben manchmal, daß sie eine solche konstruktive Beziehung nicht wert sind. Sie meinen, es sei notwendig, sich zu bestrafen oder übermäßig viel zu geben, um zu bekommen, was zu einem normalen Austausch gehört: Liebe gegen Liebe, Anerkennung gegen Anerkennung, Respekt gegen Respekt. Diese masochistische Haltung macht gerade Psychotherapieinteressenten anfällig für Scharlatane, die mit der Unterstellung operieren, weil sie erheblich höhere Honorare verlangen als andere und jede Zusammenarbeit mit den Krankenkassen ablehnen, sei ihre Zuwendung auch etwas ganz Besonderes.

Ausbildungskandidaten

Die meisten der privat von Fachgesellschaften getragenen Institute, an denen Ärzte und Psychologen postgraduiert zu Psychotherapeuten ausgebildet werden, haben Beratungsstellen, an denen Interessenten oft schneller einen Therapieplatz bekommen als überall sonst. Der Therapeut, zu dem sie gehen, ist ein Ausbildungskandidat. Das mag auf den ersten Blick Widerstände wecken – wer will schon zum Versuchskaninchen eines Therapeuten werden, der sein Handwerk erst lernen soll?

Diese Befürchtungen sind meist unrealistisch. Durch die besondere Art der Therapieausbildungen sind diese Kandidaten keine Studenten, sondern Professionelle, deren Examen im Schnitt sicherlich fünf Jahre zurückliegt. Sie haben inzwischen Erfahrungen in Kliniken und Beratungsstellen gesammelt; ohne solche Erfahrungen wird der Kandidat in der Regel gar nicht zur Ausbildung zugelassen. Ehe er nun seinen ersten Patienten behandeln darf, muß er noch einmal viel Theorie lernen, die eigene Selbsterfahrung, z. B. die Lehranalyse, in ein fortgeschrittenes Stadium bringen, ein Anamnesenpraktikum absolvieren und seine ersten Behandlungen intensiv kontrollieren lassen.

Das heißt, die Metapher vom Versuchskaninchen muß ergänzt werden durch eine andere: der Kandidat bietet das, was für den Autofahrer ein Neuwagen ist, – das letzte Modell frisch vom Band. So engagiert und supervidiert wie im Kandidatenstatus arbeiten routinierte »Gebrauchttherapeuten« nicht mehr. Ihre Erfahrung macht das wett, aber wir sollten nie vergessen, daß Erfahrung beides macht: klug und – dumm.

Vom Status gegenüber der Krankenkasse her sind Kandidaten ähnlich wie Psychologen. Auch an sie werden – gleichgültig, ob es sich um Ärzte oder Psychologen handelt – die Patienten von einem Ausbildungstherapeuten delegiert. Das heißt, daß der Patient zwei Therapeuten kennenlernt: den, der ihn behandelt, und den Ausbildungsleiter, der für das Institut die Patienten verteilt. Der Vorteil für den Patienten ist, daß er relativ rasch einen Therapieplatz findet und außerdem sicher sein kann, daß sein Schicksal von mehreren wachsamen Ohren und Augen verfolgt wird. Der Nachteil ist, daß sein Therapeut vielleicht unsicher und ein wenig perfektionistisch ist. Da ich selbst seit vielen Jahren solche von Kandidaten durchgeführte Behandlungen supervidiere, kann ich guten Gewissens sagen, daß die Chancen, einen konstruktiven therapeutischen Prozeß zu erleben, in diesen Fällen ebenso günstig sind wie bei erfahrenen Kollegen.

Stationär – ambulant

Im Regelfall ist Psychotherapie eine ambulante Methode, d. h. der Patient sucht den Arzt auf (ambulare: lat. gehen) und geht wieder nach Hause oder in seine Arbeit. Vor allem bei stärker regredierten, d. h. in einen unreifen, kindlichen Zustand des Verhaltens zurückgekehrten Patienten ist eine stationäre (stare: lat. stehen, bleiben) Psychotherapie in einer Klinik aussichtsreicher. Auch die stationäre Psychotherapie wird in den meisten Fällen entweder von den Krankenkassen oder von der Rentenversicherung (als Rehabilitationsmaßnahme) und – wenn beide nicht in Frage kommen – auf Antrag vom Sozialamt finanziert. Als Übergangslösungen zwischen ambulanter und stationärer Behandlung gibt es »halbstationäre« Einrichtungen, wohin die Kranken tagsüber gehen und an einem Therapieprogramm teilnehmen können (Tagesklinik), oder aber wohin sie sich nachts zurückziehen können, wenn sie zwar – etwa nach einem längeren Klinikaufenthalt – schon berufstätig sind, es sich aber noch nicht zutrauen, einen eigenen Haushalt zu führen.

Da psychische Störungen eine große Rolle bei Anträgen auf Berufsunfähigkeitsrente spielen, gibt es zahlreiche Psychologen und Ärzte, die Rehabilitationsmaßnahmen in den Kliniken der Rentenversicherungsanstalten psychotherapeutisch begleiten. Von einer umfassenden Psychotherapie kann dabei meist nicht die Rede sein. Es werden übende Verfahren (wie autogenes Training, Muskelrelaxation, Nichtrauchertraining) angewendet und Beratungen durchgeführt, die vielleicht nach der Entlassung den Entschluß zu einer längeren Therapie erleichtern. Intensiv psychotherapeutisch wird in den Einrichtungen zur Rehabilitation nach Unfällen gearbeitet; von zentraler Bedeutung ist hier das Team, in dem verschiedene Spezialisten (z. B. Facharzt für Neurologie, Neuropsychologe, Ergotherapeut, Musikthera-

peut und Psychotherapeut bei der Rehabilitation nach Ge-
hirnverletzungen) zusammenarbeiten.

Akute Krisen

Eine Psychotherapie umfaßt in der Regel einen längeren
Prozeß, der mit krisenhaften und entspannten Phasen verläuft und meist mehrere Jahre in Anspruch nimmt. Patienten mit akuten psychischen Problemen, die sofortige Hilfe
benötigen, sind in der von festen Terminen bestimmten
Praxis eines Therapeuten schlecht aufgehoben. Psychotherapeuten haben meist keine Sprechstunden. Man muß sie
anrufen und einen Zeitpunkt für eine Sitzung, die in der
Regel 50 Minuten dauert, vereinbaren. Zur Krisenintervention sind die niedergelassenen Nervenärzte (die manchmal
eine »Zusatzbezeichnung« für Psychotherapie tragen) besser ausgerüstet, sofern sie einen Sprechstundenbetrieb haben. Das gleiche gilt für die sozialpsychiatrischen Dienste,
die es in den meisten größeren Städten gibt, oder die
Krisenstationen in Nervenkliniken. Manche Psychotherapeuten geben während ihres Urlaubs solche Krisenhilfen
bekannt. Wenn während einer Therapie eine schwerwiegende Krise eintritt (z. B. akute Selbstmordabsichten) und
diese Situation ambulant nicht gemeistert werden kann, ist
es günstig, wenn der Therapeut mit einem Krankenhaus
zusammenarbeitet, das sein Vorgehen unterstützt und während des eventuell notwendigen stationären Aufenthaltes
für die Therapie und nicht gegen sie arbeitet.

Therapeutenwechsel

In einer gelingenden Therapie geschieht das gleiche wie in einer gelingenden Eltern-Kind-Beziehung oder in einem gelingenden Arbeitsverhältnis: mit zunehmender Dauer der Bekanntschaft wächst auch die gegenseitige narzißtische Bestätigung und das Vertrauen in die Tragfähigkeit der Beziehung. Das heißt nicht, daß es keinen Streit gibt, aber daß immer die Möglichkeit erhalten bleibt, sich nach einem Streit zu versöhnen und über den Differenzen die Gemeinsamkeiten und das bereits im Kontakt erlebte Gute nicht zu vergessen.

In einer scheiternden Therapie wird es nach jeder Auseinandersetzung schwieriger, in die gemeinsame Arbeit zurückzufinden und das Vertrauen in den Therapeuten wiederzufinden. In solchen Fällen muß man entscheiden, ob das Unternehmen abgebrochen und entweder gänzlich aufgegeben oder bei einem anderen Therapeuten fortgesetzt werden soll. Ist die Phantasie, abzubrechen, ein Ausweichen vor der therapeutischen Arbeit und vor einer schmerzlichen Einsicht? Oder aber ist die Zusammenarbeit in ein Stadium geraten, in dem sie für beide Seiten eher qualvoll als nützlich ist und sich nur in einer vagen Hoffnung weiterschleppt, daß durch langes, geduldig ertragenes Leid etwas Gutes gewonnen wird? Auch diese Erwartung scheint mir eher neurotisch als gesund, zumindest dann, wenn die so belastete Behandlung die erste ist, d. h. noch keine Erfahrungen darüber vorliegen, daß die Arbeit immer wieder an einen solchen Punkt gerät, wie das bei manchen Dauerpatienten von Psychotherapie der Fall ist.

In solchen Fällen ist ein zweigeteiltes Verfahren sinnvoll: Man spricht mit dem Therapeuten, teilt ihm seine Zweifel mit und schlägt vor, sich mit einem Dritten – einer anderen Therapeutin – zu besprechen. Dabei sollte klar sein, daß der oder die Berater(in) in einer solchen Krise nicht selbst die zweite Behandlung übernimmt, sondern nur zu entscheiden sucht, ob sich eine Weiterarbeit lohnt, oder ob es besser ist, einen neuen Versuch mit einem neuen Partner zu beginnen.

Bei Behandlungen, die von einer Krankenkasse bezahlt werden, ist es notwendig, die Kasse von einem geplanten Therapeutenwechsel zu informieren. Manchmal kann der neue Therapeut das bereits genehmigte Stundenkontingent übernehmen, in anderen Fällen muß erneut ein Bericht für den Gutachter verfaßt werden, in dessen Abfassung der neue Therapeut sich erheblich leichter tut, wenn er den Bericht seines Vorgängers lesen kann.

Ausgefallene Stunden

Wenn ein Patient mit seinem Arzt einen Termin vereinbart, aber wegen einer Erkältung nicht kommen will, kommt er nicht. Wenn er höflich ist, sagt er vielleicht telefonisch ab. Er würde sich sehr wundern, wenn er daraufhin vom Arzt eine Privatrechnung über die ausgefallene Sitzung bekäme. Das liegt daran, daß der Patient davon ausgeht, daß Ärzte ein volles Wartezimmer haben und eben einen anderen Patienten ins Sprechzimmer bitten, wenn er nicht erscheint. In der Praxis eines Psychotherapeuten ist das anders: Dieser vermietet seine Arbeitskraft beispielsweise für die Stunde zwischen neun und zehn am Dienstag. Erscheint der Patient nicht, darf der Therapeut kassenrechtlich diese Sitzung nicht der Krankenkasse in Rechnung stellen, denn er hat die Leistung ja nicht erbracht. Er kann aber auch keinen anderen Patienten hereinnehmen, denn in seinem Wartezimmer sitzt nur dann ein Klient, wenn er zu früh gekommen ist und die vorangehende Stunde noch nicht zu Ende ist. Daher ist es üblich, bei Absagen, die später als eine Woche (oder 24 Stunden) vor dem vereinbarten Termin eintreffen, und unentschuldigtem Fehlen ein Ausfallhonorar zu berechnen, das Therapeut und Patient vorher vereinbaren sollten. Dem Patienten wäre es oft lieber, wenn der Therapeut die ausgefallene Sitzung der Kasse berechnen würde. Aber diese Regelung ist illegal. Wie immer, wenn sich zwei auf etwas Illegales einlassen, riskieren sie undurchschaubare Abhängigkeiten, die dem Grundsatz der Therapie, daß alle auftretenden Gefühle bearbeitet werden sollten, widersprechen können.

Ich finde es am besten, Ausfallregelungen unabhängig von persönlichen Begründungen zu halten. Es geht um Ökonomie, nicht um Pädagogik. Ob jemand schwer krank ist oder einen leichten Schnupfen hat, mit dem er eigentlich geradesogut kommen könnte, ob er zur Beerdigung des Nachbarn oder zu der seines Vaters muß, es sollte nicht am *Grund* des Ausfalls liegen, ob der Therapeut ein Ausfallhonorar erhält. Die Regel muß klar und eindeutig sein: nicht erschienen, zu spät abgesagt.

Kein Professioneller darf ohne Gegenleistung arbeiten; umgekehrt verbietet es die professionelle Ethik, Klienten zu übervorteilen. Ziel der Regelung ist immer, sich entspannt der eigentlichen Aufgabe widmen zu können. Häufige Absagen aus fadenscheinig wirkenden Gründen oder unentschuldigtes Fernbleiben sind Zeichen von Motivationsproblemen. Diese können um so besser offengelegt und bearbeitet werden, je weniger die formale Regelung solcher Zwischenfälle strittig ist.

Manche Therapeuten verlangen, daß ihre Patienten zur selben Zeit wie sie Urlaub machen oder aber die Ausfallzeiten honorieren, weil sie in der Therapiepause keinen anderen Patienten behandeln können. Das scheint mir übertrieben. Die Urlaubsmöglichkeiten von Familienmenschen, die an die Ferien der Kinder gebunden sind, und Alleinstehenden z. B. sind sehr unterschiedlich, so daß es eine beträchtliche Belastung des Patienten darstellt, vom Urlaub seines

Therapeuten abhängig zu sein oder zahlen zu müssen. Wenn ich länger als eine Woche vorher weiß, daß ein Termin ausfällt, kann ich diese Zeit anders füllen und würde es daher für unprofessionell halten, sie dem Patienten in Rechnung zu stellen.

Soll man den Bericht an den Gutachter lesen?

Manche Patienten interessieren sich sehr dafür, was denn ihr Therapeut an den Gutachter berichtet. Für die Therapie ist es aber eher eine Ablenkung als ein Anreiz, sich mit solchen Fragen zu befassen.

Die Berichte orientieren sich an einem psychiatrisch-psychoanalytischen oder (bei Verhaltenstherapie) lerntheoretischen Modell, d. h. an einer Kunstsprache, die im Alltag fast immer wertend verstanden wird. Im klinischen Sprachgebrauch beschreibt ein Begriff wie »hysterische Persönlichkeitsstruktur« eine Entwicklungsstörung, bei der Männer wie Frauen Ängste vor einer genitalen Sexualität aufweisen. Im Alltag ist »hysterisch« ein Schimpfwort, das vor allem die Ängste von Männern vor weiblichen Gefühlsausbrüchen ausdrückt.

Wenn ein Patient darauf besteht, den über ihn formulierten Bericht zu lesen, kann es geschehen, daß er einige Stunden seiner Therapie mit der Aufklärung solcher semantischer Fragen vergeudet. Vor allem wird er nicht das erreichen, was er sich wünscht (nämlich zu erfahren, was der Therapeut »wirklich über mich denkt«), sondern wird von diesem Ziel eher abgelenkt.

Wenn ich mich von meinem Freund nicht geliebt fühle, nützt es mir wenig, mir Einblick in seine Steuererklärung zu verschaffen. Der Bericht an den Gutachter ist eine solche Steuererklärung: Der Therapeut muß formulieren, welche Merkmale des Patienten eine Finanzierung der Therapie nach den vorgegebenen Richtlinien begründen. Er drückt also keine tiefere Wahrheit über den Patienten aus, versucht nicht, ihn als Menschen in seiner Einzigartigkeit zu erfassen, sondern beschreibt im Gegenteil, wie er ein vorgegebenes Muster ausfüllt.

Schwierigkeiten mit der Psychotherapie

Psychotherapie ist umstritten, auch heute noch. Allerdings nehmen die Vorurteile gegenwärtig ab, und breite Schichten der Bevölkerung haben gelernt, daß der Gang zum Psychotherapeuten kein Eingeständnis einer Geisteskrankheit ist, sondern ein (fast) alltäglicher Weg, ebenso alltägliche Probleme anzugehen. Wenn der gegenwärtige Präsident der USA öffentlich zugeben konnte, zusammen mit seiner Frau eine Therapie gemacht zu haben, belegt das eine Normalisierung der Psychotherapie, die vor zehn Jahren noch nicht denkbar gewesen wäre. In früheren Wahlkämpfen wurden noch Kandidaten dadurch unmöglich gemacht, daß der Öffentlichkeit entsprechende Informationen zugespielt wurden.

Dennoch haben nicht wenige Menschen Angst, die Tatsache bekanntwerden zu lassen, daß sie eine Therapie machen. Nur im Bereich der helfenden und lehrenden Berufe ist diese Information kein Anlaß zu Diskriminierungen mehr. Viele dieser Ängste sind unbegründet; vor allem die Furcht, eine solche Information könnte der Karriere schaden. Für einen durchschnittlich qualifizierten Personalchef bedeutet die Tatsache, daß ein Angestellter eine Psychotherapie macht, letztlich nur, daß dieser bereit ist, etwas gegen seelische Störungen zu unternehmen. Kein Personalchef glaubt, daß es in seinem Betrieb nur psychisch kerngesunde und stabile Leute gibt. Er weiß von Fehlzahlen, von Alkoholismus, von chronischen psychosomatischen Krankheiten. Also wird er es eher problematisch finden, wenn ein Angestellter psychische Probleme hat, ihre Existenz aber

abstreitet und die Verantwortung dafür nach außen delegiert. Eine Psychotherapie eines/einer zuverlässigen Angestellten ist heute in der Regel kein Karrierehindernis mehr,
sie kann sogar unter Umständen mehr nützen als schaden:
nicht weil der Betroffene missionarische Loblieder auf
Therapie und Therapeuten singt, sondern weil deutlich
wird, daß er davon profitiert hat, ausgeglichener ist und sich
besser konzentrieren kann.

Die Angst, die Tatsache mitzuteilen, daß frau/man psychotherapeutische Behandlung in Anspruch nimmt oder
genommen hat, hängt häufig mit der Selbstgefühlsproble-
matik zusammen, die Gegenstand der Therapie ist. Wer ein
sehr schlechtes Selbstvertrauen hat, bemüht sich häufig,
überoptimal stabil, stark und unangreifbar zu *scheinen*, da
er es schon nicht *sein* kann. Aus diesem Grund findet er das
Eingeständnis der geringsten Schwäche bereits unerträg-
lich. Weil er sich so extrem unvollkommen fühlt, möchte er
wenigstens den Eindruck der Makellosigkeit erwecken und
verlegt seine eigene Neigung, sich extrem abzuwerten, in
seine Umgebung. Ähnliche narzißtische Probleme, die allerdings nicht durch Rückzug, sondern durch Angriff ausagiert
werden, drückt ein Verhalten aus, in dem die eigene Psychotherapie nicht wie ein arger Makel verschwiegen, sondern
wie die größte Tugend hinausposaunt wird. Die befürchtete
Abwertung hat sich hier in ihr Gegenteil verkehrt. Das
eigene Psychotherapiebedürfnis signalisiert nicht Unvoll-
kommenheit, im Gegenteil: alle Menschen, die *nicht* einsehen, daß sie Psychotherapie brauchen (und zwar gerade
die, für die man selbst schwärmt), sind *noch* gestörter.

Für das Gelingen einer Therapie ist eine möglichst natürliche Informationspolitik am besten: weder missionarisch
noch konspirativ. Andere Leute gehen zum Zahnarzt oder
zur Krankengymnastik, machen einen Yogakurs oder lernen
Aikido; ich gehe in Psychotherapie. Manche Therapeuten
raten ab, Inhalte der Behandlung mit guten Freunden oder

dem Ehepartner auszutauschen. Das ist in Einzelfällen sinnvoll (wenn beispielsweise auf diese Weise die Wut gegen den Therapeuten nicht in der Therapie ausgesprochen, sondern abgespalten und mit dritten Personen abreagiert wird). In sozialpsychologischen Untersuchungen über gelingende Therapien haben sich Freunde und Unterstützer der Therapie *(friends and supporters of psychotherapy)* aus dem sozialen Umfeld des Patienten als wesentlicher Beitrag zum Gelingen der Behandlung erwiesen.

Weltanschauung und Wertvorstellungen

Aus vielen Diskussionen sind mir Fragen vertraut, die etwa so lauten: Auf welche Ziele hin arbeitet ein Psychotherapeut? Welche Werte will er seinen Patienten mitgeben? Was sind es für moralische Haltungen, an denen er sich orientiert? Ohne derartige Vorstellungen sei Einfluß auf andere Menschen doch gar nicht möglich. Ich habe es oft vorgezogen, diese Fragen nicht zu beantworten, nicht selten zum Verdruß religiös oder konfessionell orientierter Gesprächspartner.

Hinter dem vordergründigen Interesse, nicht in irgendeine Weltanschauung verwickelt zu werden, spürte ich einen zweiten Einwand, der mir gegenwärtig deutlicher wird. Der Impuls, die Frage offenzulassen und sie – unter Druck gesetzt – abzuweisen, hängt nicht nur damit zusammen, daß ich weder von den Frommen vereinnahmt noch als Ketzer verbrannt werden will. Es gehört zu einem therapeutischen Umgang mit dieser Frage, sie offenzulassen.

Das hängt damit zusammen, daß Weltanschauungen die Eigenschaft haben, keine Rücksicht auf subjektive Bedingungen zu nehmen. Psychotherapie hängt mit der Feinabstimmung der Wertorientierungen und Weltanschauungen in einer pluralistischen Gesellschaft zusammen, in der das Über-Ich dem Ich nicht hilft, sich an der Realität und dem Es zu orientieren, sondern es dabei stört. Diese Situation an den »hysterischen« Frauen der viktorianischen Epoche dokumentiert zu haben, ist Freuds historisches Verdienst; im Gestus dieser offenen Analyse individueller Konflikte zwischen Wertvorstellungen, Wünschen und Wirklichkeit sind wir alle seine Epigonen, auch wenn unsere Behandlungen anders aussehen und weitgehend andere Inhalte haben.

In einer Gruppe von Pastoren, die mich eingeladen hatten, um ihnen meine Vorstellungen zur Motivationsdynamik helfender Berufe zu erläutern, erinnere ich mich an eine besonders hartnäckige Debatte über die Frage der Werte in der Psychotherapie. Ich suchte nach einem Beispiel, mein Dilemma zu veranschaulichen, und fand es in einer 40jährigen Frau. Sie suchte mit hartnäckigen Kopfschmerzanfällen meine Hilfe, die einer medikamentösen Behandlung trotzten und von mehreren Ärzten als psychosomatisch angesehen worden waren, ohne daß diese Diagnose der Patientin viel geholfen hatte.

In der Analyse stellte sich bald heraus, daß die Patientin in einer unbefriedigenden Ehe lebte. Sie arbeitete als Beamtin im gehobenen Dienst, verdiente das Familieneinkommen und wartete seit zehn Jahren vergeblich, daß ihr Mann endlich sein Studium abschließen und ihre Sehnsucht erfüllen würde, daß sie zusammen ein Kind hätten. Sie zerbrach sich den Kopf, was sie noch tun, wie sie ihren prüfungsängstlichen und arbeitsgestörten Partner noch mehr entlasten, noch mehr motivieren könne, daß ihm endlich sein Examen gelinge und sie ihre Versorgerinnen-Rolle loswerde. Die Therapie führte nach anderthalb Jahren zu dem Ergebnis, daß die Patientin ihren Ehemann verließ und seither auch von ihren Migräneattacken befreit war. Zu diesem Fallbericht sagte ich sinngemäß: Persönliches Wohlbefinden ist ein hoher Wert, eine Ehe ist ebenfalls ein hoher Wert, der

Analytiker kann nicht für den Patienten entscheiden, welcher Wert für ihn der richtige ist, aber er kann versuchen, die Unvereinbarkeit dieser Werte herauszuarbeiten, wenn sie in einer Lebensgeschichte aufgetreten ist und noch nicht in dieser Form erkannt wurde.

Die Reaktion der Pastoren war unterschiedlich; manche erkannten das Dilemma, einige sympathisierten mit der Frau, einer jedoch sagte energisch: »Was ist ein wenig Kopfweh gegen die ewige Seligkeit!« Zu den Randerscheinungen dieser Szene gehörte, daß in der Pastorenrunde niemand lachte, einige nickten, einige schüttelten den Kopf, andere machten theologische Einwände oder verwiesen auf den moralischen Fortschritt der lutherischen gegenüber der katholischen Lehre. Ich aber prägte mir unwillkürlich die Szene ein und erzähle sie manchmal – fast immer mit großem Heiterkeitserfolg – in psychologisch sozialisierten Gruppierungen, wo sie mit nostalgischem Vergnügen entgegengenommen wird, etwa so, als berichte ein moderner Chirurg von Operationen der Wundärzte auf den napoleonischen Schlachtfeldern.

Der streitbare Pastor, der dem irdischen Therapeuten die ewige Seligkeit entgegenhält, verdeutlicht die Unterschiede zwischen Offenbarung und weltlicher Klugheit: Nur wer etwas über Menschenwerk Hinausgreifendes konzipiert, ist sich seiner Werte so sicher, daß er auf Einfühlung in persönliche Not verzichtet. Aber dennoch steckt ein Mißverständnis in der Unterstellung, der Therapeut hätte auf eine Trennung hintherapiert. Gewiß ist er mit seiner weltlichen Haltung, die persönliches Wohlbefinden ernster nimmt als abstrakte ethische Forderungen, auch offen für eine Entwicklung, die auf eine Trennung der Ehe hinausläuft. Aber er muß, wenn er korrekt arbeitet, auch die geoffenbarten, sozusagen übermenschlich auftretenden Werte achten, denn sie sind vielen Menschen ein unverzichtbarer Teil ihres Wohlbefindens und lassen sich nicht ohne Folgen für die persönliche Lust-Unlust-Bilanz einfach über Bord werfen. Außerdem weiß ein Therapeut gut genug über die seelische Belastung Bescheid, die aus einer Trennung kommt. Er wird seinem Klienten in der Regel raten, sie gut gegen die Belastungen aus der Beziehung abzuwägen.

Der therapeutische Prozeß verläuft nach anderen Regeln als die moralische Unterweisung oder die wissenschaftliche Lehre. Der Therapeut ist Geburtshelfer, Spiegel, Interpret des Materials, das der Patient zur Verfügung stellt. Sein Bemühen gilt nicht der Übermittlung von eigenen oder fremden äußeren Werten, sondern einer Verbesserung der inneren Orientierung des Patienten. Die moralischen Vorschriften des Über-Ich sollen bewußter und differenzierter werden, die Duldung der bewußten Selbstachtung für verpönte Triebwünsche und Phantasien soll zunehmen, die Fähigkeit, Ambivalenzen wahrzunehmen und Konflikte zu ertragen gefördert werden. Die Trennung der erwähnten Patientin aus einer für beide Partner (hienieden) schädlichen Ehe erfolgte auch nicht deshalb, weil der Therapeut die Unauflöslichkeit ihrer Partnerschaft anzweifelte oder eine laxere Moral predigte. Es lag vielmehr daran, daß sie mehr Gefühle von Wut und Enttäuschung zuließ und soviel Selbstvertrauen gewann, daß sie sich dem unterdrückten Wissen stellen konnte, wie sehr ihre Bemühungen den Partner nicht erwachsener machten, sondern ihn in seiner Kindlichkeit festhielten. Der Ausgang bestätigte diese Erkenntnis. Der verlassene Prüfungsneurotiker machte endlich sein Examen, nicht *obwohl*, sondern *weil* sich keine Frau mehr für sein ungestörtes Lernen aufopferte.

Wenn der Therapeut alle Kräfte erkennen will, die das Erleben seiner Patienten bestimmen, dann muß er auch alle Erlebnismöglichkeiten zulassen. Das heißt, daß seine Wertvorstellungen von einer Haltung der Verdrängung und Verleugnung abweichen, die sich in manchen biblischen Traditionen aufspüren läßt, wonach bereits derjenige, welcher Böses nur denkt, verwerflich handelt. Es gibt kein Verständnis ohne Überblick, und unter diesem Gesichtspunkt gehört die Psychotherapie in eine Tradition der Wissenschaft, die vorurteilslos möglichst viele Phänomene beobachten und beschreiben will, ohne sich durch traditionelle Grenzen daran hindern zu lassen. Die traditionellen Normen sind ihrerseits Gegenstand von Forschung, und die Forschung muß sich weigern, von ihnen normiert zu werden. Damit entsteht auch für das Individuum in Psychotherapie ein Freiraum, der jedem Fundamentalismus und Glauben an Offenbarungen ein Ärgernis sein wird. Solche Wertfreiheit ist einer der zentralen Werte der Psychotherapie.

Therapie und Ideologie

Allerdings gibt es in jüngster Zeit soziale Gruppierungen, welche diesen Gedanken in seiner Gültigkeit eingrenzen. Eine Re-Ideologisierung der Therapie scheint stattzufinden; vom Therapeuten oder der Therapeutin werden Überzeugungen erwartet: feministische Therapie, Pastoraltheologie, ein Homosexuellen-Therapiezentrum, Selbsthilfegruppen für Alkoholiker, Aids-Kranke, Eßgestörte, die sich alle mehr oder weniger von Therapeuten abgrenzen, die nichtfeministisch, nichtchristlich, nichtschwul und nichtbetroffen sind. (Sozialistische Therapie scheint etwas aus der Mode gekommen.)

Wo diese Gruppen ein Feindbild aufbauen und sich durch bösartige Darstellungen dessen rechtfertigen, was außerhalb ihres Kreises geschieht, verdienen sie es nicht, ernstgenommen zu werden. Aber in anderen Fällen können sie durchaus den Zugang zur Therapie erleichtern, weil sie die Ängste mildern, im Therapeuten einen Wesensfremden zu finden, der auf ein vorgegebenes Bild der Normalität hin behandelt. Auf der anderen Seite stimulieren sie die regressive Illusion, völlig verstanden zu werden, was auf eine Befriedigung neurotischer Liebesbedürfnisse hinauslaufen kann.

Wahrscheinlich gibt es eine optimale ideologische Nähe zwischen Therapeut und Patient, die nicht mit der maximalen Nähe identisch ist: Diese verhindert die für einen Erkenntnis- und Auseinandersetzungsprozeß notwendige Distanz. Für den überzeugten Katholiken erlaubt die Wahl eines katholischen Therapeuten, von Anfang an dem Widerstand auszuweichen, der in der Furcht liegen kann, in seinem Glauben in Frage gestellt zu werden. Damit wird die Therapie entlastet, aber sie wird auch ärmer. Umgekehrt ist die Formierung der Gruppe feministischer Therapeutinnen ein Weg, Frauen für eine Behandlung zu motivieren, die vielleicht zu viel Angst hätten, sich vor einem Mann oder einer Frau zu öffnen, die ihre feministische Position in Frage stellen könnten. Auf der anderen Seite erschwert jede Ideologie offene Auseinandersetzungen, weil sie als Norm verteidigt werden muß, die nicht mehr hinterfragt werden darf, weil ihre Feindbilder starr sind und die Welt in gute Opfer (Gläubige) und böse Täter (Ungläubige) geteilt wird. Therapeuten und Therapeutinnen zahlen später für die Anfangserleichterung mit Schwierigkeiten, ernstgenommen zu werden: Sind sie doch Brüder oder Schwestern, die über den Detailfragen der Behandlung den gemeinsamen Kampf nicht versäumen dürfen.

Die Modernität der Therapie

Die Modernität der Psychotherapie ist auch ihre Schwäche. Sie findet als soziale Dienstleistung keine Struktur, die größere gesellschaftliche Macht entfalten kann, und wird daher häufig von den Strukturen vereinnahmt, deren veraltete, illusionäre Qualitäten sie eben noch aufgedeckt hat.

In unserer historischen Tradition, deren Spuren – alte Kunst, Dörfer, Kathedralen – wir bewundern, wurde die Gesellschaft durch soziale Rituale, durch Religion und stabile Gemeinschaften zusammengehalten. Die Industrialisierung hat diesen Kitt weitgehend durch ein individuelles Kosten-Nutzen-Denken ersetzt. Die Psychotherapie findet einerseits im Rahmen dieses Kosten-Nutzen-Denkens statt, andrerseits beschäftigt sie sich damit, Folgen aufzufangen und erträglicher zu machen, die durch den Verlust dieser Bindemittel entstanden sind. Viele Psychotherapiepatienten sind Aufsteiger (nicht anders als viele Psychotherapeuten; auch Freud war der erste in seiner Familie, der ein akademisches Studium absolvierte). Stellen wir uns einen tüchtigen Bauernsohn vor, der nach einem Ingenieurstudium eine Bürgertochter heiratet und die Leitung eines Entwicklungsteams übernimmt. Hier soll er Akademikersöhne führen, denen er an technischen Kenntnissen überlegen ist.

Die Wertmosaike des Bauernsohns, geprägt durch das technische Studium und seinen bäuerlichen, von Frömmigkeit und starrer Leistungshaltung bestimmten Hintergrund, werden auf lange Sicht weder die Ehe noch seine Rolle als Vorgesetzter ordnen und tragen können. Er wird in der Familie spätestens dann Probleme finden, wenn er im Umgang mit seinen Kindern am gebildeten Vater seiner Ehefrau gemessen wird, und in der Berufstätigkeit, wenn es gilt, Konflikte zu schlichten, die z. B. durch die narzißtischen Bedürfnisse verwöhnter Mittelschichtkinder entstehen, in die er sich nicht einfühlen kann. In solchen Fällen gehören Psychotherapie und die von ihr geprägten Formen der »emotionalen Erziehung« für Erwachsene (beispielsweise in einem Sensitivitätstraining für Manager) zu den Dienstleistungen, die das soziale Überleben erleichtern, ja unter Umständen erst ermöglichen. Diese Leistung kann die Religion nicht erbringen. Sie hat eine für Bürger und Bauern gemeinsame Tradition und hilft keinem von ihnen, den anderen in seiner spezifischen Eigenart zu verstehen.

Wer den Psychotherapeuten fragt, nach welchen Wertvorstellungen er seine Patienten behandelt, prüft die Therapie gewissermaßen auf ihre fundamentalistischen Möglichkeiten hin. Dazu eignet sie sich schlecht. Sie kann keinen Halt, keine Geborgenheit geben, die sich mit dem vergleichen lassen, was wir – sei es verklärend, sei es realistisch – den Gemeinschaftsbindungen der traditionellen Kulturen zuschreiben. Die Psychotherapie als Beruf ist eine Entdeckung der Moderne. Sie soll eine Persönlichkeitsentwicklung fördern, die den Anforderungen dieser Epoche entspricht. Die Freisetzungen und Selbstverwirklichungsmöglichkeiten der Industriegesellschaft bieten die besten Chancen dem, der emotional gefestigt und ichstark ist, der Verantwortung für sein Denken und Handeln übernimmt und diese Freiheit höher schätzt als die verlorenen Möglichkeiten der Anlehnung. Die Psychotherapie setzt diese Persönlichkeit ebenso voraus, wie sie sie ermöglichen soll. Am meisten von den psychotherapeutischen Hilfestellungen profitieren Individuen, die schon fähig sind, über sich selbst zu reflektieren, die jene kritische Distanz zur eigenen Person entwickelt haben, welche die Wahlmöglichkeiten der Epoche erst zu nützen vermag.

Neue Klienten – andere Methoden

Aber die Moderne zerstört auch jenen Persönlichkeitstypus, der sich problemlos in ihr zurechtfindet. Die regressiven Reize des Konsums von Waren, von Informationen, Bildern, Freizeitillusionen führen dazu, daß die Anlehnungs- und Verwöhnungsbedürfnisse wachsen, während die Möglichkeiten, sie zu ordnen und innere Disziplin aufzubauen, immer schwächer entwickelt sind. Sucht und Kriminalität nehmen fast überall rapide zu, erfassen immer jüngere Bevölkerungsschichten.

Deshalb hat sich auch die Klientel der Psychotherapeuten geändert. Im »Normalfall« sollte der Patient einen inneren Konflikt bei ausgebildeter, aber nicht genügend differenzierter Persönlichkeit haben. Freuds klassische Fälle betrafen Menschen, die sich bemühten, zu gut zu sein. Das hinderte sie, mit der inneren Realität ihrer Triebe fertig zu werden. Die Frau, welche nach dem Tod ihrer Schwester eine seelisch bedingte Lähmung entwickelt, weil sie sich nicht eingestehen kann, in ihren Schwager verliebt zu sein (»jetzt ist er frei und kann mich heiraten«), ist mit sich selbst strenger, als es die Wirklichkeit wäre, die doch nach einem schicklichen Trauerjahr sogar die *Erfüllung* solcher Wünsche gestattet und noch nie ein Mädchen dafür bestraft hat, daß es der Rivalin die Pest an den Hals hexen wollte (solange die böse Magie heimlich blieb). Der Analytiker, der die verdrängten Wünsche bewußt macht und dadurch eine Diskussion ermöglicht, vertritt eine wohlwollende äußere Wirklichkeit, entlastet die Patientin, stärkt ihre Fähigkeiten, sich der Realität zuzuwenden.

Heute sehen viele Therapien ganz anders aus. Die typische Patientin leidet nicht an einem inneren Konflikt, geht nicht mit sich selbst strenger um als die Wirklichkeit, sondern sie kommt nicht damit zurecht, daß die Wirklichkeit so wenig geneigt ist, ihr entgegenzukommen. Sie trennt sich von ihrem Freund, weil er einfach nicht gut genug ist, um ihre Wünsche zu erfüllen, und erkrankt dann an einer Depression, die sie auf ihre Einsamkeit zurückführt. Sie interessiert sich nicht für ihr Studium und verpaßt ihre Zwischenprüfungen, aber sie hat sich in den Professor verliebt und leidet Höllenqualen, wenn sie wahrzunehmen glaubt, daß er eine Kommilitonin im Seminar bevorzugt. Sie weiß, es sei richtig, endlich von zu Hause auszuziehen, aber sie schafft es einfach nicht, eine Wohnung zu finden. Deshalb erträgt sie noch ihre nervenden Eltern, die sie für pädagogische und menschliche Versager hält und die sich morgens immer beklagen, weil ihre bulimiekranke 25jährige nachts wieder den Kühlschrank geleert hat.

In diesen Fällen geht es nicht um innere Konflikte eines sozusagen krankhaft disziplinierten Charakters, sondern um eine Leistungsschwäche der Persönlichkeit in der Bewältigung der äußeren Realität. Die »klassische« Patientin benötigt eine Deutung ihrer unbewußten Wünsche. Dadurch wird ihr Über-Ich realistischer: Es fordert nicht mehr die totale Moral, sondern nur noch eine, in der auch die Triebwünsche zu ihrem Recht kommen. Dieses Vorgehen wäre bei der »modernen« Patientin eher schädlich. Sie weiß genug über ihre Wünsche, es fehlt ihr aber die Fähigkeit, ihre Möglichkeiten realistisch abzuwägen und Versagungen zu ertragen, wenn dadurch später eine befriedigendere Situation hergestellt werden kann.

Diese »neuen« Klienten erfordern stärker strukturierte Behandlungen. In extremen Fällen – etwa bei Sucht – genügt die ambulante Psychotherapie nicht mehr, weil die Patienten nicht diszipliniert genug sind, ihre Probleme in der Therapie zu bearbeiten, aber außerhalb der Therapie ein geregeltes Leben zu führen, welches ihnen erst ermöglicht, die seelischen Belastungen der Arbeit an der eigenen Persönlichkeit zu verarbeiten. Ein Alkoholiker wird sich in der Regel wünschen, daß die Therapie ihn erst einmal so weit entlastet, daß er abstinent sein kann. Aber leider gelingt das nur selten: Er muß, wenn in der Therapie schmerzhafte Fragen bearbeitet werden, zu dem vertrauten Mittel der Spannungslösung und Angstminderung greifen. Dieses verhindert aber, daß sich seine Persönlichkeit neu strukturiert und er lernt, Spannungen ohne dieses destruktive Mittel zu bewältigen, das nur kurzfristig befreit, langfristig aber alles noch schlimmer macht. Deshalb sind Entziehung und Abstinenz in der Regel die Voraussetzung einer Psychotherapie, nicht ihr Ergebnis. Das Ergebnis ist dann später, daß der Behandelte so viel Halt und Einsicht findet, daß er in einer erneuten Belastung nicht mehr zur Droge greift.

Aus diesem Grund werden Süchtige in Spezialeinrichtungen behandelt, die sich »Klinik« nennen, aber mit dem herkömmlichen Stationsbetrieb, in dem bettlägerige Kranke versorgt werden, nichts gemein haben. Rund um die Uhr werden sie in einem intensiven Programm betreut und beaufsichtigt, das Arbeitstherapie ebenso enthält wie Freizeitgestaltung (viele Süchtige können vor allem ihre Freizeit ohne die Rauschmittel nicht füllen) und Psychotherapie, vor allem in der Form von Gruppentherapie.

KURZDARSTELLUNG PSYCHOTHERAPEUTISCHER METHODEN

Die Psychoanalyse

Die Psychoanalyse hat – gelegentlich totgesagt, als veraltet bewertet, für unwissenschaftlich angesehen – bis heute ihre Anziehungskraft als umfassendste Theorie psychiatrischer Krankheit und Heilung bewahrt. Mehr der ärztlich-psychologischen Erfahrung als der naturwissenschaftlichen Forschung entsprungen, bietet sie ein System von Begriffen und Interpretationen an, das nur an manchen Stellen exakt überprüft werden kann. An vielen anderen bezieht es seine Gültigkeit aus dem, was zwischen zwei Menschen in der analytischen Situation geschieht und mit Hilfe dieses Begriffssystems verstanden und bearbeitet wird.

Freud hat sich nachdrücklich und mit Recht darüber beklagt, daß viele seiner Kritiker seine Ergebnisse ablehnten, ohne seine Methode angewendet zu haben. Ein solches Vorgehen ist unwissenschaftlich; es entspricht ziemlich genau der Haltung jener Kritiker Galileis, die mit Zitaten aus der Bibel und anderen autoritativen Texten seine Theorie bekämpften, sich aber strikt weigerten, einen Blick durch sein Fernrohr zu werfen. Das Motto ist hier: Wenn dieses Teufelszeug (das Fernrohr bzw. die analytische Methode) zu Ergebnissen führt, die meinen Ansichten widersprechen und öffentliches Ärgernis erregen, dann darf man diese Abscheulichkeiten nicht dadurch unterstützen, daß man sie genauer kennenlernt.

Druck erzeugt Gegendruck: Aus der Früh- und Kampfzeit der Psychoanalyse stammt eine spiegelbildliche Haltung der Analytiker selbst, die jeden Einwand gegen ihre Lehren ihrerseits als Ausdruck eines irrationalen »Widerstandes«

bewerteten. Ein Ausdruck einer solchen Haltung ist die Zwischenfrage an einen Kritiker: »Sind Sie analysiert?« Wenn er es nicht ist, erledigt sich auch sein Argument; wenn er es ist, kann man immer noch nach der Zahl der Stunden, der Gründlichkeit der Analyse oder der Qualifikation des Lehranalytikers fragen. In dieser jede wissenschaftliche Diskussion blockierenden Haltung spiegelt sich der zur Weltanschauung erstarrte, ideologische Charakter wider, den die Psychoanalyse wie jede umfassende Theorie über den Menschen annehmen kann. *Freud* selbst hat durch seine geniale Kreativität dazu verlockt, seine Theorien nicht als Anstoß zu weiterer Forschung, sondern als abgeschlossenes Gebäude aufzunehmen, so sehr seine eigene Haltung auf ständige Veränderung und Überprüfung seiner Gedanken gerichtet war.

Heute dürfte deutlich geworden sein, daß z. B. die Lehre vom Ödipuskomplex nicht dadurch »widerlegt« werden kann, daß man emphatisch betont, man selbst habe niemals sexuelle Wünsche gegenüber der Mutter empfunden. Hier muß der analytischen Methode wirklich das letzte Wort überlassen bleiben. Doch ist diese Methode nicht in der Lage, die *Universalität* des Ödipuskomplexes zu beweisen. Hier handelt es sich um ein theoretisches Postulat, das durchaus – und ohne daß die Dynamik von Übertragung und Widerstand in diese Diskussion hereinspielt – interdisziplinär untersucht werden kann.

Dabei mag es sich herausstellen, daß die frühe These *Freuds* von der Universalität des Ödipuskomplexes und seiner kulturstiftenden Funktion (»Totem und Tabu«) eingeschränkt werden muß, aufgrund anthropologischer Feldforschung (z. B. durch Bronislaw *Malinowski*), aber auch aufgrund ethnopsychoanalytischer Studien (z. B. durch Paul *Parin*). Wo die Psychoanalyse nicht mehr analytisches Material gewinnt und mit ihm arbeitet, sondern aus ihm anthropologische Theorien ableitet, muß sie sich der Kritik anderer Disziplinen stellen, ohne ihnen den Schild der Widerstandsanalyse entgegenhalten zu können. Der »Todestrieb«, die »Sublimierung« als Grundlage *jeder* schöpferischen Tätigkeit treffen Aussagen über *alle* Menschen. Die Kritik hat hier zu akzeptieren, daß man Einzelfälle von selbstzerstörerischen Phantasien oder sublimierter Sexualität in kulturell wertvollen Tätigkeiten nachgewiesen hat. Aber die Aussage, daß *jeder* Mensch einen Todestrieb in sich trägt, *jede* künstlerische Aktivität durch Sublimierung zustande komme, kann sehr wohl mit allgemein-anthropologischen Ergebnissen überprüft und meiner Ansicht nach auch widerlegt werden.

Wir haben bis jetzt vom Widerstand gegen die Psychoanalyse und vom Widerstand der Psychoanalyse gegen Kritik von Nicht-Analytikern gesprochen. Noch ein dritter Punkt erschwert die Gespräche zwischen Psychoanalytikern und »Laien« – auch wenn es Fach-Psychologen oder -Psychiater sind. Die Psychoanalyse ist heute eine wissenschaftliche Disziplin mit einer eigenen Sprache und einem ungeheuren Erfahrungsmaterial. Es ist absurd, wenn man (wie in den Lehrplänen für das Medizin- und Psychologiestudium) durch wenige Vorlesungen erwartet, Verständnis für die psychoanalytische Gedankenwelt zu schaffen. Die Tatsache, daß man – um wirklich in die Psychoanalyse »hineinzukommen« – einige Jahre lang vorwiegend Psychoanalyse betreiben muß, führt dazu, daß sich Psychoanalytiker oft nurmehr untereinander wirklich verständigen können. Ein Ausdruck wie »phallisch-kastrierende Mutter«, als Kurzformel für eine dominierende, expansive, ihre Kinder und ihren Mann in ihrer Expansion beschneidende Frau ist für den Psychoanalytiker selbstverständlich. Er bedenkt gar nicht mehr, daß sich der »durchschnittlich gebildete Leser« nichts unter diesem Ausdruck vorstellen kann – denn wieso soll eine Mutter ein männliches Glied haben? Wen soll sie kastrieren?

Während in anderen Disziplinen der Jargon, die verschlüsselte Fachsprache, nur die Verständigung mit anderen Wissenschaftlern und Laien erschwert, ist gerade in der Psychoanalyse, wo der Jargon vielleicht stärker wuchert als anderswo, die Bedrohung der Arbeit durch ihn besonders groß. »Wilde«, d. h. mangelhaft ausgebildete Psychotherapeuten und angehende Analytiker geraten in die Gefahr, das Durcharbeiten eines Konfliktes ihrer Patienten mit seiner Übersetzung in den Jargon zu verwechseln. Analytische Arbeit ist aber mehr als alles andere eine ständige Integrationsarbeit. Bisher abgespaltene, wenig entwickelte Teile des Ich sollen neu gesehen, ganz abgestoßen und ausgeschieden, oder aber aufgenommen und weiterentwickelt werden. *Freuds* Gleichnis von der Trockenlegung der Zuidersee abwandelnd, könnte man sagen: Es ist die Entwässerung und Freilegung bisher versumpfter Gebiete, zugleich aber die Bewässerung lange Zeit vertrockneter, zur Wüste gewordener Areale im Erleben des Klienten. Diese Integrationsleistung können Fremdwörter nicht leisten: Das vermag nur eine bildhafte, dem Alltag entnommene und dem Leben des Patienten angenäherte Ausdrucksweise.

Theoretische Grundvorstellungen

Die erste »psychoanalytische« Arbeit, *Breuer* und *Freuds* »Studien zur Hysterie«, brachte einen epochalen Schritt in der Neurosenlehre. Sie zeigten, daß es sich bei den körperlich nicht erklärbaren Symptomen dieser Patienten nicht um Zufallsprodukte handelte, sondern um zeichenhafte Vorgänge, denen man mit Hilfe bestimmter Methoden (zunächst der Exploration in Hypnose, später der Analyse freier Einfälle) einen Sinn abgewinnen konnte. Dieser Sinn und die zugrunde liegenden, konflikthaften Zusammenhänge waren dem Patienten unbewußt.

Der Fortschritt gegenüber den früheren Auffassungen lag darin, daß *Breuer* und *Freud* die Hypnose nicht mehr benutzten, um den Symptomen die Existenz zu verbieten, sondern um ihre Ursachen herauszufinden. Die Hypnose wurde zum Mittel für eine »Erweiterung des Bewußtseins«; Einsicht trat an die Stelle einer auf Unterdrückung des Symptoms ausgerichteten Haltung.

Der Unterschied von Wissen und Einsicht

Bereits während der Frühperiode der Psychoanalyse stellte *Freud* fest, daß »affektloses Erinnern fast immer wirkungslos« sei (Studien über Hysterie, S. 85). Ein vielzitiertes Beispiel einer kathartischen, d. h. »reinigenden« Erinnerung in Hypnose stammt aus der Fallgeschichte der Anna O. von *Breuer.* Dieses junge Mädchen, das im Anschluß an die Pflege des tödlich erkrankten Vaters an wahnhaften Zuständen und zahlreichen hysterischen Symptomen litt, konnte eine Zeitlang keine Flüssigkeit zu sich nehmen. Nur durch den Genuß saftiger Früchte hielt sie sich am Leben. *Breuer* gelang es nun, in Hypnose die auslösende Szene für dieses Symptom zu finden: Einmal kam Anna in das Zimmer der Gouvernante, die gerade ihren Hund – das ekelhafte Vieh – aus ihrem Wasserglas trinken ließ. Anna O. unterdrückte die heftige Ekelreaktion; erst in der Wiedererinnerung der Szene erlebte sie den vollen Affekt, der zu dieser Vorstellung gehörte. Nach dieser kathartischen Erinnerung bat sie um ein Glas Wasser und trank ohne Schwierigkeiten daraus.

Die kathartische Reaktion, in der eine traumatische Urszene wiederbelebt und damit ein für allemal bewältigt wird, da sich der »eingeklemmte Affekt« freie Bahn verschafft, gehört in die Frühzeit der Psychoanalyse – und in die Gegenwart der Psychotherapie. Arthur *Janov* hat in seiner heute vielberedeten »Urschrei«-Behandlung im

Grunde die Technik von *Breuer* und *Freud* wieder aufgegriffen. Wir werden darauf noch kommen (siehe Seite 191).

Gültig an den damaligen Beobachtungen bleibt, daß Wissen ohne Affekt therapeutisch folgenlos bleibt. Auf der anderen Seite hat sich die Katharsis allein nicht bewährt. Man kann sich das an einem Vergleich vorstellen – der Tatsache eingedenk, daß alle Vergleiche irgendwo hinken. Eine nur auf Katharsis abgestellte Therapie gleicht der Behandlung eines Kranken mit Aszites (Bauchwassersucht) durch die Punktion, d. h. das Durchbohren der Bauchdecke mit einer Hohlnadel, durch die überschüssige Flüssigkeit abfließen kann. Dem Kranken wird zwar augenblicklich Erleichterung verschafft, aber er bleibt an die periodische Wiederholung der Kur gebunden. Mehr noch: Die Ursache des Aszites wird ebensowenig deutlich wie die Möglichkeit einer Behandlung, welche tatsächlich die Wasseransammlung im Bauch verhindert und somit einen Rückfall ebenso ausschließen kann, wie das Entstehen anderer, unter Umständen gefährlicher Leiden.

Dennoch ist die Drainage, das Entfernen des überschüssigen Wassers, in jedem Fall ein Bestandteil der Aszites-Behandlung. Um wieder zu den »eingeklemmten Affekten« zurückzukehren: Das Interesse der Analyse verschob sich später mehr und mehr auf die *Hindernisse*, welche der affektiven Entladung im Weg standen, d. h. die Abwehrformationen des Ich, den Widerstand, der sich im Patienten gegen die Wiederholung und Bearbeitung schmerzlicher Konflikte richtete. Die Katharsis wurde aus dem punktuell-dramatischen Geschehen zu einem dauernden Prozeß der allmählichen Selbst-Befreiung und Erweiterung der Möglichkeiten, zu fühlen und zu handeln. Man erlebt es in der Analyse immer wieder, wie mit einem Mal Dinge möglich werden, an die der Patient vorher gar nicht dachte. Nachträglich stellt er fest: »Dazu hätte mir früher der Mut gefehlt – das hätte ich nicht durchgestanden – wieso eigentlich konnte ich damit so gut fertig werden, während ich früher immer wochenlang deprimiert war?« Das allmähliche Wachstum, die fortschreitende Stärkung des Ichs treten an die Stelle dramatischer »Knalleffekte«, nach einem »Erinnerungszauber« verschwundener Symptome usw., die während der kathartischen Periode der Psychoanalyse (und heute wieder in der Urschrei-Theorie) eine große Rolle spielen.

Doch ist die Katharsis nicht aus der Psychoanalyse herausgefallen, sondern sie wurde in sie integriert. Möglicherweise spricht der Erfolg *Janovs* bei manchen jahrelang vergeblich analysierten Kranken dafür, daß eine Reihe von Analytikern dieses Element zu gründlich aus der analytischen Therapie eliminiert hat, sie trocken und steril, zu einer intellektuellen Auseinandersetzung machte. Eine affektlose Analyse ist keine wirksame Analyse. Der Sinn einer Psychoanalyse liegt aber auch nicht im Abreagieren und Ausagieren von Affekten, sondern gerade in einem allmählichen Wachstums- und Integrationsprozeß von Kopf und Bauch, Verstand und Gefühl, Intelligenz und Affektivität.

Damit ist ein Punkt erreicht, der für Mißverständnisse der Psychoanalyse ebenso bedeutsam ist wie für ihr Verständnis: der Unterschied zwischen Wissen und Einsicht. Wissen bleibt im Patienten tot; Einsicht macht ihn lebendig, verändert ihn. Dem Wissen entspricht die affektlose Erinnerung, die wirkungslos bleibt; Einsicht ermöglicht den Affekt, der es erlaubt, die blockierte Entwicklung des Patienten wieder einen Schritt weiterzuführen, der erstarrte Strukturen schmelzen und umschmieden kann.

Wer psychoanalytische Literatur studiert und auf diese Weise Aufschluß über seine neurotischen Züge erhalten will, mag Wissen gewinnen; Einsicht zu erlangen, ist ungleich schwerer. Der Arzt, welcher gemäß *Freuds* Schilderung der »wilden Analyse« einem Patienten die psychischen

Hintergründe seiner Störungen auf den Kopf zusagt, vermittelt Wissen, aber keine Einsicht – und beweist selbst ebenfalls Wissen, jedoch keine Einsicht. Der Erfolg: Der Arzt verläßt den Schauplatz der Auseinandersetzung siegessicher, hat er sich doch seinen Scharfblick bestätigt; der Patient sucht verschreckt das Weite und beschließt, sich künftig nicht mehr auf derlei Psychologisches einzulassen. Geändert hat sich nichts. Nach diesem Muster verläuft ein gutes Stück der Auseinandersetzungen und Debatten über Psychoanalyse.

Was unterscheidet Einsicht vom Wissen? Wir haben hier wohl einen fließenden Übergang anzunehmen; die Unterscheidung ist akzentuierend, nicht determinierend.

1. Wissen ist empfangene und gespeicherte Information, die zu unserem psychischen System nicht in Beziehung gesetzt wird und von den lebendigen Empfindungen abgeschnitten bleibt. Wenn ich einem Kind sage: »Der Ofen ist heiß, du wirst dich daran verbrennen!«, dann weiß es, daß der Ofen heiß ist und man sich daran verbrennen kann. Doch bedeutet ihm dieses Wissen nicht viel, solange sich nicht die wirklichen Empfindungen von »Hitze« und »Verbrennen« damit verbinden lassen.

2. Wissen kann beziehungslos neben anderen kognitiven Elementen stehen; Einsicht gewinnt ihre dynamische Kraft aus der ständigen Verknüpfung mit anderen kognitiven Elementen. Sie wird dadurch zu einem ordnenden Prinzip, einer »Gestalt«. Ich kann wissen, daß eine Fahrkarte drei Mark kostet; dieses Wissen kann ein bloßes Stück in meiner Umweltorientierung bleiben, aber es kann auch durch die Verbindung mit Gedanken über die Kosten der Eisenbahn, technische Fortschritte im Transportwesen, die politische Bedeutung der öffentlichen Verkehrsmittel usw. zu einer Einsicht in die Notwendigkeit und die Gesamtbedeutung dieses Preises der Fahrkarte werden.

Ich kann wissen, daß ich an einem Kastrationskomplex leide – aber ich kann auch einsehen, was das für mein Verhalten bedeutet. Erst durch Einsicht werden so verschiedene Dinge wie das Interesse an Taschenmessern, leichte Kränkbarkeit, die Erinnerung an die schneidende Stimme der Mutter, wenn sie über Sexualität sprach, meine Neigung, aus Angst vor Kritik selbst kritisch und spitzig zu sein usw., mit diesem psychoanalytischen Begriff verknüpft. Wissen ist reproduktiv, Einsicht kreativ. Die Hausfrau, die weiß, wie lange Kartoffeln kochen müssen, wird schematisch nach der Uhr vorgehen. Wenn sie einsieht, was das Kochen bedeutet, wird sie die Größe der Kartoffeln, die Kartoffelsorte und den Verwendungszweck einbeziehen. Vor der Entdeckung der Relativitätstheorie durch *Einstein* wußten die meisten Physiker um die zu ihrer Aufstellung notwendigen Fakten. Aber sie konnten diese Tatsachen nicht miteinander verbinden und dadurch ihre Bedeutung verstehen. Erst *Einstein* verwandelte hier das Wissen durch einen kreativen Akt in Einsicht. Ich habe bewußt ein sehr banales und ein sehr geniales Beispiel gewählt, um den Rahmen abzustecken, in dem Einsicht wirksam werden kann.

3. Inzwischen ist auch deutlich geworden, warum Einsicht immer auch kathartisch wirkt, während Wissen affekt- und beziehungslos bleibt. Einsicht erfaßt das gesamte psychische System; Wissen verändert nur einen kleinen Teil. Einsicht bezieht die Affektwelt ein, Wissen nicht.

4. Für den Psychoanalytiker ist Einsicht ebenso wichtig wie für den Patienten. Anfangs neigt er vielleicht dazu, Wissen anzuwenden und Wissen zu vermitteln. Die analytische Abstinenz, d. h. die unaufdringliche Haltung des Analytikers, in der dem Patienten keine Wertvorstellungen aufgezwungen werden und man seine Entwicklungsgesetze respektiert – wird zur kalten, grauen Wand, wenn

das Wissen des Analytikers größer ist als seine Einsicht. Wer Einsicht vermitteln will, muß sie erst haben, d. h. der Analytiker darf nicht wie ein kluger Uhrmacher versuchen, das gestörte Räderwerk des Patienten durch sein überlegenes Wissen zu reparieren, sondern er muß das analytische Material auf sich als ganzen Menschen wirken lassen, der sich für einen anderen engagiert. Die Angst vor dem »therapeutischen Ehrgeiz«, vor dem *Freud* so warnte, verführte viele Analytiker dazu, die von Freud geforderte wissenschaftliche Haltung als distanzierte, nicht als teilnehmende Beobachtung zu verstehen. Aber Einsicht gewinnt und vermittelt nur der, welcher Anteil nimmt, d. h. sich als Ganzer von dem ergreifen und anmuten läßt, was er hört.

Die Bedeutung der Kindheit

In den fünfziger Jahren haben *Wallerstein* und *Robbins* die grundlegenden psychoanalytischen Hypothesen über die Natur des neurotischen Krankheitsgeschehens formuliert:
1. Seelische Krankheiten entstehen durch innerseelische Konflikte, die nicht auf andere Weise lösbar sind.
2. Diese Konflikte hängen mit Phantasien zusammen, die in weiten Bereichen unbewußt sind und mit frühkindlichen Erfahrungen verknüpft werden können, die ungenügend gelöste kindliche Konflikte verkörpern.
3. Ehe eine Krankheit im klinischen Sinn ausbricht, werden diese innerseelischen Konflikte durch die Bildung von Abwehrmechanismen neutralisiert, die teilweise als Züge der Charakterstruktur und mehr oder weniger ich-synton (d. h. als »mir selbst entsprechend«) erlebte Symptome erscheinen.
4. Durch die verschiedensten Kombinationen innerer und äußerer Belastungen versagen die bisher benützten Me-

thoden, das innere Gleichgewicht zu erhalten. Es erscheinen Krankheitssymptome, Ich-fremde Charakterzüge oder beides.

5. Die Struktur und die sonstigen Eigenheiten dieser Veränderungen enthüllen wichtige Merkmale der inneren Konflikte und der Versuche des Ichs, mit ihnen fertig zu werden.

Von zentraler Bedeutung in der psychoanalytischen Neurosentheorie ist die Kindheit mit der Auseinandersetzung zwischen dem Kind und den wichtigsten Bezugspersonen. Das menschliche Ich als Steuerungszentrum des Verhaltens wird im Gegensatz zu der tierischen Verhaltenssteuerung nicht durch instinktive Mechanismen vorprogrammiert. Seine Struktur bildet sich in der Kindheit, entlang der Linien, welche die Dynamik der Beziehungen zur Primärgruppe vorzeichnet. *Freud* hat hier mit dem Ödipuskomplex ein wichtiges Element in einer komplexen Entwicklungsreihe entdeckt und hervorgehoben, das vor dem Horizont der in seiner Epoche typischen sexuellen Konflikte das zentrale Stück seiner Theorie wurde. Neuere Forschungen haben diese Theorie erweitert. Fest steht, daß die Beziehung zu den Menschen der Primärgruppe, den »frühen Objekten« im Jargon der Analyse, für die Ich-Entwicklung maßgebend ist.

Beim menschlichen Kind standen die Konstrukteure der Evolution vor der Aufgabe, ein extrem empfindliches Reizverarbeitungssystem wie das menschliche Gehirn heil durch eine Frühzeit zu bringen, in der es noch keine eigenen Schutzmechanismen ausgebildet hat. Das Problem wurde durch die schon bei allen Primaten (d. h. den niedrigen und den Menschen-Affen) vorgegebene Gruppenstruktur gelöst, in der Eltern und Kinder länger beisammen bleiben als bei nahezu allen übrigen Tieren.

Die frühen Objekte – die Eltern, älteren Geschwister oder ihre Ersatzpersonen – übernehmen, symbiotisch mit dem

Das Entwicklungsmodell der Psychoanalyse

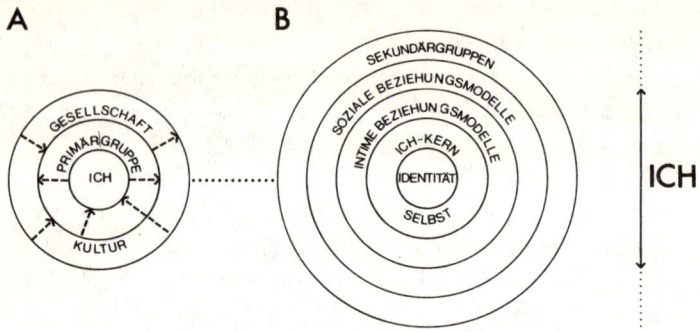

A + B *Normale Entwicklung* (»Biologisch Geplantes«)
Die Pfeile deuten narzißtische und libidinöse Besetzungen an: Das Kind, die Primärgruppe und die Gesellschaft akzeptieren und bestätigen einander. So kann sich durch Verinnerlichung der Symbol-Strukturen von Primärgruppe und Gesellschaft eine harmonisch funktionierende innere Organisation bilden.

C + D *Gestörte Entwicklung*
Ein Teil des Ichs wird nicht bestätigt, etwa weil die Gesellschaft die Primärgruppe daran hindert (z. B. auf dem Weg einer puritanisch-lustfeindlichen Sexualmoral). Es bilden sich von ständigen Konflikten bestimmte Phantasien (z. B. Sexualüberschätzung, phallisch-narzißtische Vorstellungen, ein Don Juan, ein Sultan im Harem zu sein, die durch Gegenbesetzungen – übermäßige sexuelle Gehemmtheit bis zur erektiven Impotenz – abgewehrt werden). Aufblähung des defizienten Ich-Anteils in der Phantasie – Entwicklungshemmung in der realen Auseinandersetzung – Blockade der Erfüllung in den Sekundärbeziehungen.

Kind verschmolzen, d. h. sich in es einfühlend und von ihm als Einfühlende gesucht, die Aufgaben des Reizschutzes, welche das Kind noch nicht bewältigen kann. Hier liegen die Gründe für die extreme Abhängigkeit des Kindes von den Eltern. Sie machen die Angst vor dem Verlassenwerden, vor dem Verlust des Hautkontakts und später der bestätigenden Blicke der Bezugspersonen zur zentralen Angst des Kindes.

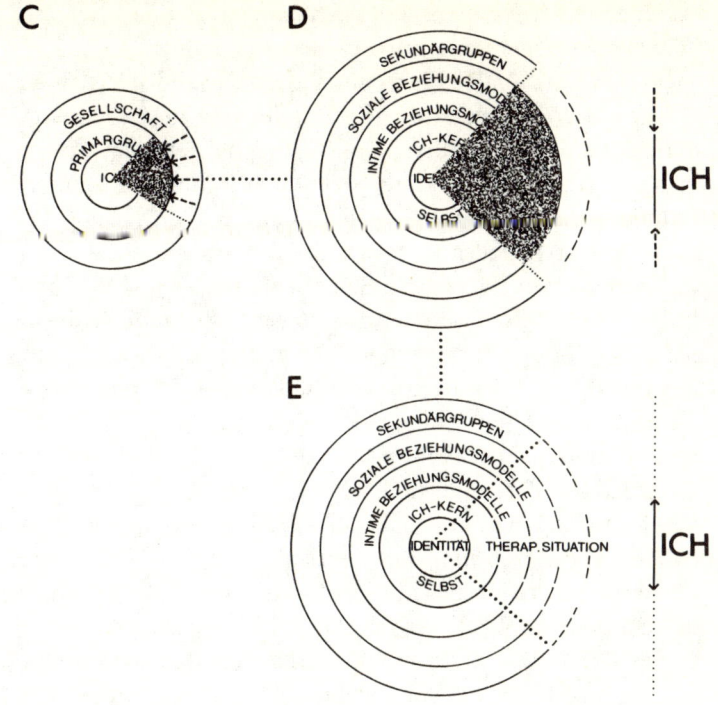

E
In der *Therapie-Situation* wird die desintegrierte Ich-Entwicklung wiederholt (in der Übertragung), und durch Einsicht und korrigierende Erfahrungen eine Neu-Integration erreicht.

Darin liegt auch die Wurzel für die Abhängigkeit der Ich-Entwicklung von der Persönlichkeit der frühen Bezugspersonen, die gewissermaßen als Kristallisationskerne dem kindlichen Ich einverleibt werden und seinen Aufbau vorzeichnen. *M. Mahler* hat diese Prozesse der Symbiose und Individuation beschrieben; Versuche, die Libidotheorie *Freuds* in eine allgemeine Entwicklungspsychologie umzugestalten, stammen von Erik *H. Erikson* und *R. W. White*. Auch die Neopsychoanalyse (siehe S. 116) bemüht sich um eine solche allgemeine Entwicklungspsychologie.

Was die in der Kindheit unter dem Einfluß der frühen Objekte aus der weiteren Ich-Entwicklung ausgeschlossenen Anteile des Ich betrifft, so geht die Tendenz in der Psychoanalyse heute dahin, nicht mehr nur die Libido-Entwicklung zugrunde zu legen. Heinz *Kohut* hat auf das Entwicklungsschicksal des Narzißmus hingewiesen, worunter man die auf das eigene Selbst gerichteten psychischen Energien versteht. Frühe Störungen des Selbstgefühls, die in partiellen oder umfassenden Versagungen des »Bestätigend-angeblickt-Werdens« von seiten der Primärgruppe wurzeln, enthalten einen entscheidenden Einfluß auf die Persönlichkeitsentwicklung und auch auf die Technik der analytischen Therapie, deren Modifikationen bei narzißtischen Störungen *Kohut* und Otto F. *Kernberg* beschrieben haben. Michael *Balint* schildert die frühen Formen von Objektbeziehungen auf einer urtümlicheren Ebene als der des Ödipuskomplexes. Er spricht von der »Grundstörung«, in der sich eine Trieb- und Konflikt-Dynamik nicht mehr nachweisen läßt und die Beziehung zwischen Analytiker und Patient präverbal wird.

Es ist vielleicht deutlich geworden, daß die hier zitierten Autoren *Freuds* Konzept ergänzt und verändert, aber die grundsätzliche Bedeutung der Kindheitserlebnisse beibehalten haben. Keine Therapie kann sich psychoanalytisch nennen, in der nicht diese grundlegende Bewertung der Kindheit mitschwingt. Das muß nicht ausdrücklich geschehen (in kurzen, auf einen aktuellen Konfliktherd konzentrierten »Fokaltherapien« werden Kindheitserlebnisse nur sehr knapp besprochen), wohl aber in der Gesamtkonzeption des Therapeuten liegen, mit der er an die innere Situation des Patienten herangeht.

Die psychoanalytische Situation

Die Struktur dieser Situation ist auf den ersten Blick einfach: Ein Mensch sieht einen anderen zwischen drei- und fünfmal pro Woche für jeweils etwa 50 Minuten. Der eine sitzt in einem bequemen Stuhl und hört den freien Einfällen des anderen mit einer gleichschwebenden, d. h. entspannt-offen auf alle möglichen eigenen Einsichten ausgerichteten Aufmerksamkeit zu. Gelegentlich teilt er eine Deutung mit, stellt eine klärende Frage und bemüht sich im übrigen, vor allem eine Atmosphäre zu schaffen, in der freies Assoziieren möglich ist.

Der Rahmen dieser Situation ist zunächst einmal durch die sogenannte »analytische Grundregel« abgesteckt. Der Klient, der sich einer Psychoanalyse unterziehen will, wird darüber informiert, daß die Voraussetzung für eine solche Arbeit in seinem *Einverständnis* und in seinem *Bemühen* liegt, die Grundregel einzuhalten. Er soll alles aussprechen, was ihm einfällt, ohne Rücksicht darauf, ob es unwichtig, sinnlos, nicht hergehörig, banal, peinlich, beschämend, aggressiv oder zärtlich gegen den Analytiker und wie auch immer sonst geartet sei. Man kann ergänzen, er solle immer von der Oberfläche des Bewußtseins ausgehen und sich dann treiben lassen; es sei bei den Einfällen gleichgültig, ob es sich um Gedanken oder Gedankenbruchstücke, Gegenwärtiges oder Vergangenes, Träume oder Stimmungen, Phantasien oder wirkliche Erlebnisse handle – und es sei notwendig, auch jene Inhalte anzusprechen, die sich mittelbar oder unmittelbar auf die analytische Situation beziehen.

Es ist günstig, den Patienten gleich damit vertraut zu machen, daß es nicht einfach ist, sich an diese Regel zu halten. Damit lassen sich Ängste vor Liebesentzug durch den Analytiker beim Versagen in der von diesem gewünschten Leistung erheblich mindern, wie man überhaupt in den ersten Monaten der Analyse daran denken muß, daß

Schwierigkeiten mit der Grundregel nicht Widerständen gegen die Aufdeckung des Verdrängten, sondern ebensogut Schwierigkeiten mit dieser unvertrauten Situation zuzuschreiben sind. Kein Patient vergegenwärtigt sich in der Vorbesprechung, was die Grundregel wirklich bedeutet. Er weiß, worum es geht, hat es aber noch längst nicht eingesehen. Der Erwerb dieser Einsicht ist in mancher Hinsicht mit dem analytischen Prozeß identisch. Wer sich wirklich an die Grundregel halten kann, der braucht keine Analyse mehr. Es gibt deshalb Analytiker, welche die Grundregel am Anfang nur kurz formulieren und erst später die Einzelheiten nachtragen, wenn sich ein Anlaß dazu ergibt. Auch dem Therapeuten, der zu Beginn eine umfassende Erläuterung über die Grundregel gegeben hat, bleibt nicht erspart, später Einzelheiten nachzutragen und das Wissen um die Grundregel für den Patienten lebendig und sinnvoll zu machen. So kann es geschehen, daß ein Patient in aller Unschuld sagt: »Ich dachte, das interessiert Sie nicht«, wenn deutlich wird, daß er körperliche Empfindungen, welche sein Reden über ein bestimmtes Thema begleiten, nie erwähnt.

Die liegende Haltung des Patienten wird irrtümlich oft für das Wesentliche an der Psychoanalyse gehalten. Das ist unsinnig; ob ein Gespräch analytisch ist oder nicht, hat mit dem Liegen nicht eben viel zu tun. Das Liegen fördert die Regression; deshalb ist es bei sehr ich-schwachen Patienten nicht angezeigt. Unter Regression versteht man die Rückkehr zu urtümlicheren, kindheitsnäheren Formen des Erlebens, verbunden mit einem Zurücktreten der rationalen Kontrolle. Das Liegen gemahnt an Entspannung und Schlaf, beides Ich-Zustände, die regressiver sind als der von dauernder Muskelanspannung und Kontrolle begleitete Zustand beim Sitzen. Der ich-schwache Kranke, z. B. ein Grenzfall zwischen Neurose und Psychose, verträgt diese Regression nicht gut. Er wird gleich so sehr in urtümliche Wunschphantasien verstrickt, daß er in heftige Ängste gerät und diese

Erlebnisse nicht mehr verbalisieren und damit distanzieren und bearbeiten kann.

Er setzt sie unter Umständen gleich in die Tat um, »agiert sie aus«. Das kann in der Stunde selbst geschehen (z. B. indem die Patientin nach hartnäckigem Schweigen von der Couch aufsteht und den Analytiker umarmt), oder aber in der Lebenssituation (indem ein Patient z. B. überstürzt seine Scheidung einleitet). Bei dem relativ ich-starken Neurotiker, der fähig ist, mit Unterstützung des Analytikers die regressiven Phantasien auszusprechen und zu bearbeiten (d. h. Einsicht in ihre Dynamik zu gewinnen), bringt das Liegen große Vorteile. Es ist eine ständige Erinnerung an die Grundregel, deren Sinn es ja mit sich bringt, daß die mit dem konventionellen Kontakt beim Zwiegespräch automatisch verknüpfte Kontrolle wegfällt und Hemmfaktoren der gewöhnlichen vis-à-vis-Anordnung vermindert werden. Auch der Analytiker wird entlastet; er kann seinem Ziel der gleichschwebenden Aufmerksamkeit eher treu bleiben.

Die Grundregel schließt nach *Freuds* Formel das »Opfer voller Aufrichtigkeit« von seiten des Patienten ein. – Als Gegenleistung bietet der Analytiker seine unbedingte Diskretion. Der Patient bemerkt allmählich, daß Offenheit notwendig ist, wenn er Einsichten gewinnen will, die ihm selbst sonst verschlossen bleiben würden. Die thematische Freiheit der Grundregel enthält die Aufforderung, sich vom Zwang logisch geordneten Sprechens zu befreien. Aber hier genügt die inhaltliche Freiheit nicht; es gibt Patienten, die (womöglich durch Lektüre geschult) jeden Inhalt aussprechen können, während der zugehörige Gefühlsanteil ihrem bewußten Erleben entzogen bleibt (Affektisolierung). Er wird zum eigentlichen Verdrängten, und die Analyse bleibt wirkungslos, wenn der Analytiker diese Veränderungen und die sie begleitende Charakterabwehr übersieht. Auch das Gegenteil ist möglich: Die Patienten sind so voller

(Übertragungs-)Gefühl, daß sie Affektstürmen ausgeliefert werden, ohne daß sie einen der verdrängten Inhalte fassen können. Hier muß vorsichtig abgewartet werden, bis beides – Vorstellung und Gefühl – einigermaßen angstfrei im Erleben erscheinen können.

Weitere Rahmenprobleme der Psychoanalyse (und jeder anderen analytischen Psychotherapie) sind die Nebenanalysen und die lebenswichtigen Entscheidungen während der Behandlung. In beiden Fällen gibt es eigentlich zwei Möglichkeiten: Von vornherein dem Patienten zu verbieten oder ihm doch energisch abzuraten, mit anderen Menschen über das zu sprechen, was er in der Analyse erfährt, und ihm auch lebenswichtige Entscheidungen (Berufswechsel, Eheschließung, Ehescheidung) während der Analyse zu untersagen. Andererseits kann man beide Vorfälle mehr analytisch handhaben und z. B. warten, bis die Nebenanalyse in den Einfällen des Patienten auftaucht, um sich dann gemeinsam mit dem Patienten über die Bedeutung dieses Verhaltens klarzuwerden. Ein anfängliches Abraten schließt das natürlich nicht aus; die Eigenart der psychischen Prozesse in der Analyse liegt sicher zum Teil darin, daß der Sinn eines solchen Reglements nicht vom Analytiker vorgegeben, sondern nur im Prozeß der Analyse erarbeitet werden kann. Die Erörterung der Erlebnisse in der Analyse mit Dritten ist deshalb ungünstig, weil auf diese Weise Energien, die für die Durcharbeitung des analytischen Materials dringend benötigt werden, in Seitenkanäle versickern. Die Spannung in der Beziehung zum Analytiker wird ständig entlastet, wenn Erregungen anderweitig abreagiert werden und wichtiges Material probeweise in Nebenanalysen erzählt wird.

Ähnlich ist es mit der Frage der lebenswichtigen Entscheidungen. Hier kann man sich anfänglich damit begnügen zu sagen, daß solche Entscheidungen unbedingt in der Analyse besprochen werden sollten, ehe Unwiderrufliches geschehen ist. Zu *Freuds* Zeiten, als die Analysen noch erheblich kürzer waren (teils wegen der höheren Zahl von Wochenstunden, mehr aber noch wegen der Ausrichtung auf die Symptomanalyse im Gegensatz zur heute die Regel gewordenen Charakteranalyse), konnte der Analytiker generell raten, lebenswichtige Entscheidungen auf die Zeit nach der Analyse zu verschieben. Heute ist in einer schnellebigeren Zeit mit mehrjähriger Analysendauer ein solches generelles Verbot sinnlos. Entscheidungen müssen von Fall zu Fall gefunden werden. Überstürzte Eheschließungen zu Beginn einer Analyse, deren Bedeutung vielleicht eine Entlastung der Übertragungsbeziehungen von homosexuellen Ängsten enthält, sollten aufgeschoben werden, bis diese Gesichtspunkte analysiert werden können.

Ein Berufswechsel, den der Patient plant, sollte sehr vorsichtig behandelt und nicht generell unter das Aufschubgebot gestellt werden, allein schon deshalb, weil der Analytiker Mühe hat, zu unterscheiden, ob die neue Arbeit nur einen Wechsel neurotischer Mißhelligkeiten bringt oder tatsächlich neue Chancen bietet. Auch eine Ehescheidung ist gründlich zu bedenken. Im allgemeinen unterschätzt man die emotional stützende Bedeutung auch einer scheinbar vollständig zerstrittenen Ehe. Der Therapeut sollte sich hüten, aufgrund seiner Gegenübertragung eine solche »befreiende« Handlung zu befürworten. (Hysterisch strukturierte Patientinnen eines männlichen Analytikers erwarten z. B. manchmal, daß dieser ihre erotischen Übertragungswünsche in dem Augenblick befriedigen würde, in dem sie sich von ihrem Mann getrennt haben.)

Traumbearbeitung

Die Träume hat *Freud* die via regia, den Königsweg zum Unbewußten genannt; ihre Analyse sollte ersetzen, was durch den Verzicht auf die Hypnose an Einschränkung der Zensur ermöglicht worden war. In populären Mißverständnissen der Psychoanalyse, mit denen man bei den Patienten immer rechnen muß, gewinnen die Träume die Bedeutung eines Hilfsmittels, mit dem die Analyse steht und fällt. Diese Patienten reagieren mit Angst- und Schuldgefühlen, wenn sie längere Zeit nicht träumen. Die dadurch entstehende Verkrampfung ist der analytischen Arbeit nicht nützlich. Es ist wichtig, solche Menschen, die sich »nie« oder nur selten an Träume erinnern, darauf hinzuweisen, daß die Traumarbeit immer ein Hilfsmittel ist, das dem analytischen Prozeß dient, ihn aber nicht beherrschen darf.

Freud hat mehrfach davor gewarnt, die Traumdeutung zum Selbstzweck zu machen, sich als Analytiker besonders für die Träume zu interessieren oder im Patienten den Eindruck zu erwecken, die Arbeit müsse stillstehen, wenn er keine Träume berichten könne – womöglich wegen seines »Widerstandes«. Gerade dadurch läuft man Gefahr, die Traumproduktion zu blockieren und an ihr den Kampf um Zurückhalten oder Hergeben während der Sauberkeitserziehung mit dem Analysanden noch einmal durchzuagieren.* Der Analysierte muß zur Überzeugung kommen, daß die Analyse in jedem Fall ihre Fortsetzung findet, ob er nun Träume bringt oder nicht. Die Träume können auch zum Widerstand werden – durch ihre Vielfalt und ihren Detail-

---

* Ein 34jähriger Kaufmann träumte nach einem Gespräch über den Mangel an Träumen in seiner Analyse, er erhalte von dem Analytiker eine Überweisung in Höhe des halben Honorars für die Stunde. Es zeigte sich, daß er »träumen« mit »dem Analytiker die Arbeit erleichtern« gleichsetzte und folgerichtig die Hälfte seiner Honorar»Gabe« wiederhaben wollte. Er war der Sohn einer zwanghaft sauberen, extrem kontrollierenden Mutter.

reichtum, mit dem die Analyse überschwemmt und blok-
kiert wird, aber auch durch ihre besondere »Tiefe« und
Symbolhaftigkeit, die das wissenschaftliche oder intellektuelle Interesse des Analytikers befriedigen, den Patienten
aber – da er sie ja praktisch für den Therapeuten träumt –
nicht weiterbringen.

Der therapeutische Wert
der analytischen Situation

1. Offenheit und Freiheit der Äußerungen, wie sie die
   Grundregel verlangt und das allmähliche Vertrautwerden
   des Patienten mit ihr ermöglicht, werden in der schrittweisen Befreiung des Aussprechens zu einem Freiheitsge-
   winn im Erleben und Handeln schlechthin. Durch seine
   Anwesenheit als Garant der Grundregel entlastet der
   Analytiker den Patienten von verinnerlichten sozialen
   Kontrollen über sein Verhalten und erlaubt ihm dadurch,
   noch einmal zu überprüfen, was an solchen Kontrollen
   und Einschränkungen realitätsgerecht ist, was nicht. In
   einer gut verlaufenden Analyse fallen dem Patienten
   mehr und emotional bedeutsamere Einzelheiten z. B. zu
   einem Traum ein, wenn er auf der Couch seines Analytikers liegt, als ihm zu Hause einfallen würden.
2. Sprachliche Äußerung wird dem Handeln vorgeschaltet.
   Das entspricht der Priorität der Analyse und des »Probehandelns« vor dem Ausagieren: Der Patient soll mehr
   Freiheit gewinnen, ohne die oft schmerzlichen Konse-
   quenzen ertragen zu müssen, die verfrühtes Handeln eher
   zu einem lähmenden als zu einem befreienden Ereignis
   machen.
3. Die Tatsache, daß er einen neutralen, wohlwollenden und
   aufmerksamen Zuhörer findet, bedeutet für den Patienten in jedem Fall eine narzißtische Bestätigung im Sinn

einer »korrigierenden emotionalen Erfahrung«. Auf der Ebene der einfachen Lerntheorie wirkt das Aussprechen angstbelasteter Inhalte in einer entspannten Atmosphäre »desensitivierend«, d. h. angstmindernd, so daß die angstbesetzten Vorstellungen immer deutlicher erkannt und bearbeitet werden können.

4. Diese Elemente führen zu einer zunehmenden Erweiterung des Bewußtseinsumfanges, unabhängig von der Qualität und Zahl der Deutungen des Therapeuten.

5. »In der Sprache findet der Mensch ein Surrogat für die Tat, mit dessen Hilfe der Affekt nahezu ebenso abreagiert werden kann«, sagt *Freud* (Studien über Hysterie, GW I, S. 87). Kathartische Entlastung von vorbewußten oder unbewußten Ängsten und Schuldgefühlen wird möglich.

Die Aktivitäten des Therapeuten

Alle diese Prozesse laufen ab, ohne daß der Analytiker eingreift. Ehe seine Aktivität geschildert werden soll, ein Wort über ihre Grenzen, welche durch die sogenannte »Abstinenzregel« gezogen werden. Der Patient macht »in einer korrekten Analyse die Erfahrung, daß ihm nicht nur ausdrückliche Zuwendungen des Trostes, der Anteilnahme, der Beruhigung, Beschwichtigung oder Bagatellisierung, sondern auch Gebote und Verbote, Ratschläge, Belehrungen und private Meinungs- oder Überzeugungsäußerungen versagt bleiben, die er aus sonstigen ärztlichen Kontakten – zuweilen in sehr hohem Maße – zu erhalten gewohnt ist«.*
Der Patient wird über diese Haltung verständlicherweise klagen oder solche Klagen besonders unterdrücken. Diese Reaktionen sind Gegenstand der Analyse; der Analytiker

---

* A. M. Becker: Die Behandlungstechnik in der Psychoanalyse. In: W. Schraml (Hrsg.): Klinische Psychologie. Bern–Stuttgart 1970, S. 338.

sollte freilich der Tatsache eingedenk bleiben, daß die Abstinenz optimale Bedingungen für die Therapie schaffen soll, indem sie jede implizite oder explizite Bewertung der Äußerungen des Patienten vermeidet. *Freuds* Gleichnis vom Analytiker, der »undurchsichtig für die Analysierten sein« soll, »und wie eine Spiegelplatte nichts anderes zeigen, als was ihm gezeigt wird«, darf nicht als kalte, distanzierte und gar abweisende Haltung mißverstanden werden. Leo *Stone* hat in seiner Studie über die psychoanalytische Situation eindringlich gezeigt, wie sehr Freud diese Abstinenzregeln vor dem Hintergrund einer warmen, mitfühlenden Haltung verstanden haben wollte, die ihm selbstverständlich war. Er wandte sich mit dem Spiegelgebot gegen eine Neigung junger, mangelhaft ausgebildeter Analytiker, nach dem Motto »Vertrauen gegen Vertrauen« die Patienten über intimere Einzelheiten ihres Lebens zu informieren, ein Verhalten, das erfahrungsgemäß »nicht viel leistet und in schwereren Fällen regelmäßig an der rege gemachten Unersättlichkeit der Kranken scheitert, die schließlich die Analyse des Arztes interessanter finden als die eigene«. (*S. Freud*, Ratschläge an den Arzt bei der psychoanalytischen Behandlung.)

Der wesentliche, praktische Kern des Abstinenzprinzips ist, daß sich der Analytiker davon enthalten soll, eine unanalysierbare Situation zu schaffen, indem er den Patienten im Sinn seiner persönlichen Wertvorstellung beeinflußt, ihn in sein persönliches Leben verstrickt, direkt oder indirekt verlangt, daß der Analysand seine Bedürfnisse erfüllt. Eine unanalysierbare Situation durch Überschreiten der Abstinenzregel wird nicht nur dann geschaffen, wenn der Analytiker im krassen Fall sexuelle Beziehungen mit Patienten anknüpft oder sie zu Dienstleistungen (als Steuerberater oder Babysitter) heranzieht, sondern auch durch übermäßig exzentrisches Auftreten des Analytikers selbst.

Auf der anderen Seite ist es absurd, anzunehmen, ein

Analytiker könnte durchweg eine »graue Wand« bleiben. Im Gegenteil: Eine menschliche, freundliche, mitfühlende Haltung ist unabdingbar, um eine Situation herzustellen, in der analytisch gearbeitet werden kann, d. h. ein Mensch fähig wird, einem anderen die intimsten, peinlichsten Einzelheiten seines Erlebens anzuvertrauen. Abstinenz besagt auch nicht, daß ein Analytiker sich in seinem persönlichen Leben aller Werturteile enthalten soll. Es wird unausweichlich sein, daß der neugierige, übertragungsbereite Patient aus Publikationen, Details der Kleidung, der Einrichtung des Therapieraums usw. Einzelheiten über die Persönlichkeit des Analytikers erschließt. Das kann mehr oder weniger sein – im allgemeinen ist eine zu unpersönliche Atmosphäre ebensowenig angezeigt wie aufdringliche Besonderheiten.

Die Abstinenz des Analytikers ist somit nicht von seinen Bestrebungen zu trennen, ein tragfähiges Arbeitsbündnis (Ralph *Greenson*) aufzubauen. Durch dieses Bündnis, das *Freud* noch nicht von der »leistungsfähigen Übertragung« oder dem »ordentlichen Rapport« zum Patienten unterschied, wird erst die Grundlage geschaffen, auf der sich dann die eigentliche zwischenmenschliche Auseinandersetzung während der Psychoanalyse abspielt. Diese Grundlage sollte bestehen bleiben, auch wenn die positive Übertragung in eine negative Reaktion auf den Analytiker umschlägt, wenn der Patient sich verlassen, schlecht behandelt, gequält fühlt – immer muß ihm irgendwo deutlich bleiben, daß er und sein Analytiker zwei Menschen sind, die eine reale Arbeitsbeziehung haben. Diese Beziehung läßt sich nicht ausschließlich im Rahmen der Wiederholung kindlicher Reaktionsformen verstehen; sie entwickelt sich auf der Basis eines gegenseitigen Vertrauens. Nach *Greenson* kann man mit der Entwicklung eines Arbeitsbündnisses nur bei Menschen rechnen, die auch in ihrem Alltagsleben zu Beziehungen mit überwiegend sachlich-neutralem Charakter fähig sind und zuhören können.

Deuten

Deuten ist ein aktiver Beitrag des Analytikers im therapeutischen Prozeß, durch den Einsicht in bisher unbewußte Vorgänge des Seelenlebens des Analysanden vermittelt werden soll. Es ist damit das wichtigste technische Instrument der Analyse, dem alle übrigen Aktivitäten des Analytikers zuarbeiten sollen. Für solche Aktivitäten hat *Loewenstein* den Ausdruck »Interventionen« vorgeschlagen; *Eissler* wollte für solche Aktivitäten den Ausdruck »Parameter« einführen. Jedenfalls sollte der Analytiker bei jeder Aktivität, die nicht unmittelbar im Zusammenhang mit dem Deuten steht (z. B. Material für eine Deutung sammeln hilft, eine Deutung durch den Patienten selbst vorbereitet usw.), sich selbst fragen, warum er nicht deutet, sondern anderweitig aktiv wird. *Greenson* klassifiziert die Aktivitäten des Therapeuten in

▷ analytische, die Einsicht fördern,
▷ nichtanalytische, welche diesem Ziel nicht dienen und
▷ antianalytische, die ihm entgegenwirken.

Da Deutungen Einsicht, nicht Wissen fördern sollen, ist klar, daß Zeitpunkt und Form sehr sorgfältig gewählt werden müssen. *Freud* verurteilte ausdrücklich ein Verfahren, »welches dem Patienten die Übersetzung seiner Symptome mitteilen wollte, sobald man sie selbst erraten hat, oder gar einen besonderen Triumph darin erblicken würde, ihm diese ›Lösungen‹ in der ersten Zusammenkunft ins Gesicht zu schleudern«. *Freud* wußte, wie sehr solche antianalytischen Deutungen, die durch Prunken mit dem eigenen Wissen Einsicht unmöglich machen, der ganzen Analyse schaden können. »Welches Maß von Selbstgefälligkeit und Unbesonnenheit gehört dazu«, fragt er sich, »um einem Fremden, mit allen analytischen Voraussetzungen Unvertrauten nach der kürzesten Bekanntschaft zu eröffnen, er hänge inzestuös an seiner Mutter, er hege Todeswünsche gegen seine angeblich geliebte Frau, er trage sich mit der Absicht, seinen Chef zu betrügen und dergleichen!«

Freuds grundsätzlicher Rat für den richtigen Zeitpunkt einer Deutung lautete: Sie ist nicht eher vorzunehmen, als bis der Patient selbst knapp davorsteht, so daß er nur noch einen kurzen Schritt zu tun hat, um sich die Interpretationen des Analytikers anzueignen. So und vielleicht nur so läßt sich Einsicht vermitteln. Heute kennen viele Analysanden bereits analytische Literatur, meist aus populären Kondensaten, deren Autoren den Unterschied zwischen Wissen und Einsicht nicht genügend vermitteln. Sie bieten dann vorfabrizierte Deutungen an, ohne deren Inhalt wirklich erleben zu können, weil sie noch gar keinen Zugang zu diesen Schichten des Erlebens gewonnen haben.

Man muß damit rechnen, »daß jene Gegenkräfte im Patienten, die sich mit Hilfe solcher ›Selbstinterpretationen‹ durchsetzen, die therapeutische Arbeit *mehr* behindern werden, als die initiale Verleugnung des problembeladenen Konfliktstoffes«, sagt Annemarie *Dührssen*.*

Vorstufen des Deutens

Ralph *Greenson* unterscheidet in seinem Standardwerk über die psychoanalytische Technik als Vorstufen einer Deutung Gegenüberstellung (confrontation) und Klärung (clarification), während er die eigentliche Deutungsarbeit in Interpretation und Durcharbeiten gliedert. Wie Konfrontation und Klärung im einzelnen aussehen, kann man durch einige typische Beispiele verdeutlichen:

1. »Scharfeinstellen« (Fokussieren, feststellendes Hinweisen). Hier gibt der Analytiker dem Sinn nach oder in

---

* A. Dührssen: Analytische Psychotherapie in Theorie, Praxis und Ergebnissen. Göttingen 1972, S. 93 f.

Einzelfällen auch wörtlich Äußerungen aus der Einfalls-folge des Patienten wieder – Worte, Sätze, ganze Über-legungen. Damit wird ein wichtiges Element markiert und aufs neue der Bearbeitung durch den Patienten zugeführt. Es kann sich auch um Merkmale der nichtverbalen Kom-munikation handeln, oder der Analytiker weist auf ent-sprechende Begleitmerkmale hin (»haben Sie gehört, mit welchem Stimmklang Sie eben sagten...«)

2. Klärende Fragen, die sich auf einen undeutlichen, unaus-gesprochenen oder seiner vollen emotionalen Wertigkeit entkleideten Satz des Patienten beziehen. Sie haben eine ähnliche Aufgabe wie die Konfrontation, doch liegt der Akzent hier eindeutiger darauf, daß eine dem Analysan-den bislang »selbstverständliche«, nie angezweifelte Aus-sage in ihrer Fragwürdigkeit offengelegt wird.

3. Eng damit verbunden sind Klarstellungen durch den Analytiker, der z. B. in einer der Umgangssprache nähe-ren, vielleicht um eine Nuance »gröberen« oder »härte-ren« Diktion wiederholt, was der Analysand sagte. Damit wird oft erreicht, daß dem Analysanden deutlicher be-wußt wird, wie er durch eine bestimmte Ausdrucksweise seine Affekte von seinen Vorstellungen abspaltet. Ein Patient erzählt etwa, er möchte am liebsten seine Stief-mutter so lange mit dem Kopf unter Wasser tauchen, bis ihr die Luft wegbleibt, damit sie endlich nicht mehr so dumm rede, aber man könne schließlich niemand für die eigene Dummheit verantwortlich machen usw. Der klä-rende Hinweis des Analytikers: »Sie wollten also Ihre Stiefmutter ertränken?« brachte in einer längeren Aus-einandersetzung (der Patient stritt zunächst jede aggres-sive Absicht ab) mehr Klarheit über seine Neigung, Aggressionen zu verdrängen bzw. durch Rationalisatio-nen zu kaschieren.

4. Erklärende Hinweise stehen bereits an der Grenze zu den eigentlichen Deutungen im engeren Sinn, von denen sie

durch ihre geringere Komplexizität und den relativ umschriebenen Zusammenhang abgehoben werden können. Ein Patient versäumt z. B. die zweite Stunde nach den Sommerferien des Analytikers unter einem Vorwand. Die nächste Stunde klammert er dieses Fehlen vollständig aus. Der Analytiker kann nun dieses Verhalten zusammen mit dem Fehlen und seinen Ferien erwähnen sowie erklärend darauf hinweisen, vielleicht bestehe hier ein Zusammenhang. In dem beschriebenen Fall wurde dadurch die Aktivität des Patienten so weit umgelenkt, daß er die Bedeutung seiner Abhängigkeitsgefühle und seiner Abwehr gegen sie noch einmal bearbeiten konnte.

Die Bereitschaft und Fähigkeit des Patienten, das analytische Material selbst zu deuten (das dem spontanen Orientierungsbedürfnis des Menschen entspricht und der verläßlichste Mitarbeiter des Therapeuten ist) soll so weit genützt werden, wie das nur irgend möglich ist. Doch sind durch die Komplexizität des Materials und die Erlebnisschranken im Patienten dieser Eigenleistung Grenzen gesetzt. Der Analytiker muß deshalb beim Zusammenfügen größerer Materialmengen zu einer Einheit oft helfen. Diese Hilfe sollte so dosiert sein, daß sie die Eigenaktivität des Patienten maximal ermutigt, d. h. ihm weder das Gefühl gibt, alleingelassen, alles selber machen zu müssen, noch ihn durch Perfektionismus oder zu große Detailfülle entmutigt. Die Deutung ergibt immer Arbeitshypothesen, keine fertigen Einsichten (solche kann es nie geben), die dem Patienten in der Sprache seines Alltags übermittelt werden, die sich nicht nur von der wissenschaftlichen, sondern oft auch von der Alltagssprache des Analytikers beträchtlich unterscheiden kann. Nicht zuletzt deshalb ist es wenig sinnvoll, zu früh Deutungen zu geben. In jedem Fall muß die Deutung durch das vorhandene Material belegbar sein.

Konstruktionen

Wo die Deutung durch das vorhandene Material nicht mehr voll belegt werden kann und den Charakter einer Darstellung von Knotenpunkten der kindlichen Entwicklungsgeschichte gewinnt, die in ihrer unmittelbaren Bedeutung nicht mehr erinnert, sondern nur rekonstruiert werden können, spricht man mit *Freud* von »Konstruktionen in der Analyse« (GW XVI). Dabei wird aus dem analytischen Material die Bedeutung einer Situation konstruiert, wenn sie dem Erleben nicht mehr voll zur Verfügung steht. Beispiel: Ein Patient reagiert im Erwachsenenleben mit heftiger Angst, wenn er ein Liebesobjekt zu verlieren droht. Er arrangiert sich seine Liebesbeziehungen so, daß die Verlassenheitsangst seiner Partnerinnen immer größer ist als die eigene, die dadurch kontrolliert werden kann. Aus der Kindheit erinnert er ein Symptom (Schaukeln), das für verlassene Kinder typisch ist. Doch kann er sich an keinerlei Gefühle der Verlassenheit erinnern. In dieser Situation wagt der Analytiker die Konstruktion, daß die Verlassenheitsangst auf eine sehr frühe Kindheitssituation zurückgehen muß, in der sich der Patient verlassen fühlte, wie zum Beispiel ein Kind in einem Krankenhaus. Jetzt fällt dem Patienten ein, daß ihm seine Mutter erzählt hat, sie habe ihn im Alter von drei Monaten mit einer septischen Phlegmone in die Klinik gebracht, wo er praktisch in letzter Minute durch eine Operation gerettet worden sei.

Eine Konstruktion ist – wie die Deutung – eine Arbeitshypothese, deren Wert sich daraus erweist, zu welchen Einsichten sie den Patienten befähigt. Abgrenzen muß man sie von den »direkten Deutungen«, die vor allem aufgrund der symbolischen »Übersetzung« von Träumen gegeben werden. *Freud* bewertete sie kritisch; die überwältigende Mehrzahl der Analytiker stimmt ihm hierin zu. Auch Deutungen, bei denen ohne schwerwiegendes Beweismaterial vorgeburtliche Phantasien, Geburtstraumata oder die Beziehung des Patienten zu verschiedenen Aspekten der Mutterbrust unterstellt werden, sind – wie *Greenson* sagt – eher eine Karikatur des Versuchs, Einsicht zu gewinnen, als korrekte analytische Arbeit.

Die Übertragung

Einsicht und damit eine neue Integration von gut entwickelten und wenig entwickelten Teilen des Ich können nur gewonnen werden, wenn der Patient nicht nur mit dem Verstand, sondern auch in seinen Gefühlen reagiert und angesprochen wird, wenn das Deuten nicht nur kognitive Elemente nachträgt, sondern auch Affekte erfaßt, die im Hier und Jetzt der analytischen Situation entstehen. Das ermöglicht vor allem die Übertragung. Darunter verstand *Freud* »einfache Neudrucke« oder Neubearbeitungen früherer Beziehungsformen des Patienten. Die Übertragung wird nur dann analysierbar sein, wenn sich der Analytiker an die Abstinenzregel hält.

Verstrickt er den Patienten in sein persönliches Leben, dann wird es ihm unmöglich, zu entscheiden, wo die Übertragung unangemessen ist und den realen Gegebenheiten nicht entspricht. Gerade dieser Anteil der Übertragung ist aber besonders wichtig; wobei keine Einigkeit darüber besteht, ob man den realitätsgerechten Teil der Übertragung als »Beziehung«, »Arbeitsbündnis« von der neurotisch strukturierten inadäquaten Übertragung abtrennen kann. *Freud* hat darauf verzichtet, und in der Praxis wird eine solche Grenze immer schwer zu ziehen sein. Obwohl sich jede zwischenmenschliche Beziehung unter dem Aspekt der Übertragung betrachten läßt, sollte man diesen Ausdruck doch in ihren Motiven unbewußten Vorgängen zuordnen, die dem Begriff seinen technischen Inhalt geben.

Alle Menschen erwerben in ihrer Primärgruppe – in den Industriegesellschaften meist die Kleinfamilie – typische Gefühlsreaktionen, die sie als festes Klischee auch auf jene Menschen anwenden, die dafür gar nicht mehr die passenden Partner sind. In der analytischen Situation werden solche Klischees geradezu hervorgelockt (durch die Abstinenz des Analytikers und die Grundregel), infantile Erwartungen, die im Alltagsleben dem Patienten gar nicht deutlich werden können. Mit dem Verständnis für solche Reaktionen gewinnt der Analytiker einen wichtigen Zugangsweg zur Persönlichkeit des Patienten, und der Patient – sobald er fähig wird, die Übertragung zu bearbeiten – die Chance zu einer vertieften Einsicht und einer korrigierenden emotionalen Erfahrung.

Die Übertragungsneurose

In der analytischen Standardtherapie ist die Übertragungsneurose als »künstliche Krankheit«, die oft von einer anfänglichen Verschlechterung der Symptome begleitet ist, eine unerläßliche Bedingung des vollen therapeutischen Erfolgs. Die erstarrten Symptome können laut *Freud* nur »im Feuer der Übertragungsneurose« wieder umgeschmiedet werden. In jedem Fall ist die Übertragung zu analysieren und damit zu »vernichten«; das gilt nicht nur für negative (feindselige) Projektionen auf den Analytiker, sondern auch für positive Inhalte der Übertragung. Allerdings empfiehlt es sich, feindselige Übertragung immer sofort zu analysieren, die freundliche hingegen erst, wenn sie zum Widerstand wird. Dadurch bleibt immer ein »Überhang« an positiven Gefühlen dem Analytiker gegenüber, der zusammen mit dem Arbeitsbündnis die analytische Arbeit weiterträgt, bis die zunehmende Auflösung der Übertragungsneurose, verbunden mit einer realistischeren Einschätzung der möglichen Vorteile (gegenüber den unerfüllbaren Erwartungen) einer Analyse diese Stützfunktion der Übertragung ersetzt.

Wie auch immer man die Notwendigkeit einer vollen Übertragungsneurose beurteilen mag – es ist sicherlich wichtig, den Übertragungsaspekt *jeder* Äußerung des Patienten zu beachten. Jeder Einfall, jedes Symptom, jede Abwehr enthält im Lauf der Analyse auch eine Übertragungsbedeutung.

Die Gegenübertragung

Wie eng oder weit man den Übertragungsbegriff faßt, beeinflußt in jedem Fall auch die Definition der Gegenübertragung. Menschliches Sozialverhalten ist stets von einer Mischung aus relativ realitätsgerechten Erlebnisformen einerseits, vorwiegend inadäquaten, übertragungsbestimmten Haltungen andererseits bestimmt. Die Übertragungsfaktoren auf der Seite des Analytikers nennt man nun »Gegenübertragung«. Wer alle Beziehungen des Patienten zum Therapeuten »Übertragung« nennt, wird auch alle emotionalen Reaktionen des Analytikers »Gegenübertragung« nennen und in ihr einen äußerst wichtigen Faktor der Behandlung sehen. (»Gegen«-Übertragung ist wie »Gegenstück« ein Kürzel für »Übertragung des Analytikers« und besagt nicht, daß es sich um eine spezifische Reaktion auf die Übertragung des Patienten handelt.)

Es ist klar, daß auch der Analytiker auf seinen Patienten »überträgt«, d. h. inadäquate, irrationale, kindheitsbestimmte Erlebnisweisen ihm gegenüber wiederholt. *Freud* hat gefordert, der Analytiker müsse diese Gegenübertragung in sich erkennen und bewältigen. Ergänzend wäre zu sagen, daß diese Bewältigung analytisch zu erfolgen hat. Der Analytiker soll sie nicht unterdrücken, verleugnen oder verdrängen, sondern versuchen, auf dem Weg der Selbstanalyse zu einer Klärung zu kommen. Die frühere Eigenanalyse ist ihm dabei eine große Hilfe, vor allem, wenn sie sich noch mit der Zeit seiner ersten selbständigen Behandlungen überschneidet. Auch die Besprechungen mit einem erfahrenen Analytiker, der die Behandlungsstunden kontrolliert, können helfen, daß der angehende Analytiker die eigenen Gegenübertragungstendenzen erkennt und Einsicht in ihre Dynamik gewinnt. Michael *Balint* weist darauf hin, daß in bestimmten Phasen der Analyse (bei Zuständen tiefer Regression, wo die Patienten durch Deutungen nicht mehr genügend erreicht werden können) die genaue Betrachtung der innerpsychischen Vorgänge beim Analytiker hilft, Klarheit über die Situation zu gewinnen.

Erst die subtil oder handgreiflich *agierte* Gegenübertragung gefährdet eine analytische Behandlung. Heinz *Kohut* hat einen sonst korrekten jungen Analytiker geschildert, der mit einer Patientin nicht weiterkam. Es zeigte sich in der Kontrolle des Falls allmählich, daß er froh war, wenn die Patientin eine Stunde versäumte, daß er immer etwas früher die Stunden beendete und ihre Widerstände weniger analytisch als mit Ermahnungen und Kritik zu bekämpfen suchte. Als *Kohut* schließlich den Therapeuten auf diese Verhaltensweisen ansprach, erkannte dieser, daß er gegenüber dieser Patientin die Beziehung gegenüber seiner jüngeren Schwester – einer gehaßten Rivalin der Kindheit – wiederholte. Die Analyse machte erheblich bessere Fortschritte, sobald der Analytiker diese Probleme in seiner Eigenanalyse aufgriff und durcharbeitete.

Die agierte Gegenübertragung kann sich bis zur Gegenübertragungsneurose steigern. In diesem Fall beginnt die Neurose des Therapeuten die Behandlung zu beherrschen. Die Situation wird nicht nur unanalysierbar, sondern antianalytisch; der Analytiker lebt seine Bedürfnisse mit dem Vorwand aus, Therapie zu betreiben. Ein Beispiel wäre die

Befriedigung sexueller Triebwünsche; aber auch subtilere Formen der Gegenübertragungsneurose sind denkbar.

Widerstand

Die hypnotische Beeinflussung in der kathartisch ausgerichteten Frühzeit der Psychoanalyse umging oder überrumpelte den Widerstand der Patienten. Der Verzicht auf die Hypnose machte es notwendig, die Hindernisse zu bearbeiten, welche sich dem Fortgang der analytischen Aufklärungsarbeit in den Weg stellen. Prinzipiell jedes solche Hindernis kann als »Widerstand« angesprochen werden, wobei dieser Ausdruck in der Umgangssprache eine andere Bedeutung hat als in der Analyse.

Mißverständnisse sind nicht selten, wenn der Analytiker vorschnell und ohne genaue Umschreibung die »Widerstände« des Patienten aufgreift. Dieser glaubt, daß damit, wie im allgemeinen Sprachgebrauch, eine bewußt gesteuerte Abwehr gemeint ist. Der Analytiker aber spricht von unbewußten Kräften im Patienten, die auch bei starkem Leid und ausgeprägtem Gesundungswillen einer vertieften Einsicht entgegenwirken. Da bestimmte Ich-Anteile von der weiteren Entwicklung des Ich ausgeschlossen wurden, um Angst zu vermeiden (vor allem Angst vor dem Liebesverlust in der Primärgruppe), läßt die Aufhebung der Abwehrschranken einen erneuten Angsteinbruch erwarten. Die für den Widerstand verwendete, aus Gegenbesetzungen zur Abwehr unbewußter Inhalte stammende Energie wird mit zunehmender Bearbeitung des Widerstands mehr und mehr dem Ich verfügbar.

Es gibt vermeidliche und unvermeidliche Widerstände. Vermeidliche Widerstände werden durch ungeeignetes Verhalten des Analytikers selbst hervorgerufen – Mißgriffe, Fehlleistungen (z. B. Verspäten, Versäumen von Stunden,

für die der Therapeut verantwortlich ist), verfrühte »Tiefendeutungen«, sarkastische Bemerkungen, die den Patienten narzißtisch kränken (während der Analytiker womöglich glaubt, das Realitätsprinzip zu vertreten). In der
Bearbeitung dieser Widerstände ist es notwendig, daß der
Therapeut selbst nicht davor zurückschreckt, seine Fehler
einzubeziehen, um nicht eine unanalysierbare Situation zu
schaffen.

Einige typische Widerstandsphänomene sind: Zuspätkommen, Versäumen von Stunden, Geschichtenerzählen,
lange Schweigeperioden, ständiges Beibehalten einer bestimmten Körperhaltung, Auseinanderfallen von Vorstellungsinhalten und begleitenden Affekten, Vergessen von
Phantasien und Träumen, die der Patient eigentlich mitbringen wollte, Einschlafen, Gähnen, Vermeiden bestimmter
Themen, schematisches Verhalten (jede Stunde mit einem
Traum beginnen), Bemerkungen zwischen Tür und Angel,
Vorbereitungen auf die Sitzungen (durch Materialsammeln,
Gespräche mit anderen), Nebenanalysen, Sich-Aufrichten
oder Umdrehen während der Stunde. Die letzten Beispiele
bilden einen fließenden Übergang zum Agieren, der vielfältigsten und vielleicht wichtigsten Widerstandsform.

Freud gliederte die Widerstände nach ihren Quellen:
Abwehrwiderstand, Übertragungswiderstand, Widerstand
des sekundären Krankheitsgewinns (wenn z. B. eine Rente
bezogen wird oder ein Symptom dem Patienten eine dominierende Position in der Familie sichert), Über-Ich- und Es
Widerstand. Am praktisch wichtigsten ist wohl der Übertragungswiderstand; sehr nützlich scheint die von *Greenson*
vorgeschlagene Unterscheidung von ich-syntonen und ichfremden Widerstandsformen. Den ich-fremden Widerstand
erlebt der Patient als Barriere, die er selber gern überwinden
will, während er den ich-syntonen als selbstverständlich und
»richtig« empfindet, als Teil seiner Persönlichkeit (»so bin
ich nun eben«) oder der menschlichen »Natur« schlechthin

(»das ist doch normal!«). Wilhelm *Reich* sprach hier von Charakterwiderständen, *Glover* von »stillem Widerstand«.

Die Widerstandsanalyse ist ein wichtiger Teil des Durcharbeitens (s. u.); sie erfolgt nach den Abstufungen der Deutungsarbeit: Zuerst muß aufgewiesen und geklärt werden, daß ein Widerstand vorliegt; daran schließt sich die Untersuchung der Art und Weise, wie diese Abwehr erfolgt. Danach erst geht es um die Frage, was nun abgewehrt wurde, und warum dieser Inhalt so behandelt werden mußte.

Das Durcharbeiten

Die korrekt erarbeitete Deutung z. B. eines bestimmten Widerstandes oder einer Übertragungsreaktion hat noch keinen oder höchstens einen geringen verändernden Wert für den Patienten. Die Einsicht, welche so gewonnen wurde, steht gewissermaßen auf wackeligen Füßen. Das umgebende Terrain ist dem Neuling noch feindlich gesinnt. Er muß erst Wurzeln schlagen, Verbindungen herstellen. Die Einsicht muß in das Ich integriert werden, um es zu verändern. Verschüttete Entwicklungsmöglichkeiten brauchen viel Arbeit und Zeit, ehe sie wieder freigesetzt werden können. Diese Prozesse des »Wurzelnschlagens«, der »Integration« kennzeichnen das Durcharbeiten, welches laut *Freud* die »größte verändernde Einwirkung« auf den Patienten hat, wobei vor allem das Durcharbeiten der Widerstände gemeint ist. *Freud* setzte es der kathartischen Abreaktion »eingeklemmter« Affekte gleich, ohne die eine hypnotische Behandlung ineffektiv bleibt.

Das Durcharbeiten verwurzelt die Deutung im Patienten, indem es dazu führt, daß die Motive eines Widerstandes wirklich voll als persönliches Problem erkannt und in ihrem affektiven Gehalt, ihrer lebensgeschichtlichen Bedeutung noch einmal erlebt werden.

Indikation

Die klassische Indikation der Psychoanalyse sind Symptom- und Charakterneurosen. *Freuds* Empfehlungen lassen sich dahingehend zusammenfassen, daß man nur Patienten mit einem bestimmten Bildungsgrad und verläßlichen Charaktereigenschaften annehmen sollte. Kontraindiziert sei die Analyse von Personen, die durch Dritte – etwa Angehörige – zur Therapie gedrängt werden, nicht durch eigenes Leiden. Der Patient muß sich in einem »Normalzustand« befinden, d. h. nicht akut psychotisch, verwirrt oder berauscht sein; sein Alter darf 50 Jahre möglichst nicht übersteigen. Wenn eine akute Gefahr droht – z. B. bei einer hysterischen Magersucht – rät *Freud* von einer Analyse ab.

Die Erwägungen über die Analysierbarkeit von Patienten, die Prognose der Analyse und damit die Indikation zu diesem in jedem Fall höchst aufwendigen Verfahren sind bis heute nicht abgeschlossen. Einigkeit dürfte bezüglich *Gills* Feststellung von 1951 bestehen: »Psychoanalyse ist eindeutig die Methode der Wahl für eine Mittelgruppe von Patienten, bei denen das Ich so ausreichend geschädigt ist, daß intensive therapeutische Bemühung notwendig wird, aber doch noch stark genug geblieben, um Belastungen zu widerstehen.«*

Im allgemeinen haben Psychoanalytiker Wartelisten, d. h. sie können wählen, welche Patienten sie in der ihnen verfügbaren Zeit behandeln wollen und welche nicht. Damit wird die Frage der Indikation zugleich auch eine nach den Erfolgsaussichten. Franz *Alexander* hat vorgeschlagen, als Gradmesser für die persönlichen Reserven eines neurotisch Kranken das ganze bisherige Leben heranzuziehen und zu prüfen, inwieweit sich der Patient erfolgreich mit den üblichen »Schwellensituationen« seines Entwicklungsgan-

---

* zit. nach A. Dührssen: Analytische Psychotherapie, a. a. O., S. 131.

ges erfolgreich auseinandergesetzt habe: Schuleintritt, Pubertät, Tod eines Elternteils, erste Liebe, Beginn des Berufslebens, Partnerwahl und Ehe, Kindererziehung. Wer ein stürmisches Leben mit erheblichen Belastungen hinter sich gebracht hat, wird auch eher mit einer neurotischen Symptomatik fertig als ein Kranker, den schon die erste Verliebtheit aus der Bahn warf und der im Berufsleben nie Fuß fassen konnte.

Klaus *Ernst* hat gefunden, daß sich die von *Bleuler* für schizophrene Psychosen aufgestellten Prognose-Kriterien auch auf Neurosen anwenden lassen. Diese Merkmale für einen günstigen Ausgang widersprechen übrigens in manchen Punkten der Alltagsmeinung, in der dramatische Veränderungen der Persönlichkeit und des Verhaltens schwerwiegender bewertet werden als ein allmählicher Rückzug aus einem aktiven Leben. Nach *K. Ernst* ist die Erfolgsaussicht einer Therapie (aber auch die Chance einer Spontanheilung) um so günstiger,

1. je »gesünder«, lebenstüchtiger, begabter und leistungsfähiger die Persönlichkeit vor dem Ausbruch der Krankheit war,
2. je akuter und plötzlicher die Symptome auftraten und
3. je verstimmter, emotional aufgewühlter der Kranke ist.

Die prognostisch ungünstigen Zeichen sind demgegenüber:
1. Ein abnormer, wenig begabter, vor allem auch in seinen Begabungen wenig vielseitiger und abgerundeter Charakter vor dem Ausbruch der Krankheit.
2. Ein schleichender Beginn der Symptomatik.
3. Eine gleichgültige, besonnene oder bagatellisierende Haltung des Erkrankten gegenüber seinen Symptomen.

Ausgearbeiteter sind die prognostischen Überlegungen, welche Annemarie *Dührssen* im Zusammenhang mit der Indikation zu einer klassischen Analyse anstellt. Hier einige wichtige Punkte:

1. Die Veränderlichkeit persönlicher Eigenschaften ist ein sehr wichtiges, allerdings nur schwer auszumachendes prognostisches Merkmal. Bereits *Freud* weist darauf hin, daß bei manchen Patienten Fixierungen erheblich schwerer zu lösen sind als bei anderen. Er sprach von »Klebrigkeit der Libido«. Die Umstellungsfähigkeit kann eventuell aus der Anamnese erschlossen werden.

2. Die analytische Therapie erfordert einen langen Atem, Ausdauer, Geduld und Zähigkeit, die den Wunsch des Patienten unterstützen müssen, sein Leiden loszuwerden. Leidensdruck allein genügt nicht: Verwahrloste, unzuverlässige Menschen mit deutlicher Neigung zur Passivität, Bequemlichkeit oder parasitärer Lebensführung sind oft nicht fähig, die Versagungen der klassischen Analyse zu ertragen. Auch wenn sie schon zehnmal mit ihren auf kurzfristigen Lustgewinn gerichteten Aktionen gescheitert sind – sie probieren lieber ein elftes Mal eine neue Freundin, eine neue Männerbekanntschaft, einen Ortswechsel u. ä. aus, sobald kein Anfangswunder eintritt und der Analytiker sich nicht in der Lage erweist, als Zauberkünstler aufzutreten.

3. Das vorher Gesagte gilt in verstärktem Maß für Süchte und Perversionen, die man als Ersatzbefriedigungen ansehen kann, welche tiefer liegendes neurotisches Elend verdecken. Hier muß der Analytiker bedenken, daß diese neurotischen Befriedigungen dem Leidensdruck entgegenarbeiten, ihn zu etwas Sekundärem machen. Die psychoanalytische Therapie gerät hier leicht in eine Zwickmühle: Um den analytischen Prozeß in Gang zu setzen, müßte der Patient auf die rauschhaften Ersatzbefriedigungen verzichten; andererseits brauchte er bereits die Hilfe durch die Therapie, um zu diesem Verzicht fähig zu sein. Nur unter sehr günstigen Umständen (relativ hohe Ich-Stärke, stützendes Milieu, eher zwanghafte bzw. depressive als verwahrloste Grundstruktur) ist die

psychoanalytische Behandlung einer Sucht oder Perversion aussichtsreich.

4. Ähnliche Bedeutung als Ersatzbefriedigung haben auch schwerer erkennbare Formen der neurotischen Ideologisierung und Selbst-Idealisierung. Im ersten Fall wird eine Weltanschauung verwendet, um neurotische Symptome zu rationalisieren; im zweiten dient z. B. ein imaginäres Künstlertum dazu, das Scheitern des Kranken an einer realistischen Lebensbewältigung zu beschönigen. Die Analyse wird hier vielleicht zunächst mit übersteigerten Erwartungen gewünscht und später verworfen. Ideologische Widerstände sind oft unanalysierbar (wenn z. B. der Patient nur weiterarbeiten will, wenn der Analytiker ein politisches Glaubensbekenntnis ablegt).

5. Je mehr Kommunikations- und Kontaktfähigkeit sich ein Kranker erhalten hat, desto günstiger ist auch die Prognose einer Analyse. Je stärker er sich isoliert, je weniger Liebeserfahrungen – auch Enttäuschungen – er erlebt, desto schlechter wird die Erfolgsaussicht, desto stärker sind die Ängste, sich mit Menschen einzulassen. Schizoider Rückzug verschlechtert die Prognose; er wird oft nicht gleich erkannt, weil der Patient noch oberflächliche, unverbindliche Pseudokontakte aufrechterhält.

6. Von entscheidender Bedeutung ist endlich die Motivation des Analysanden. *Freud* hat zwei wichtige Komponenten erwähnt: Den subjektiv erlebten Leidensdruck und den *eigenen* Wunsch, sich von den neurotischen Symptomen zu befreien (nicht etwa den Wunsch der Angehörigen oder heute z. B. eines Versicherungsträgers, der die Arbeitsfähigkeit wiederherstellen will). Der motivierende Einfluß des Leidensdrucks wird erheblich durch die aus der Neurose abgeleiteten Vorteile eingeschränkt (den »sekundären Krankheitsgewinn«). Nicht nur dieser Faktor muß beim Urteil über die Motivation berücksichtigt werden, sondern auch noch ein Gesichtspunkt, den

man die »Entwicklungsbereitschaft« nennen könnte – die Fähigkeit des Kranken, sich als entwicklungsfähig zu erleben, als jemand, der für sich selbst, für die eigene Lebensgestaltung und Selbstverwirklichung verantwortlich ist. Dieser für den Aufbau des Arbeitsbündnisses sehr bedeutsame Faktor hängt mit den integrativen Fähigkeiten des Ichs und damit der Ich-Stärke zusammen; sein Gegenstück ist die Neigung des Patienten zu »externalisieren«, d. h. die Schuld für ihr Leiden in anderen Menschen oder übermächtigen Einflüssen von außen zu sehen, während die eigenen Konflikte und Schwierigkeiten verleugnet oder allenfalls in allgemeinen Ausdrücken zugegeben, im Detail dann aber stets bestritten werden. Aussagen wie »ich bin eben neurotisch, das ist das Schlimme daran, daß man dann auch keine Beziehungen haben kann«, verbunden mit steten Hilfsansprüchen an den »Fachmann« zeigen eine solche eingeschränkte Motivation für die Analyse an.

7. Nicht nur für den Ausgang, sondern vor allem auch für den Verlauf einer Analyse sind endlich noch die Lebensumstände des Patienten sehr wichtig. Am günstigsten ist es, wenn der Patient lediglich seine eigenen Probleme zu verarbeiten hat, wie es z. B. bei Jugendlichen mit neurotischer Elternbindung oder unverheirateten Männern oder Frauen der Fall ist. Hier kann die Analyse eine ohnedies zu erwartende Entwicklung fördern, z. B. die Ablösung von den Eltern oder eine stabile Partnerbeziehung. Anders, wenn ein verheirateter Patient erkennt, daß seine Ehe neurotischen Motiven entspringt und nun vor der schweren Entscheidung steht, Frau und Kinder aufzugeben oder eine für alle Beteiligten belastende Beziehung beizubehalten. Isolierte Kranke entwickeln leicht besonders heftige Übertragungsreaktionen, während stabile Objektbeziehungen außerhalb der Analyse den Aufbau eines Arbeitsbündnisses sehr erleichtern. Bei Patienten,

die äußerlich in chaotischen Lebensumständen sind, ist eine Analyse nicht ratsam; ihr innerer Prozeß erfordert im Idealfall eine stabile äußere Lebenssituation. Last not least ist noch die finanzielle Leistungsfähigkeit des Patienten wichtig, wobei man bei privater Liquidation davon ausgehen muß, daß die Analyse ein Opfer sein soll, während Raubbau an den finanziellen Möglichkeiten des Patienten ungünstig ist. Die Finanzierung muß langfristig gesichert sein; falls die Krankenkassen die Kosten ganz oder teilweise übernehmen, sollte der Abschluß der Analyse nicht an die Dauer ihrer Leistungen gebunden werden.

8. Gruppendynamische Aspekte sind endlich in vielen Fällen prognostisch ausschlaggebend. Erfahrene Analytiker haben sie schon immer mitberücksichtigt, auch *Freud* selbst, der in seinen technischen Schriften nur wenig von ihnen spricht. Die psychoanalytisch orientierte Familientherapie stellt sie in den Mittelpunkt. Der Analytiker muß sich klarmachen, daß der Patient während der Analyse nicht in einem sozialen Vakuum lebt und der Einfluß seiner Gruppenbeziehungen sich nicht auf (als Widerstand zu deutende) Nebenanalysen beschränkt. Die Gruppen um den Patienten sind Gradmesser des therapeutischen Fortschritts, Schrittmacher im einen, zentrales Hindernis im anderen Fall. Je mehr ein Patient an das alte neurotisierende Milieu gebunden bleibt, desto ungünstiger sind die Aussichten der Analyse. Es wird für ihn fast unmöglich sein, sich zu befreien, wenn seine Bezugsgruppe ihn nur mit diesen neurotischen Symptomen akzeptiert. Die Erfahrung hat gezeigt, daß individuelle Neurosen oft dazu dienen, eine gestörte Familie zu stabilisieren. In solchen Fällen ist es unerläßlich, gruppendynamische Gesichtspunkte in die prognostischen Überlegungen einzubeziehen. Ist der Patient äußerlich fähig, sich von der kranken Familie zu lösen? Ist

es möglich, diese genügend zu stabilisieren? Sind evtl. noch weitere Mitglieder bereit, sich einer Therapie zu unterziehen?

Das Vorgespräch

Wie gewinnt der analytisch orientierte Psychotherapeut das Material, um die Indikation zu einer Psychoanalyse (oder einer anderen Form der Psychotherapie) festzustellen? Während man früher häufig eine Probeanalyse von etwa 20 Stunden empfahl, hat sich mit dem ausgeprägten Zeitmangel in der psychotherapeutischen Praxis das Verfahren der biographischen Anamnese mehr und mehr durchgesetzt. In ihr sollen wichtige Lebensdaten, psychodynamisch bedeutsame, eventuelle krankmachende Gefühlsspannungen und endlich typische Übertragungs- und Widerstandsreaktionen ermittelt werden. Darüber hinaus schlägt die Anamnese die erste Seite in der Interaktion zwischen Patienten und Therapeuten auf. Sie kann zwischen einem als unerfreulich erlebten Ausgefragt-Werden und entlastendem Sich-aussprechen-Dürfen für den Patienten viele Nuancen annehmen. Wer viel fragt, erhält bekanntlich viele Antworten – oft aber solche, die eher wiedergeben, was der Patient glaubt, das den Therapeuten interessiert, als die wirklich innere Situation des Kranken. Wer hingegen zu wenig fragt, wer aus der Anamnese ein Stück Analyse macht, ohne daß dem Patienten die Grundregel schon geläufig wäre, der raubt sich selbst und dem Kranken Zeit.

Die erste Frage richtet sich regelmäßig auf den Grund des Kommens und damit auf die Beschwerden des Patienten. Immer sollen die spontanen Angaben soweit benutzt werden, wie irgend möglich, und die Fragen des Therapeuten nur soviel induzieren, wie unbedingt nötig, d. h. sobald Lücken in den Spontanaussagen deutlich werden, die mit hoher Wahrscheinlichkeit psychodynamisches wichtiges Material enthalten. Wichtig ist, daß der Arzt eine Atmosphäre schafft, in der frei gesprochen werden kann.

Nach den Spontanangaben über die Beschwerden kann man sich, wenn die Aussagen unvollständig scheinen, nach weiteren Symptomen erkundigen (bei solchen Fragen immer grundsätzlich mehrere Alternativen bieten und Suggestivfragen unbedingt meiden). Gleichzeitig erkundigt man sich bereits jetzt, was der Patient – falls er überwiesen wurde – von der Empfehlung, zum Psychotherapeuten zu gehen, nun hält. Mißtrauen oder Verständnislosigkeit können dann bereits angegangen werden, ehe der Kranke in seinen weiteren Aussagen von ihnen beeinflußt wurde.

Die Frage nach dem Beginn der Beschwerden ist in jedem Fall zu stellen, wenn der Patient nicht selbst einen biographischen Zusammenhang herstellt. Erfahrungsgemäß berichtet nur ein Drittel der Neurotiker über einen akuten Beginn (*A. Dührssen*); dann gehen Therapeut und Patient gemeinsam auf die Suche. »Was hat sich damals in Ihrem Leben geändert?« Hier werden zuerst Ereignisse auftauchen, die allgemein als bedeutungsvoll anerkannt sind – Todesfälle, Eheschließungen, Umzüge, Verluste von Bindungen. Subtilere Auslöser sind z. B. der Verlust einer Eltern-Ersatzfigur, verpaßte Chancen im Beruf, »Versuchungs- und Versagungssituationen (Harald *Schultz-Hencke*). Eine Heirat kann schizoide Bindungsängste aktivieren und zu einem Rückzugsverhalten (z. B. einem Schlafzwang) führen, die Geburt eines Kindes ödipale oder Geschwister-Rivalitäten neu beleben, der Wechsel eines Vorgesetzten den Verlust einer schützenden, hilfreichen Vaterfigur bedeuten. Immer muß der Therapeut zu verstehen suchen, wie die Bezugspersonen der frühen Kindheit (Eltern, Geschwister, andere wichtige Mitglieder der Primärgruppe) im innerseelischen Bereich des Patienten fortwirken und seine gegenwärtigen Freundschafts- und Liebesbe-

ziehungen gestalten. Hier kann freilich kein Feingefühl ein
möglichst umfassendes Wissen des Therapeuten um soziale
Grundsituationen in seiner Gesellschaft ersetzen (z. B.
Flüchtlingsexistenz, Verlust eines Elternteils, landsmann-
schaftliche Bindungen, bürgerliches, bäuerliches oder Ar-
beiter-Milieu, praktizierter Katholizismus, protestantische
Ethik der Familie, Berufsrollen usw.).

Die Familienanamnese als solche kann mehr am Trieb
oder mehr am Ich orientiert sein. Die Fragen können sich auf
persönliche Erinnerungen oder Informationen durch Dritte
(meist die Eltern) über die typischen Kindheitssituationen
der oralen, analen, phallischen Periode und des Latenzalters
beziehen (Geburtstrauma? Erwünschtes Kind? Wie lange
gestillt? Frühe Trennung von der Mutter? Krankenhausaufenthalte? Großeltern als »wirkliche« Erzieher in der frühen
Kindheit? Sauberkeitsgewöhnung? Trotzalter? Art der Strafen? Doktorspiele?). Mir erscheint es empfehlenswerter,
sich mehr an der »psychischen Oberfläche« (*Freud*) zu
orientieren, d. h. eine dem Ich nahe Anamnese zu erheben.
Sie gliedert sich (wobei ich viele Anregungen von A.
Dührssen aufnehme) in folgende Themenkreise:

1. Aktuelle *Lebensumstände* – nach den Beschwerden also
   die Familienverhältnisse, die berufliche Situation, der
   Verdienst, die Wohnverhältnisse. (Wichtig ist hier, ob der
   Kranke außer sich selbst noch andere Menschen versorgen muß.)

2. Überleitung zu den *Eltern* mit Fragen wie: Haben Sie Ihre
   Eltern noch? Mit wem verstehen Sie sich besser, mit Vater
   oder Mutter? War das immer so? Die Grundprobleme,
   welche – wenn nötig durch Fragen – geklärt werden
   sollen, liegen in der Frage nach den Identifikationen mit
   den Eltern, den positiven oder negativen Gefühlen ihnen
   gegenüber, und wenn möglich den narzißtischen Vorstellungen der Eltern über die Kinder (»hübsches jüngeres
   Selbst der Mutter«, »der Junge erreicht einmal das, was

ich hätte werden können, wenn...«). Geheimes Bündnis mit einem Elternteil gegen den anderen? Von einem Elternteil mit dem gehaßten Partner identifiziert und abgelehnt? »Verbogene« Ehe (der Vater tritt ab und überläßt die Familie ganz der Mutter, während er nach außen Familienoberhaupt bleibt, bzw. vice versa)? War das Kind schon »Therapeut der Eltern« und mußte die Ehe kitten, der schwachen Mutter oder dem kranken Vater Schutz gewähren? War es bevorzugt oder abgelehnt unter den Geschwistern – glaubt es deshalb, stets ein Anrecht auf bevorzugte Behandlung zu haben, oder aber immer um Zuneigung und Aufmerksamkeit betteln zu müssen?

3. Damit ist die Überleitung zu den *Geschwistern* hergestellt: Welchen Ort in der Reihenfolge der Kinder nahm der Patient ein – »verantwortlicher« Ältester oder Nesthäkchen, Liebling oder schwarzes Schaf, als Mittler an einen Zweifrontenkampf gewohnt, oder konkurrenzloses Einzelkind? Überwogen libidinöse Beziehungen zwischen den Geschwistern? Waren diese hetero- oder homosexuell orientiert? Überwog die Rivalität? Wurde die Rivalität nach dem Motto »teile und herrsche« von den Eltern noch geschürt?

4. Inzwischen ist die *Familienatmosphäre* bereits deutlich geworden. Sie kann noch durch zusammenfassende Gesichtspunkte geklärt werden: Haben sich die Eltern gut verstanden oder gegenseitig bekämpft bzw. nebeneinander hergelebt? Waren sie zufrieden, hatten sie weitgehend erreicht, was sie vom Leben wollten? Kamen sie aus ähnlichem oder verschiedenem Milieu? Welche Erziehungsmittel verwendeten sie bevorzugt – Lob oder Strafe, verbale Kritik oder Schläge, Tadel oder Beschämung? Waren Zärtlichkeiten in der Familie üblich? Mit welchen Problemen konnte man zu den Eltern (zu welchem Elternteil) kommen, welche mußte man verschweigen?

5. Die Identifizierung mit der eigenen *Geschlechtsrolle* und die Frage der Liebesbeziehungen kann von der »Familienatmosphäre« her erfragt werden: War sie leib- und triebfreundlich oder nicht? Reaktion der Familie auf kindliche Sexualspiele? Starke Sexualtabus (Schuldgefühle wegen Selbstbefriedigung)? Gegenwärtige Schwierigkeiten mit dem anderen Geschlecht unbefangen zu sprechen? Ist der (die) Kranke attraktiv für das andere Geschlecht, will er ihm gefallen oder sucht er narzißtisch die eigene Schönheit, sich zu bestätigen? Waren die ersten sexuellen Beziehungen befriedigend oder unbefriedigend (Anorgasmie, Potenzschwierigkeiten). Findet der (die) Kranke leicht Kontakt? Sind die Beziehungen stabil – werden sie durch wirklichen Austausch auf genitaler Stufe stabilisiert, oder durch orale Abhängigkeit, durch die Entlastung von Ängsten und Schuldgefühlen, welche der Partner gestattet? Sind homoerotische Gefühle und Wünsche einmal bewußt erlebt worden? (Falls verheiratet.) Was hat zur Ehe geführt? War die engere Familie einverstanden?

6. Entwicklung im *Leistungsbereich*: Wie erlebte der Kranke die Schule? Ehrgeizig oder wurschtig, Erfolg durch Arbeit oder durch »Blenden«? Entsprechen oder widersprechen sich Erwartungen an sich selbst und Fähigkeiten, Ehrgeiz und wirklicher Einsatz, eigenes und Umwelt-Urteil über intellektuelle oder künstlerische Fähigkeiten?

Nach Abschluß der Anamnese, die mindestens 50, besser (in zwei Sitzungen) 100 Minuten beansprucht, sollte dem Psychotherapeuten in groben Umrissen klar sein, wie der Patient gegenwärtig lebt, wie sein Tag abläuft und wie seine inneren Bedürfnisse und verinnerlichten Beziehungen zu den frühen Objekten dieser Situation entsprechen bzw. sie gestalten.

Zeitaufwand und Kosten

Eine Psychoanalyse nach der Standardmethode erfordert im allgemeinen mindestens vier Wochenstunden. (Diese Stundenhäufigkeit wird allerdings in allen neoanalytischen Richtungen in Frage gestellt, auch wenn die übrigen Merkmale der Standardmethode beibehalten werden.) Die Dauer beträgt meist mehrere Jahre, so daß Gesamt-Stundenzahlen zwischen 600 und 1000 keine Ausnahme sind. Rechnet man den gegenwärtig üblichen Kostensatz von 90 bis 140 DM, dann belaufen sich die Gesamtkosten bei Selbstzahlern auf 30 000 bis 80 000 DM. Diese Summe ist hoch, aber man sollte bedenken, daß mehrjährige Arbeitsunfähigkeit oder wiederholte Krankenhausaufenthalte, Operationen und Kurverschickungen erheblich teurer sein können und an den zugrunde liegenden Neurosestrukturen nichts ändern.

Noch ein mehr äußerer Gesichtspunkt sollte bei der Indikation zur Psychoanalyse bedacht werden: Der Patient wird in jedem Fall sehr viel über sich selbst, seine Bezugspersonen und die Dynamik menschlicher Beziehungen schlechthin lernen. Das ist in allen Berufen, in denen der Umgang mit Menschen eine wichtige Rolle spielt, von unschätzbarem Wert. Lehrer, Ärzte, Sozialarbeiter, aber auch Juristen, Verwaltungsfachleute und mit Führungsaufgaben in der Industrie betraute Personen werden fast immer von einer Psycholanalyse profitieren, selbst wenn der therapeutische Effekt auf die aktuelle Symptomatik unbefriedigend bleibt.

Die gesetzlichen Krankenversicherungen übernehmen heute die Kosten für eine psychoanalytische Therapie bei neurotischen Symptomen von Krankheitswert. Die Psychotherapie von Patienten mit einer psychotischen Reaktion wird – auch bei guten Erfolgsaussichten – in der Regel nicht übernommen. Der Therapeut muß (als Arzt) die Voraussetzungen für die Zusatzbezeichnung »Psychoanalyse«, die von der Ärztekammer vergeben wird, erfüllen (sie wechseln je nach Bundesland) oder (als Psychologe) von einem anerkannten psychoanalytischen Institut ausgebildet worden sein. In diesem Fall delegiert ein Arzt die Therapie an den nichtärztlichen Psychotherapeuten.

Bei Beamten übernimmt unter Umständen die Beihilfe einen Teil der Kosten für eine psychoanalytische Behandlung, deren Notwendigkeit ein Arzt bestätigt. Die Behandlung kann dann auch durch einen nichtärztlichen Therapeuten durchgeführt werden, der privat liquidiert.

Das Genehmigungsverfahren durch die Kassen erfordert einen ausführlichen Bericht an einen Gutachter zu Beginn der Behandlung und in periodischen Abständen Neuanträge auf Weiterführung der Therapie. Es gibt deshalb Therapeuten, die nicht mit den Kassen zusammenarbeiten und lieber etwas geringere Honorare in Kauf nehmen. Wenn die Kasse eine laufende Analyse nicht weiterfinanziert, entsteht eine sehr problematische Situation. Es wäre dringend zu wünschen, daß die Kasse die Übernahme psychotherapeutischer Behandlungen nicht mehr in der bisherigen Weise reglementiert, sondern ähnlich wie bei anderen notwendigen Maßnahmen verfährt, z.B. bei einem Klinikaufenthalt, wo in der Regel die einfache Einweisung durch den Arzt genügt. Dieses Vorgehen wäre wahrscheinlich letzten Endes kostensparend.

Wenn der Patient mittellos und nicht krankenversichert ist, ist das Sozialamt verpflichtet, die Kosten für eine Psychotherapie zu übernehmen, wenn ein Arzt bestätigt, daß diese Maßnahme zur Herstellung der vollen Arbeitsfähigkeit notwendig und aussichtsreich ist.

Erfolgsaussichten und Erfolgskontrolle

Die Psychoanalyse ist »an dauernd existenzunfähigen Kranken und für solche geschaffen worden, und ihr Triumph ist, daß sie eine befriedigende Anzahl von solchen dauernd existenzfähig macht«, hat *Freud* 1905 gesagt. Er selbst konnte eine Reihe von Kranken heilen, die vorher jahrelang in Anstalten lebten und bei denen alle anderen Methoden erfolglos geblieben waren. Daher wohl auch der große Zeitaufwand der Standardmethode, den abzukürzen *Freud* selbst durchaus für möglich hielt.

Immer wieder wird eine Studie von Hans Jürgen *Eysenck* als »Beweis« gegen die Wirksamkeit der Psychoanalyse als therapeutische Methode erwähnt. *Eysenck* behauptet, daß die Zahl der Spontanheilungen von Neurosen größer sei als die Zahl der Heilungen bzw. Besserungen durch Psychoanalyse. Dieses Argument ist nicht neu; aber es ist zumindest unfair, die Spontanheilungsquote von »Neurosen«, die ein Versicherungsgutachter diagnostiziert, mit der Spontanheilung jener Neurosen zu vergleichen, die einen Kranken veranlassen, sich einer analytischen Therapie zu unterziehen. Die Anamnese zeigt bei den letzteren nämlich fast immer eine jahre- und oft jahrzehntelange Vorgeschichte der Symptomatik; der Vergleich mit unbehandelten Gruppen exakt diagnostizierter Neurotiker ergab denn auch, daß die Spontanheilungsquote von schwereren Neurosen sehr niedrig ist.

In einer großangelegten Untersuchung von 845 Patienten, die fünf Jahre nach einer analytischen Psychotherapie nachuntersucht wurden, fand Annemarie *Dührssen* zusammen mit ihren Mitarbeitern nur 13 Prozent rückfällig, kaum gebessert oder ungebessert. 28,5 Prozent waren sehr gut gebessert (keinerlei Restsymptomatik, voll arbeitsfähig, günstige Persönlichkeitsentwicklung), 17 Prozent gut gebessert (keine Restsymptome, volle Arbeitsfähigkeit), 13

Prozent befriedigend gebessert (geringe Restsymptome, Strukturwandel nicht abgeschlossen), 26 Prozent genügend gebessert (Symptomatik fühlbar gemindert, unbehinderte Berufsfähigkeit).

Nun sind solche Angaben, die sich auf Aussagen des Patienten stützen, manchem Betrachter vielleicht nicht »objektiv« genug. *A. Dührssen* und *E. Jorswiek* haben deshalb in einer Vergleichsstudie zwischen behandelten und unbe handelten Neurotikern ein objektivbares Maß verwendet: Die Zahl der pro Jahr notwendigen Tage in einer Klinik. Die Ergebnisse bestätigen, daß unbehandelte Neurotiker (Patienten auf der Warteliste) keineswegs eine Neigung zur Spontanheilung aufweisen, die in irgendeiner Weise den *Eysenck*schen Angaben entspricht. Die Ergebnisse von *Dührssen* und *Jorswiek* sind statistisch signifikant:

1. Neurotiker vor einer Psychoanalyse und unbehandelte Neurotiker benötigen im Durchschnitt 26 Krankenhaustage pro Jahr.
2. In den fünf Jahren nach der Psychoanalyse waren die behandelten Neurotiker nurmehr durchschnittlich 6 Tage im Krankenhaus.
3. Die Neurotiker, die auf der Warteliste blieben, benötigten nach wie vor 26 Krankenhaustage im Jahr.
4. Der Durchschnitt der AOK-Versicherten liegt bei 10 bis 11 Krankenhaustagen pro Jahr.

Die am Berliner Zentralinstitut für psychogene Erkrankungen arbeitende Psychoanalytiker-Gruppe war allerdings nicht durchweg aus Anhängern der Standardmethode zusammengesetzt. Auch die Dauer der Analysen war mit 50 bis 200 Stunden erheblich kürzer, als es bei einem Überwiegen der Standardtechnik zu erwarten wäre. Um so bedeutsamer scheinen die therapeutischen Resultate. Sie widerlegen eindeutig die Annahme, daß eine Psychoanalyse »zu aufwendig« ist, und bestätigen, daß gewisse Abstriche vom Ideal der Standardtechnik möglich sind, ohne daß dadurch die Gründlichkeit der Analyse leidet und ein nachhaltiger Erfolg in Frage gestellt wird.

Ehe nicht-analytisch orientierte Methoden der Behandlung psychischer Störungen aufgegriffen werden sollen, greifen wir in den nächsten Kapiteln die unter verschiedenen Gesichtspunkten erfolgten Abwandlungen der psychoanalytischen Technik auf, die zum Teil von »abtrünnigen« Schülern *Freuds* aus der Frühzeit der Psychoanalyse, zum Teil von mehr praktisch-klinisch orientierten »Neopsychoanalytikern« vollzogen wurden.

Literatur

F. Alexander: Psychoanalysis and Psychotherapy. New York 1957

M. Balint: Therapeutische Aspekte der Regression. Stuttgart 1970

A. M. Becker: Die Behandlungstechnik in der Psychoanalyse. In: W. Schraml (Hrgs.): Klinische Psychologie. Bern, Stuttgart 1970, S. 330f.

A. Dührssen: Analytische Psychotherapie in Theorie, Praxis und Ergebnissen. Göttingen 1972

Erik H. Erikson: Kindheit und Gesellschaft. Stuttgart 1957

K. Ernst: Die Prognose der Neurosen. Monographien aus dem Gesamtgebiet der Neurologie und Psychiatrie, Nr. 85. Berlin 1959

H. J. Eysenck: The Effects of Psychotherapy: An evaluation. In: J. Consult. Psychol 16/1952 S. 319–324

S. Freud: Gesammelte Werke. London/Frankfurt 1950, Bände I bis XVI

E. Glover: The Technique of Psychoanalysis. London 1955

R. Greenson: Technik und Praxis der Psychoanalyse. Stuttgart 1973

O. F. Kernberg: Borderline – Störungen und pathologischer Narzißmus. Frankfurt 1978

H. Kohut: Narzißmus. Frankfurt 1973

R. M. Loewenstein: Das Problem der Deutung. In: Psyche 22/1968, S. 187

M. Mahler: Symbiose und Individuation. Stuttgart 1972

B. Malinowski: Geschlechtstrieb und Verdrängung bei den Primitiven. Hamburg 1962

W. Mertens (Hrsg.): Schlüsselbegriffe der Psychoanalyse. Stuttgart
1993

ders.: Einführung in die psychoanalytische Therapie. Stuttgart
1991

P. Parin, G. Parin-Matthey: Die Weißen denken zuviel. Zürich
1963

H. Thomä, H. Kächele: Lehrbuch der psychoanalytischen Therapie. Bd. 1: Grundlagen. Heidelberg 1989

R. W. White: Ego und Reality in Psychoanalytic Theory. New York
1963

Individualpsychologische Therapie

Die theoretischen Grundannahmen der Individualpsychologie unterscheiden sich von denen der Psychoanalyse durch eine weit stärkere Berücksichtigung der Tatsache, daß der Mensch ein primär soziales Wesen ist. Die Spannung von Gemeinschaftsgefühl und Machtstreben wurde deshalb zum zentralen Konflikt; zu diesem Konzept kam *Adler* auf dem Weg seiner Forschungen über die Kompensation von Organminderwertigkeiten. Wie ein fehlerhaft arbeitendes Herz seine Muskelmasse vergrößern und dadurch das Handikap überwinden kann, so schilderte *Adler* an Beispielen wie dem des Demosthenes (der mit Kieseln im Mund die Brandung überschrie, sein Stottern überwand und zum größten Redner der Antike wurde) die psychische Bedeutung der Kompensation von Organminderwertigkeiten.

Wie jede an sich gültige und neuartige psychologische Theorie neigte auch diese zur Übertreibung. Manche Schüler *Adlers* forschten in der Biographie großer Männer, fanden Minderwertigkeiten und machten aus dem »trotz« ein »weil«. Aber nicht jeder kleingewachsene Offizier wird ein großer Feldherr, nicht jeder schwerhörige Junge ein berühmter Komponist. *Adler* beschrieb als erster Psychologe den Aggressionstrieb als eine »kompensierende« Kraft im weitesten Sinn. Sie wird wirksam, wenn andere Triebziele frustriert werden (1908).

Wenige Jahre später trennte sich *Adler* von *Freud* und gründete eine eigene Fachgesellschaft. Viele der psychoanalytischen Grundgedanken wurden vereinfacht und in eine »soziale« Sprache übersetzt. Die Frau neidet dem Mann nicht den Penis, wie *Freud* annahm, sondern den sozialen Vorrang, welchen dieser Penis symbolisiert. Der Ödipuskomplex wird eher als Machtkampf verstanden; auch der mythische Ödipus habe den Vater nicht erschlagen, um die Mutter zu heiraten, sondern um selbst Herrscher zu werden. Man hat *Adler* mißverstanden, wenn man unterstellt, er führe menschliches Verhalten auf das Machtstreben als Grundtrieb zurück, wie *Freud* die Libido als solchen Grundtrieb hinstellt. Beides ist unrichtig; *Freud* hat nie den Sexualtrieb als einzigen Trieb dargestellt, und *Adler* sah im Machtstreben einen krankhaften Zug, den Versuch, Minderwertigkeitsgefühle durch alle möglichen »Arrangements« auszugleichen. Als solche Arrangements faßte *Adler* viele neurotische Symptome auf, er akzentuiert also das, was *Freud* den »sekundären Krankheitsgewinn« nannte. Die Neurose ist für ihn ein unbewußter Lebensstil, der dem Kranken dazu verhelfen soll, die kindlichen Minderwertigkeitsgefühle zu überwinden und Macht zu gewinnen.*

Behandlungsmethode

Adlers Tochter Alexandra *Adler* hat die Grundprinzipien der individualpsychologischen Therapie in drei Schritte gegliedert:
1. Der Therapeut muß sich bemühen, die Schwierigkeiten des Patienten psychologisch zu verstehen. Er sucht deshalb nach den inneren und äußeren Einflüssen, gleichgül-

---

* Es ist bemerkenswert, daß Freud (der erst 1925 das Konzept eines Todestriebes entwarf) und Konrad Lorenz (der 1965 seine Aggressionstheorie publizierte) fast immer als Väter der Aggressionsforschung zitiert werden.

  Adlers Entwurf, eine Verbindung aus Triebtheorie und Frustrations-Theorie der Aggression, wird viel seltener erwähnt. Dieses Schicksal ist vielen Gedanken Adlers widerfahren: Er wurde kopiert, aber nicht zitiert.

tig, ob sie in der Kindheit gewirkt haben oder in der Gegenwart wirken, und entwirft einen Plan seines Vorgehens.

2. In einer zweiten Phase der Therapie muß der Therapeut versuchen, dem Patienten zu erklären, warum sein Lebensstil zum Scheitern verurteilt ist, und ihn verstehen zu lassen, welchen Gesetzmäßigkeiten sein Verhalten unterliegt. Es gilt, dem Kranken begreiflich zu machen, daß seine Ziele auf der »nutzlosen Seite des Lebens« liegen, daß ihm das soziale Interesse und damit auch das Gefühl der Geborgenheit in einer Gemeinschaft fehlen. Die Rolle von Furcht und Minderwertigkeitsgefühl in diesem Rahmen wird geklärt; der Sinn der Symptome innerhalb der Persönlichkeitsentwicklung verdeutlicht.

3. Der dritte Schritt der Therapie besteht darin, das Streben des Patienten zu lenken und zu überwachen, neue Wege der Anpassung zu beschreiten und weiterzuverfolgen.

Die Individualpsychologen der *Adler*-Schule behandeln durchweg im Sitzen. Der Patient wird zu freien Einfällen angeregt, aber nicht in der umstrukturierten Art, wie im Rahmen der psychoanalytischen Methode, sondern gezielt auf bestimmte Themen hin – Selbstwertgefühl, Einstellung zur Arbeit, zu den Mitmenschen, zur Lebensplanung. Wichtigstes Hilfsmittel der Therapie ist die Ermutigung, wobei der Patient zu einem unabhängigen Denken kommen soll. Der Therapeut versteht sich als Partner, nicht als Projektionsfigur. Die Unabhängigkeit des Patienten soll dauernd erhalten bleiben, im Gegensatz zur »Übertragungsneurose« in der Psychoanalyse. Die Übertragung wird deshalb weniger analysiert als durch direkte Aufforderung zu Unabhängigkeit, Selbständigkeit und partnerschaftlichem Verhalten kontrolliert.

Die Stundenhäufigkeit ist in der individualpsychologischen Therapie geringer als in der klassischen Analyse; in der Regel werden zwei bis höchstens drei Wochenstunden angesetzt. Die Gesamtdauer wird demgegenüber nicht begrenzt, doch dürfte die erreichte Gesamtstundenzahl erheblich geringer sein als die einer Psychoanalyse nach der Standardmethode. Die Kosten sind entsprechend niedriger.

Indikation

Adler selbst hat die Indikation zur individualpsychologischen Behandlung sehr weit gestellt; er empfahl sie auch bei schizophrenen Psychosen und Depressionen, bei Kriminalität und den damals vielfach noch für »angeboren« erachteten Psychopathien. Die Indikation zu einer individualpsychologischen Therapie entspricht im großen und ganzen der einer neoanalytischen Psychotherapie (siehe S. 116 ff.), sie ist jedenfalls weiter zu stellen als die einer Psychoanalyse mit der Standardmethode.

Wie die analytische Psychotherapie wird auch die individualpsychologische Psychotherapie von den Kassen im allgemeinen anerkannt, wenn sie ein Arzt mit Zusatzbezeichnung oder ein an einem anerkannten Ausbildungsinstitut ausgebildeter Therapeut durchführt. Die Bedingungen entsprechen den auf S. 99 genannten.

Prognose

Die individualpsychologischen Therapiemethoden sind sehr variabel. Sie werden zum großen Teil innerhalb anderer Methoden angewandt; die neoanalytischen Richtungen und alle Tendenzen, die Psychotherapie zu verkürzen, haben zahlreiche Elemente der Methode *Adlers* in sich aufgenommen.

Literatur

A. Adler: Über den nervösen Charakter. Wiesbaden 1912
–: Heilen und Bilden. München 1914
–: Praxis und Theorie der Individualpsychologie. München 1924
–: Menschenkenntnis. Leipzig 1927
–: Der Sinn des Lebens. Wien 1933
Alexandra Adler: Individualpsychologie. In: Handbuch der Neurosenlehre und Psychiatrie, Bd. 3, S. 221 – 266. München
Ansbacher, H. L., R. R., (Hrsg.): Alfred Adlers Individualpsychologie. München 1972
J. Rattner (Hrsg.): Alfred Adler zu Ehren. Berlin 1986

Psychotherapie nach C. G. Jung

Manchmal wird die von C. G. Jung und seiner Schule entwickelte Behandlungsmethode auch »analytische Psychotherapie« genannt, da *Jung* nach seiner Trennung von *Freud* seine Lehre als »analytische Psychologie« weiterentwickelte. Doch steht dieser Ausdruck öfter für eine aus der Psychoanalyse abgeleitete, in ihrer Tendenz neoanalytische Therapie, auf die wir noch ausführlich zu sprechen kommen werden.

Theoretische Voraussetzungen

Jungs Verbindung mit *Freud*, seine Stellung in der frühen Geschichte der psychoanalytischen Bewegung und sein Bruch mit *Freud* sind von den Historikern der Psychoanalyse (*Jones, Schur, Clark*) beschrieben worden; auch der Briefwechsel ist veröffentlicht, in dem sich das Schicksal der Beziehung dieser beiden Männer spiegelt. Einige wichtige Punkte, in denen *Jung* von *Freud* abweicht, sind:

1. Das Unbewußte wird weit positiver gesehen. Es ist für *Jung* nicht nur der Ort der Triebe und der Sammelplatz verdrängter Phantasien, sondern auch der Boden aller schöpferischen Fähigkeiten in Kunst, Wissenschaft und Religion. Neben dem persönlichen Unbewußten gibt es ein »kollektives Unbewußtes«, welches von »urtümlichen Bildern« (Archetypen) erfüllt ist, die das mythisch-religiöse Erbe der Menschheitsentwicklung verkörpern. Diese Archetypen schildert *Jung* bald als ererbte Vorstel-

lungen, bald als abstraktes Ordnungsprinzip für geistige Produktionen wie für emotionale Beziehungen.* Das Unbewußte hat einen »kompensatorischen« Charakter, d. h. es verkörpert jene Seiten der Persönlichkeit, die im Wacherleben unterentwickelt sind.

2. Die Libido, bei *Freud* eng als sexuelle Triebkraft bzw. biologische Energie zum Zweck der Arterhaltung (im Gegensatz zu den »Ich-Trieben« bzw. zur biologischen Grundlage der Selbsterhaltung) bestimmt, wird von *Jung* viel »weiter« als seelische Energie schlechthin angesehen.

3. Die Träume hält auch *Jung* für den wichtigsten Zugang zum Unterbewußten, doch sieht er in ihnen keine durch den Einfluß der Zensur des Ich veränderten und entstellten Produktionen von Triebwünschen, infantilen Phantasien usw., sondern unmittelbare Zeugnisse der Bildersprache des Unbewußten, die wichtige »prospektive« Tendenzen aufweisen, d. h. künftige Entwicklungsmöglichkeiten aufzeigen.

Technisches Vorgehen

Auch *C. G. Jung* ist – wie *Adler* – von der Liegehaltung des klassisch-psychoanalytischen Vorgehens abgekommen. Patient und Therapeut sitzen sich gegenüber und führen ein freies Gespräch, das mit einer »anamnestischen Analyse« beginnt, einer gründlichen Rekapitulation der Lebensgeschichte des Patienten, die zugleich als Probebehandlung aufzufassen ist. Die Bedeutung der Kindheit wird als wesentlich anerkannt, doch weniger hoch eingeschätzt als in der Psychoanalyse. Die gegenwärtige Situation des Patien-

---

* Zur kritischen Darstellung dieser Begriffe von C.G. Jung, siehe W. Schmidbauer: Mythos und Psychologie. München 1970 sowie H. H. Balmer: Die Archetypentheorie von C. G. Jung, Zürich 1976

ten ist wichtiger, wobei erinnerte Kindheitserlebnisse nach ihrem Stellenwert im Rahmen des »aktuellen Konfliktes« (ein Ausdruck von *C. G. Jung*) geprüft werden. Wesentliches Instrument der Behandlung ist die Traumdeutung, die außerordentlich intensiv eingesetzt wird – oft beschäftigen sich Therapeut und Patient über viele Stunden hin mit einem einzigen Traum. Dabei hat *Jung* zwei grundlegende Formen der Deutung eingeführt:

1. Objektstufe. Sie entspricht eher dem klassisch-analytischen Verfahren: Die Traumdetails werden mit Erinnerungsbruchstücken aus dem gegenwärtigen Leben des Patienten oder aus seiner Vergangenheit verknüpft. Personen, die im Traum vorkommen, sind Widerspiegelungen der tatsächlichen »Objekte« in der Umwelt des Patienten – seiner Eltern, seiner Freunde.

2. Subjektstufe. Hier werden die Einzelheiten des Traumes und die im Traum vorkommenden Personen als Symbole der inneren Situation des Patienten aufgefaßt. Eine Frau verkörpert z. B. seine weibliche Seite, ein Kind seine Entwicklungsmöglichkeiten, ein Polizist sein strenges Gewissen. Die Deutungen auf der Objekt- und Subjektstufe ergänzen sich: Der Polizist z. B. ist auf der Objektstufe der Vater, der vom Patienten als strenges, verbietendes Gewissen verinnerlicht wurde.

Für die jungianischen Analytiker gibt es neben der analytischen Deutung, die sie (etwas einseitig) als »kausal-reduktiv« definieren, die »synthetische« oder »konstruktive« Deutung. Manche Schüler von *C. G. Jung* haben daher ihrem Therapieverfahren sogar den Namen »Psychosynthese« gegeben.

Im Lauf der Psychotherapie nach *C. G. Jung* verschiebt sich der Schwerpunkt von den »analytischen« Deutungen im engeren Sinn zu den synthetisch-konstruktiven. Wie in allen psychoanalytisch begründeten Verfahren sollen psychische Energien und ihre kognitiven Begleiter – ein sich allmählich verbreitendes Spektrum von Wahlmöglichkeiten – frei werden, um die Probleme der Gegenwart besser zu bewältigen. Damit verschiebt sich das Interesse mehr und mehr auf die Gegenwart und die Zukunft des Patienten; der »aktuelle Konflikt« und die »prospektive Tendenz« treten in ihren Mittelpunkt – beides Ausdrücke der *Jung*schen Psychotherapie, die bis heute ihre Gültigkeit behalten haben.

Jung hat wiederholt darauf hingewiesen, daß die entscheidenden Faktoren des neurotischen Konfliktes nicht in der Vergangenheit, sondern in der Gegenwart liegen. Freilich trifft dieser gegen die psychoanalytische Konzeption des Durcharbeitens der infantilen Neurose in der Übertragung gerichtete Einwand nicht die Psychoanalyse, sondern ihr Mißverständnis als vorwiegend oder gar ausschließlich auf die Rekonstruktion der Vergangenheit gerichteten Prozeß. *Freuds* Regel, immer »von der Oberfläche« auszugehen, ist im Grunde nur eine andere Formel für die von *Jung* unterstrichene Bedeutung der aktuellen Konflikte. Die dialektische Spannung zwischen der aktuellen Übertragungssituation und den in ihr neubelebten frühkindlichen Objektbeziehungen macht ja gerade die Dynamik der psychoanalytischen Behandlung aus. *Jungs* Frage, wozu der Patient gerade *diese* und keine anderen Relikte aus der Vergangenheit wiederbelebt, enthält auch die Frage nach der zukünftigen Lebensgestaltung des Kranken. *Jung* ist hier optimistischer als *Freud*, der bei Menschen von über 50 Jahren von einer Psychoanalyse abriet, weil in diesem Alter die psychische Plastizität geringer, die Menge des aufzuarbeitenden Materials übergroß sei. Gerade während und nach der Lebensmitte ist die *Jung*sche Psychotherapie mit ihrer Hinwendung zur Zukunft, zu übergreifenden, geistigen Gestaltungen vielleicht empfehlenswerter als die Psychoanalyse, die größere Ansprüche an die Bereitschaft zu einem Neubeginn in der realen Lebenssituation, vor allem auch in den Liebesbeziehungen stellt.

Der Akzent auf der aktuellen Situation des Patienten und seiner zukünftigen Lebensgestaltung verbindet die Psychotherapie der *Jung*-Schule mit der individualpsychologischen Therapie *Adlers*, während die weit stärkere Betonung des Unbewußten und seiner wegweisenden, kompensatorischen Botschaften in den Träumen noch über die Rolle des Unbewußten in der klassischen Analyse hinausgehen. Der Therapeut strukturiert die Situation stärker als der Psychoanalytiker, ähnlich wie in der individualpsychologischen Methode. Er regt den Patienten an, mit »gerichteten« oder »kontrollierten« Assoziationen das unbewußte Zentrum eines Traumes einzukreisen oder fordert ihn auf, den Traum zu zeichnen oder zu malen. Dabei steuert der Therapeut selbst Einfälle bei, die dem Patienten einen neuen Zugang zu seiner inneren Welt eröffnen sollen, z. B. mythologische, volks- und völkerkundliche oder religionswissenschaftliche Parallelen zu einem Traumbild (Amplifikation). Damit soll dem Patienten die Natur der Archetypen bewußt gemacht werden, an denen ja alle Menschen zu allen Epochen Anteil haben. Durch diese gemeinsame Deutungsarbeit hält sich der Therapeut weniger zurück als in der klassischen Analyse. Die Übertragung entwickelt sich anders als in der analytischen Situation. Die Übertragungsneurose wird durch die Schwerpunktverschiebung von der analytischen Rekonstruktion und Wiederbelebung der Vergangenheit zu einem (meist spirituell orientierten) Entwurf der künftigen Selbstverwirklichung gezügelt.

Indikation

Die *Jung*sche Psychotherapie ist – ähnlich der Methode von A. *Adler* – für einen erheblich weiteren Patientenkreis geeignet als die Analyse nach der Standardmethode. Die wichtigste einzelne Indikation sind Selbstwertprobleme und

Krisen der Sinngebung des eigenen Lebens bei Patienten jenseits der Lebensmitte. *Jung* selbst hat nicht nur Neurosen, sondern auch Psychosen behandelt und schon früh neben dem analytischen Vorgehen mehr »stützende« Formen der Therapie entwickelt.

Aufwand

Eine Psychotherapie nach *C. G. Jung* beansprucht in der Regel weniger Zeit als eine klassische Analyse. Sie ist auch häufig von Anfang an zeitlich begrenzt, wobei der Therapeut den Schweregrad des Leidens berücksichtigt. Der Patient wird angeregt, selbst an sich zu arbeiten, bestimmte Bücher zu lesen und seine innere Situation in künstlerischen Produktionen – vor allem Malereien und Zeichnungen – auszudrücken, die dann gemeinsam mit dem Therapeuten betrachtet und interpretiert werden. Die Abstände zwischen den einzelnen Therapiestunden werden gegen Ende der Behandlung immer mehr verlängert; endlich soll der Patient »auf Probe« entlassen werden. Alle diese technischen Abänderungen, die in der klassischen Psychoanalyse nur mit großer Zurückhaltung durchgeführt werden (*Freud* pflegte gegen Ende der Analyse ebenfalls die Stundenzahl zu reduzieren), sind auch Bestandteile der »analytischen« oder »expressiven« Psychotherapie.

Die Kosten für eine Psychotherapie nach *C. G. Jung* werden in Westdeutschland von den Krankenkassen übernommen, wenn der Therapeut von einem anerkannten Institut ausgebildet wurde oder den Zusatztitel in Psychotherapie besitzt. Allerdings sind »rein« jungianisch orientierte Therapeuten wohl ebenso selten wie ausschließlich an *Adler* orientierte. In den meisten Fällen arbeitet der Therapeut nach einer Synthese aus klassisch-analytischen, individualpsychologischen und jungianischen Elementen, wobei der Schwerpunkt unter Umständen je nach der Problematik des Patienten wechseln kann.

Literatur

F. Alexander, S. T. Selesnick: Geschichte der Psychiatrie. Konstanz 1969

H. H. Balmer: Die Archetypentheorie von C. G. Jung. Berlin 1972

R. W. Clark: Sigmund Freud. Frankfurt 1981

C. G. Jung: Erinnerungen, Träume, Gedanken. Aufgezeichnet von A. Jaffe. Zürich 1962

C. G. Jung: Gesammelte Werke, Bände 1 bis 18. Zürich (Rascher)

-: Praxis der Psychotherapie. In: Ges. Werke, Bd. 16

H. Remmler: Das Geheimnis der Sphinx. Olten 1988

W. Schmidbauer: Mythos und Psychologie. München 1970

M. Schur: Sigmund Freud – Leben und Sterben. Frankfurt 1973

Analytische Psychotherapie

Neopsychoanalyse. Variationen dieses Verfahrens sind von Franz *Alexander*, Harald *Schultz-Hencke*, Erich *Fromm*, Karen *Horney*, Frieda *Fromm-Reichmann*, Fritz *Riemann*, Igor *Caruso* und vielen anderen Psychoanalytikern entwickelt worden. Sie beruhen auf seit der Frühzeit der Psychoanalyse laut werdenden Zweifeln, ob die psychoanalytische Standardsituation für alle Patienten gleich günstig sei. In der Regel werden die Existenz und Bedeutung der von *Freud* beschriebenen Phänomene akzeptiert und weiterhin als Basis des therapeutischen Vorgehens anerkannt: Widerstand, Übertragung, Gewinn von Einsicht als therapeutischer Faktor. Zu diesen Voraussetzungen kommen neue Gesichtspunkte, vor allem, was das um die Libidotheorie zentrierte Entwicklungsmodell der Persönlichkeit bei *Freud* betrifft. Soziale Konflikte werden betont, welche die Gesellschaft vorgibt *(Horney, Fromm, Caruso)*. Es geht um die Konflikthäufigkeit nicht nur der sexuellen, sondern auch der oral-kaptativen, muskulär-expansiven Antriebsbereiche *(Schultz-Hencke)*, die Störungen der frühesten »intentionalen« Erlebnisformen *(Schultz-Hencke, Riemann)*. Wir müssen uns hier auf die theoretischen Voraussetzungen der technischen Veränderungen des therapeutischen Vorgehens beschränken. Was am meisten in Frage gestellt wird, ist zweifellos die Übertragungsneurose (S. 81). Wenn wirklich eine voll ausgebildete Übertragungsneurose notwendig für den Heilerfolg in der Psychotherapie ist, dann muß die Indikation auf einen sehr kleinen Patientenkreis beschränkt bleiben. (Nach einer Arbeit von *Glover* aus dem Jahr 1955 betrug damals die durchschnittliche Dauer der Psychoanalysen dreieinhalb Jahre bei fünf Wochenstunden; mehr als fünf Jahre Dauer waren nicht selten.)

Aber nicht nur äußere Gründe gegen die Übertragungsanalyse als Zentrum der Psychotherapie werden angeführt. Die Neoanalytiker vermuten auch, daß manche Patienten durch die Produktion einer Übertragungsneurose eher in einen schlechteren Zustand gebracht werden, daß diese aber in jedem Fall die Dauer der Behandlung unangemessen verlängert. Es ist klar, daß der Analytiker die Übertragung stimulieren kann (indem er, wie es *Strachney* vorschlug, nur Inhalte, die dem Analytiker gelten, aufgreift und deutet). Damit werden die Einfälle des Patienten nach den Prinzipien des »verbalen Konditionierens« auf den Analytiker fixiert. Experimente haben gezeigt, daß es in einem Gespräch genügt, bestimmte Inhalte durch ein bestätigendes »hm« zu betonen, um ihr Auftreten mehr als zu verdoppeln.*

Die Neuerer der Neoanalyse kennen alle die Standardmethode; ihre Erweiterungen und Ergänzungen begreifen die *Freud*schen Ergebnisse eher als Spezialfall ein, als ihnen zu widersprechen. So halten sie die Libidotheorie für eine unzulässige Verallgemeinerung der Situation bei der Hysterie – nur bei ihr hat der Ödipuskomplex die zentrale Bedeutung. *Sullivan* beschrieb die ausgleichende oder schädliche Familieneinflüsse verstärkende Wirkung der Sekundärgruppen (Spielkameraden, Schulfreunde usw.) in der Latenzperiode und in der Präadoleszenz. *Fromm* erwähnt, daß die kindlichen Trotzreaktionen nicht auf die Libidofixierung infolge einer fehlerhaften Sauberkeitserziehung zurückgeführt werden können, sondern sich in der Sauberkeitserziehung eine »anale« (einengende, pedantische) Haltung der Primärgruppe ausdrückt, die schon vor der

---

* Ein ausführliches Referat über die Versuche zum verbalen Konditionieren findet sich bei R. Tausch: Gesprächspsychotherapie. Göttingen 1968, S. 34f.

Sauberkeitserziehung einen »analen« Charakter herausbilden und auch noch nach ihr seine Entwicklung fördern könne.

In der analytischen Psychotherapie verschiebt sich das Zentrum der Aufmerksamkeit von der Regression in die Übertragungsneurose auf die aktuelle Lebenssituation des Patienten und ihre unbewußten Verbindungen zu verdrängten oder unterentwickelt gebliebenen Triebwünschen bzw. Ich-Anteilen. Die Liegehaltung wird nur bei Patienten mit eindeutigen Neurosen und relativ starkem Ich angewendet. Sie soll nicht eine Regression fördern, sondern die Konzentration auf das Erleben; zusätzlich geht *Schultz-Hencke* davon aus, daß der Patient im Liegen ständig an den »Pakt« (die Grundregel) erinnert wird und durch die vom gewöhnlichen Gespräch entfernte Haltung weniger dazu neigt, bestimmte Dinge zu verschweigen.

Die Übertragung wird – wo sie sich bemerkbar macht – zwar aufgegriffen und bearbeitet, doch hält man die Übertragungsneurose nicht mehr für eine unerläßliche Bedingung des therapeutischen Erfolgs.

Die Beziehung zum Analytiker und ihre unbewußten Implikationen beherrschen also die Interaktion bei weitem nicht so sehr, wie es im Rahmen der Übertragungsneurose der Fall ist. (Allerdings wissen auch Analytiker, die mit der Standardmethode arbeiten, um die starken Unterschiede in der Intensität der Übertragungsneurose, die bei hysterischen Neurosen ein Maximum erreicht.) Die Übertragung wird *ein* Element in der aktuellen Lebenssituation des Patienten. Auf diese richtet der Analytiker sein Hauptaugenmerk. In der analytischen Psychotherapie soll die Auseinandersetzung mit dem Therapeuten den Patienten nicht so völlig absorbieren wie es in der Psychoanalyse der Fall ist. Der Analytiker soll für den Patienten »nicht die Welt sein, sondern die Brücke zur Welt« *(M. Seiff)*. Die Widerstandsanalyse richtet sich ebenfalls auf die Bewältigung aktueller

Schwierigkeiten. Die Erhellung der Entstehungsbedingungen in der Kindheit kann dabei sehr hilfreich sein, doch ist es ebenso wichtig, herauszufinden, was der Patient in seinen gegenwärtigen Lebensumständen vermeidet und wie seine aktuellen Erlebnislücken und Behinderungen zu verstehen sind.

Die analytische Psychotherapie strebt das gleiche Ziel an wie die Psychoanalyse – Persönlichkeitsveränderung durch Einsicht, wiederhergestellte Arbeits- und Genußfähigkeit. Der Weg dazu soll kürzer werden; mit Recht verweisen die Neoanalytiker darauf, daß es ganz ungewöhnlich sei, wenn eine Behandlungsmethode, je mehr Erfahrungen man mit ihr sammle und je besser man ihre technischen Einzelheiten überblicke, nicht rascher und zielsicherer zum Erfolg führe. Es scheint allerdings, daß die Gesamtdauer des dynamischen Prozesses einer Persönlichkeitsveränderung durch Einsicht immer relativ lang (selten Monate, meist Jahre) sein muß. Aber unter Umständen genügen eben weit weniger Stunden in größeren Abständen – wenn es dem Analytiker gelingt, das wichtige Material zur Sprache zu bringen, das beim Standardverfahren neben vielem unwichtigem auftaucht. Das heißt keineswegs, daß die Neoanalyse »wilde« Deutungen fördert; auch sie orientiert sich an der Forderung, von der Oberfläche auszugehen.

Spezielle Techniken

Die Abkürzung der Behandlung durch Verminderung der Stundenhäufigkeit wird in der analytischen Psychotherapie dadurch wettgemacht, daß der Analytiker versucht, den Prozeß des Gewinns von Einsicht intensiver zu gestalten. Fünf oder vier Wochenstunden führen sicherlich dazu, daß der Therapeut sich mehr Zeit läßt und dem Patienten Spielraum für alle möglichen Irrwege gibt – Erich *Fromm* spricht von »freiem Geschwätz«. Diese Passivität wird in dem Augenblick zu einer unanalytischen Haltung, in dem sie mangelnden Überblick, fehlende Aufmerksamkeit oder eine unbewußte, oral-ausbeuterische Gegenübertragung des Analytikers enthält und nicht dem Patienten hilft, seine Widerstände durchzuarbeiten. Zweifellos geraten die Neoanalytiker manchmal in die Gefahr, die Standardmethode mit solchen Pseudo-Analysen zu verwechseln und ihre Technik nicht nur als Korrektur von Fehlern auszugeben, die womöglich in der klassischen Analyse gelegentlich drohen, sondern sie als weit überlegene Alternative der Standardmethode hinzustellen. Es ist schon Argument genug, wenn man mit den Mitteln der analytischen Psychotherapie bei zwei Patienten mit demselben Aufwand den gleichen therapeutischen Effekt erzielen kann, wie es mit den Mitteln der Standardmethode bei einem einzelnen Kranken möglich wäre.

Hier eine kurze Liste von Hilfsmitteln, die – mit Überblick verwendet – den größeren Stundenabstand der analytischen Psychotherapie ermöglichen.

1. Erlebnislücken finden. Dieses technische Mittel beschreibt *Schultz-Hencke*, der auch in der Theorie zeitweise den Begriff der Verdrängung (als Abwehr unbewußter Impulse) durch den Begriff der Gehemmtheit (als blockierte Erlebnis- und Aktionsfähigkeit) ersetzte. Spricht der Analytiker den Widerstand an, versucht er durch ihn hindurch die verdrängten Impulse zu deuten, so bewegt er sich in einem Gebiet zwischen Trieb und Abwehr, in dem er leicht neue Widerstände provoziert. Das läßt sich umgehen, wenn er eher nach den Ausfällen im subjektiven Erleben sucht und den Patienten auf diese Lücken anspricht. Der Patient schildert z. B. den Seitensprung seiner Frau mit unbewegter Miene und gleichgültigem Stimmklang; erst wenn diese Signale ihm verdeutlicht werden, gewinnt er vielleicht einen Zugang zu den

»ausgeklammerten« Emotionen. *H. Bach* schildert als weiteres Beispiel für die »Lückentechnik« die analytische Arbeit an einer Situation, in der die Patientin mit dem Ausdruck großer Angst berichtet, sie habe soeben zu Hause, als sie ihre Tochter kämmte, den Impuls gehabt, dieser die Zöpfe um den Hals zu schlingen und sie zu erwürgen. Die »Lücke«, d. h. das von der Patientin »übersehene« Detail lag hier darin, daß sie ihrer immerhin bereits 14jährigen Tochter immer noch die Haare kämmte. Das Aufgreifen dieser Tatsache führte zu analytisch sehr wichtigem Material und leitete einen Gewinn an Einsicht in die masochistische Unterwerfung unter diese Tochter ein. Die Lückentechnik heißt nicht, daß man dem Patienten vorphantasiert, was nun die Lücken seines Erlebens ausfüllen könnte, obwohl auch das manchmal nützlich ist, sondern sie verlangt »von der Oberfläche aus«, wie *Freud* forderte, den Patienten auf sein Unterlassen und auch auf das Unterlassen der Reflexion über das Unterlassen hinzuweisen und auf diese Weise verlorene Bindeglieder des Erlebens wiederzugewinnen. Einsicht gewinnen heißt ja weniger, neue Dinge über das eigene Unbewußte zu wissen, sondern in einem Gefühlsprozeß zu einer harmonischeren Auseinandersetzung mit den eigenen Wünschen zu kommen, wodurch zugleich ein realitätsgerechteres Urteil über die Umwelt ermöglicht wird.

2. Strukturspezifische Veränderungen der Technik. In der Standardmethode ist das Verfahren eine Konstante, an deren äußere Bedingungen sich der Patient anpassen muß. In der analytischen Psychotherapie sucht man die Therapie den Bedürfnissen des Patienten anzupassen. Das geht von äußerlichen Gesichtspunkten wie Zeitaufwand und Terminplanung bis zum Liegen oder Sitzen des Patienten und zur Gegenübertragungskontrolle. Ein Analytiker, der nur die Standardtechnik anwendet, würde

einen Patienten ablehnen, der – weil er weit entfernt wohnt – nur einmal in der Woche kommen kann. Der analytische Psychotherapeut würde in dieser Situation versuchen, mit einer Doppelstunde zu arbeiten – ein Verfahren, das durchaus erfolgreich sein kann. Fritz *Riemann* hat etwa darauf hingewiesen, daß es bei depressiven und schizoiden Neurosen weniger darum geht, Verdrängtes bewußt zu machen und Hemmungen zu lösen, als etwas Ausgefallenes nachzuholen. Der Therapeut muß sich hier zunächst einmal als Ersatz für die ungenügende Beziehung zu einem »guten Objekt« in der Kindheit anbieten und die Verinnerlichung eines solchen Objektes ermöglichen. Dabei muß berücksichtigt werden, daß Depressive durch die Passivität eines hinter ihnen sitzenden Analytikers sehr frustriert werden, während Schizoide in der Therapie zunächst keine emotionale Nähe vertragen.

3. Ich-stützende Maßnahmen. Sie wurden vor allem von *Rado* vorgeschlagen, der sich von der Bestätigung bestimmter Äußerungen des Patienten auf einer realistischen Grundlage eine Stärkung des Ichs durch Erfolgserlebnisse versprach. Ein Nebenziel ist die Verhinderung von Regressionen durch die realitätsbezogene Haltung des Analytikers. Ein Beispiel wäre etwa, am Schluß einer Stunde, in der ein Patient geglaubt hatte, wegen seiner Unfähigkeit zu träumen gehe die Analyse nicht voran, zu sagen: »Sie sehen, wir sind heute auch ohne Träume ein Stück weitergekommen.«

4. »Realeinfälle« fördern. In der Analyse sollen gefühlshafte Erlebnisse wiederbelebt werden; Erinnern ohne Affekt ist ebenso sinnlos wie theoretischer Wissenserwerb über Psychodynamik ohne eigene Beteiligung. Eine Akzentsetzung, welche die analytische Psychotherapie unmittelbar von *Freud* übernommen hat, ist hier die Aufforderung an den Patienten, Realeinfälle zu bringen. Der Analytiker

unterbricht den Fluß der Assoziationen (oder, was ich für günstiger halte: schaltet sich ein, sobald dem Patienten ein bestimmtes Thema erschöpft scheint) und fordert ihn auf, die angesprochenen aktuellen oder vergangenen Ereignisse sehr genau zu fassen und darzustellen. Betont wird vor allem, was der Analysand hierbei erlebt hat. Er soll die Ereignisse in allen Einzelheiten erzählen. Dabei werden seine Gefühle und Ängste in der analytischen Situation neu belebt.

Indikation

Die Indikation zur analytischen Psychotherapie umfaßt nicht nur Neurosen, sondern auch Charakter, Verhaltensstörungen und Psychosen (Frieda *Fromm-Reichmann, Sullivan, H. Bach, H. Schultz-Hencke* und andere). Der Zeitaufwand ist meist geringer als bei der Standardmethode – im allgemeinen 200 bis höchstens 400 Stunden in zwei bis vier Jahren. Die Frequenz liegt in der Regel bei zwei, selten über drei Wochenstunden; sie wird aber variabel gehandhabt und der jeweiligen Therapiesituation angepaßt. Die Kosten werden von den meisten Kassen übernommen, vorausgesetzt, der Therapeut arbeitet mit den Kassen zusammen.

In Einzelfällen – vor allem bei Charakterstörungen und Psychosen – kann der Zeitaufwand der analytischen Psychotherapie viele Jahre umfassen, da bei diesen Leiden ein großes Stück Ich-Entwicklung nachgeholt werden muß. Die flexible Methode gestattet aber Unterbrechungen (fraktionierte Analyse) und die »Entlassung auf Probe«, um herauszufinden, ob das Ich des Patienten den Anforderungen der Realität bereits gewachsen ist.

Literatur

F. Alexander: Psychoanalysis and Psychotherapy. London 1957

–: Th. N. French: Psychoanalytic Therapy. New York 1946

H. Bach: Die Behandlungstechnik in den neoanalytischen Richtungen. In: W. J. Schraml (Hrsg.): Klinische Psychologie. Stuttgart, Bern 1970, S. 376 f.

I. A. Caruso: Soziale Aspekte der Psychoanalyse. Hamburg 1972

E. Fromm: Die Furcht vor der Freiheit. Zürich 1945

E. Fromm: Die Grundposition der Psychoanalyse. In: Fortschritte der Psychoanalyse, Bd. II. Göttingen 1966

F. Fromm-Reichmann: Intensive Psychotherapie. Stuttgart 1959

K. Horney: Neue Wege in der Psychoanalyse. Stuttgart 1951

S. Rado: Psychoanalysis of behavior. New York 1956

H. Schultz-Hencke: Der gehemmte Mensch. Stuttgart 1940

–: Lehrbuch der analytischen Psychotherapie. Stuttgart 1951

H. S. Sullivan: The interpersonal theory of psychiatry. New York 1953

W. Schwidder: Die technischen Schriften Freuds und die Weiterentwicklung der psychoanalytischen Behandlungsmethode. In: Zeitschrift für Psychosomatische Medizin 2/1955, S. 280

Dynamische Psychotherapie

Der Übergang zwischen den verschiedenen Formen der analytischen, individualpsychologischen und jungianischen Psychotherapie ist fließend. Sie alle stammen von der Standardmethode der Psychoanalyse ab, erstreben weitgehend dieselben Ziele, die Herstellung von Arbeits- und Genußfähigkeit auf dem Weg einer Stärkung des Ichs. Doch suchen sie diese Ziele auf verschiedenen Wegen zu erreichen. Mit Annemarie *Dührssen*, die das Verfahren der Dynamischen Psychotherapie ausführlich beschrieben hat, kann man die Gemeinsamkeiten aller analytisch fundierten Methoden der Psychotherapie so zusammenfassen:

1. In einem Zwei-Personen-Prozeß zwischen dem geschulten Therapeuten und dem Patienten wird dieser entlastet und erfährt eine Erweiterung seines Bewußtseinsumfanges. Ein Prozeß des Umlernens beginnt, in dem Ängste und Schuldgefühle, neurotische Haltungen und gestörte mitmenschliche Beziehungen allmählich zugunsten einer neuen Integration zwischen Intellekt und Gefühl, Verboten und eigenen Wünschen, Idealen und realistischen Möglichkeiten zurücktreten.
2. Im Verlauf dieses Prozesses entwickelt der Patient Übertragungsreaktionen, deren sachgemäße Behandlung von zentraler Bedeutung für die Therapie ist.
3. Anhand seiner Einfälle und seiner Übertragungsreaktionen gewinnt der Patient durch die Deutungen des Therapeuten Einsicht in die Zusammenhänge zwischen seinen aktuellen Konflikten und seinem bisherigen Leben, vor allem seinen Kindheitserlebnissen.

Diese drei Elemente sind allen bisher besprochenen Verfahren gemeinsam; sie machen den wesentlichen Fortschritt aus, den *Freuds* Entdeckungen der Psychotherapie gebracht haben. In der Dynamischen Psychotherapie wird nun die Standardsituation abgewandelt:

1. Der Patient wird zu keiner Regel verpflichtet, nach der er seine Mitteilungen zu gestalten hat.

2. Die Behandlung vollzieht sich im persönlichen Gespräch von Angesicht zu Angesicht.

3. Häufigkeit und Zeitpunkt der Behandlungsstunden liegen nicht fest. Beide werden den Forderungen der Therapie angepaßt.

4. Das therapeutische Arrangement fördert keine Regression des Patienten.

5. Die Persönlichkeit des Analytikers behält reale Züge. Übertragungsreaktionen treten zwar in jedem Fall auf. Doch berichtet der Patient meist nicht spontan über sie.

6. Der Therapeut stellt sich zunächst auf das Material ein, das der Patient von sich aus mitteilen möchte. Er versucht, die Bedeutung der erhaltenen Informationen zu verstehen und regt dann durch themenbestimmende oder klärende Fragen weitere Berichte über psychodynamisch wichtiges Erlebnismaterial an.

7. Mit diesem – auf jeweilige Anregung gewonnenen – Material geht der Therapeut klärend, interpretierend und durcharbeitend um, wobei er es sowohl in der Realität (anhand der aktuellen Situation des Patienten) wie in der Übertragung deutet, ohne mit spontanen Berichten über die Übertragungsgefühle zu rechnen.[*]

Dührssen empfiehlt in der dynamischen Psychotherapie ein dreiphasiges Vorgehen. Das heißt, daß zunächst die Gefühlslage des Patienten richtig erspürt und verstanden werden muß; anschließend hilft man dem Patienten, diese

[*] A. Dührssen: Analytische Psychotherapie. Göttingen 1972, S. 196.

Gefühle einigermaßen in Worte zu fassen. Wenn das gelungen ist, kann man in einem zweiten Schritt weiter vordringen und die begleitenden Vorstellungen und die Motive dieser Gefühle aufspüren. Erst abschließend, wenn Gefühle und Vorstellungen hinreichend deutlich geworden sind, kann man sich daran wagen, die zugehörige Triebqualität bewußt zu machen. Wer diesen langwierig erscheinenden Prozeß durch übereiltes Deuten von Triebqualitäten abkürzen will, verlängert ihn in Wirklichkeit unangemessen, da er den neurotischen Widerstand mobilisiert und erst die Hindernisse wieder abbauen muß, die er selbst geschaffen hat.

Ähnlich wird empfohlen, genetische Deutungen früher anzusetzen als Übertragungsdeutungen. Es ist auch verständlich, daß der Patient erst Hinweise auf seine lebensgeschichtlichen Zusammenhänge verarbeitet haben muß, ehe er überhaupt Übertragungsdeutungen aufnehmen kann. Er muß die Rolle von Vater, Mutter und anderen frühkindlichen Bezugspersonen erst einmal nacherlebt haben, ehe er sein gegenwärtiges Fühlen und Reagieren in der Übertragung begreifen kann. Erst wenn die Haltungen der frühen Kindheit deutlich sind, kann er verstehen, daß er dazu neigt, sie auch als Erwachsener zu wiederholen und sie in die Therapie mitzubringen. Im übrigen gilt auch in der Dynamischen Psychotherapie die *Freud*sche Regel, daß die Übertragung erst dann nach einer Deutung verlangt, wenn sie zum Widerstand geworden ist oder zu werden droht.

Auch der Heilungsprozeß läuft, grob gegliedert, in drei Phasen ab:

1. Das psychodynamisch bedeutsame Material wird gesammelt und der Patient durch die Tatsache entlastet, daß er einen verständnisvollen, akzeptierenden und toleranten Zuhörer gefunden hat. Die Fragen des Therapeuten lassen sich in drei Gruppen gliedern. (1) Direkte Sachfragen, in denen zusätzliche Informationen erbeten, vielleicht Lücken ausgefüllt werden. (2) »Auswahlfragen« bieten dem

Patienten Möglichkeiten an, seine Gefühle zu verbalisieren, ohne ihn doch suggestiv festzulegen (»Manche Menschen reagieren auf eine Kränkung, indem sie ihrerseits zurückschimpfen und ihren Ärger ausdrücken. Andere ziehen sich ganz zurück und suchen allein damit fertig zu werden«). (3) Themenbestimmende Fragen endlich bieten sich an, wenn lebensgeschichtliche Zusammenhänge aufgedeckt werden sollen (»Wie war das mit Ihren ersten sexuellen Beziehungen in der Jugend, wenn Sie heute soviel Sorgen haben, keinen Partner zu finden?«). In allen Fällen erspart man sich unnötige Widerstände, wenn man Fragen und Interpretationen mit wertfreien Ausdrücken möglichst präzise formuliert – also »Ausweichen« statt »Widerstand«, in manchen Fällen (bei betont kontraphobischen Patienten, die Angst und Schwäche nicht zugeben wollen) »Sorge«, »Bedenken« für Angst und Furcht. »Ärgerlich« wird leichter akzeptiert als »wütend« (nur, wenn es sich um *unterdrückte* Gefühle handelt!), »zurückhaltend« eher als »ängstlich« usw.

2. Den Mittelabschnitt der therapeutischen Arbeit nimmt das Deuten ein. Die lebensgeschichtlichen Zusammenhänge werden durch klärende Fragen, Deutungsvorbereitungen und Deutungen erarbeitet, Ängste sollen abgebaut, neue Gefühlsmöglichkeiten erschlossen werden. Der Bewußtseinsumfang wird allmählich erweitert.

3. Der letzte Abschnitt gilt dem »Durcharbeiten«, in dem themenbestimmende Fragen und Kommentare nur selten auftreten und die aktuelle Situation des Patienten im Mittelpunkt steht.

Indikation

Die Anzeige zur dynamischen Psychotherapie im Gegensatz zu einer Psychoanalyse im Liegen, mit regelmäßiger Stundenzahl von mindestens zwei pro Woche, kann nach zwei Gesichtspunkten beurteilt werden: Wann ist die aufwendigere Technik *entbehrlich*, wann ist sie *kontraindiziert*? Die psychoanalytische Standardtechnik kann dann entbehrt werden, wenn bei einem Patienten »die neurotischen Strukturelemente von großer Beweglichkeit sind und der betreffende Kranke bei geschickter Gesprächsführung durch den Analytiker auch ohne Traumarbeit, freien Einfall und Einhalten der Grundregel Zugang zu seinen unbewußten Kräften findet.«*Allerdings ist diese Umstellbarkeit schwer zu ermitteln; aus der Anamnese lassen sich allenfalls Hinweise ableiten. Leider ist die Zusammenarbeit zwischen Psychotherapeuten und Testpsychologen bisher noch so wenig entwickelt, daß auch die Testdaten nur Hinweise, aber keine sichere Diagnose im Hinblick auf diese Umstellbarkeit ergeben können (Hinweise geben Flexibilität und Kreativität der gesunden Persönlichkeitsanteile, Plastizität der Intelligenz und anamnestische Daten).

Ebenfalls überflüssig ist die aufwendigere Form der Behandlung bei Patienten, die »im Kern gesund sind«, d. h. bei denen unter gravierenden Belastungen (die heftig, akut und strukturspezifisch sein müssen, d. h. eine traumatische infantile Konstellation in Versuchung oder Versagung wiederbelebten) eine akute neurotische Symptomatik ausbrach. Auch in diesen Fällen geht es darum, ein vertieftes Selbstverständnis zu schaffen und nicht nur zu »trösten«. Die Patienten müssen begreifen, was an neurotischen Reaktionsformen sie hindert, die äußeren Probleme aktiv zu meistern.

* A. Dührssen: Analytische Psychotherapie, Göttingen 1972, S. 154.

Kontraindiziert ist die Standardmethode dann, wenn die durch das Liegen, die Grundregel und die Zurückhaltung des Analytikers geförderte Regression grenzpsychotische Reaktionen heraufbeschwören. Diese Situationen sind relativ selten; häufiger ist eine andere Gegenanzeige der Standardmethode, die sich aus Abbruchstendenzen des Patienten herleitet. Es handelt sich um Kranke, die nach acht bis zehn Stunden wegbleiben – kommentarlos oder mit Rationalisationen – ohne daß sich in diesem Zeitraum mit der Standardtechnik auch nur das geringste erreichen läßt. Mit der dynamischen Psychotherapie und erheblich längeren Intervallen kann man in der gleichen Stundenzahl durch die aktivere Gesprächsführung ermöglichen, daß die Kranken bereits eine wesentliche Erleichterung empfinden und daraus für die weitere Therapie motiviert bleiben. Eine weitere Kontraindikation der Standardmethode (und Indikation der dynamischen Psychotherapie) ist der starke Rededrang schizoider und hysterischer Patienten, der innerhalb der Grundregel sehr viel Zeit kostet, weil diese Patienten fähig sind, die Grundregel zum Vorwand eines »Wegschwätzens« ihrer emotionalen Probleme zu nehmen. Im Gegenüber der dynamischen Psychotherapie läßt sich diese Neigung besser kontrollieren; man kann den Redeschwall leichter lenken und hat ihn ja auch durch den Verzicht auf die Grundregel gar nicht erst in Gang gesetzt.

Zwei weitere Indikationen zur dynamischen Psychotherapie (und Kontraindikationen der Analyse im Liegen) sind Patienten mit schizoiden Zügen, schlechter Kommunikationsfähigkeit und Neigung zum chaotischen Agieren ihrer Konflikte in die Umwelt hinein. Diese Patienten werden durch die Standardmethode eher zum Agieren verführt, während ihnen das persönliche Gegenüber mehr das Gefühl gibt, verstanden zu werden, und die größere Kontrolle der Situation es erlaubt, Neigungen zum Agieren aktiver aufzugreifen und zu zügeln. Die andere Indikation umfaßt jene eher depressiven Menschen, die ständig erwarten, daß andere ihre innere Leere und Entschlußlosigkeit beheben. Hier droht die Gefahr, daß der Gang zum Analytiker zum Lebensinhalt wird – daß sie nach 600 oder 800 Stunden immer noch erwarten, es werde ihnen schon noch einfallen, wie sie ihr Leben selbständig gestalten könnten. Hier ist es dringend notwendig, daß man die Patienten von Anfang an damit konfrontiert, daß ihnen niemand in der Welt eine selbständigere Lebensplanung abnehmen kann. Wenn der Analytiker hier abwartet, weil er ohnedies glaubt, daß man vor der 600sten Stunde keinen wirklichen Erfolg erwarten kann, dann vergeuden solche Kranke wertvolle Zeit ihres Lebens für ein passives Ersatzleben, ohne daß sich ihnen wirklich der Weg in eine gesündere Zukunft öffnet.

Zeitaufwand und Kosten

Dührssen empfiehlt, eine dynamische Psychotherapie mit je nach Bedarf vereinbarten Stunden – selten mehr als eine pro Woche, oftmals eine alle vierzehn Tage – anzusetzen. Die Abstände werden nach Absprache mit dem Patienten bestimmt und verändert; die von *Dührssen* geschilderten Behandlungen dauern meist zwei bis vier Jahre mit insgesamt 30 bis 50 Sitzungen. Die lange Gesamtdauer läßt dem Patienten Zeit für die Nachreifung; sie fordert allerdings vom Therapeuten ein ausgezeichnetes Gedächtnis und eine rasche Umstellungsfähigkeit. *Dührssen* weist mit Recht darauf hin, daß die dynamische Psychotherapie schwieriger ist als eine Behandlung nach der Standardmethode. Der Therapeut sieht den Patienten viel seltener und kann deshalb leichter den Überblick verlieren, Zusammenhänge nicht mehr herstellen und auf diese Weise den Patienten vergrämen, der meist ein feines Gefühl dafür hat, wieviel sich der Therapeut von den Dingen merkt, die er ihm sagt.

Die Kosten pro Stunde entsprechen denen einer analytischen Psychotherapie; die Kassenregelung ist dieselbe, doch kommt man meist mit einem Antrag (auf 50 Stunden) aus. Die Erfolge sind oft erstaunlich; in einem der von Dührssen berichteten Fälle wurde eine bereits chronifizierte Zwangsneurose vollständig geheilt.

Literatur

A. Dührssen: Analytische Psychotherapie in Theorie, Praxis und Ergebnissen. Göttingen 1972
–: Möglichkeiten und Probleme der Kurztherapie. In: Zeitschrift für Psychosomatische Medizin. 22/1969, S. 229

Kurzpsychotherapie

Fokaltherapie. Während in der dynamischen Psychotherapie nur die Stundenzahl, nicht aber die Gesamtdauer der Behandlung wesentlich reduziert wurde, sind bei der Kurztherapie Gesamtdauer, Stundenzahl und Behandlungsziel begrenzt und nach Möglichkeit genau umschrieben. Meist wird mit einer Stunde pro Woche gearbeitet; insgesamt sind zehn bis 30 Sitzungen anzusetzen. Der zentrale Unterschied zu anderen Formen der analytischen bzw. dynamischen Psychotherapie, in denen – wie auch in der Kurztherapie – im Sitzen und mit wöchentlichem oder zweiwöchentlichem Abstand zwischen den einzelnen Treffen gearbeitet wird, liegt in folgenden Punkten:

1. Das Behandlungsziel ist begrenzt; es soll womöglich zu Beginn der Behandlung genau definiert werden.
2. Die Konfliktdynamik des Patienten wird unter dem Blickwinkel eines »Brennpunkts« (Fokus) betrachtet, der für die akuten Störungen verantwortlich gemacht wird und in den Interpretationen und Interventionen des Therapeuten gezielt angegangen wird.

Diese Unterschiede sind nicht als strikte Grenzen zu verstehen: In manchen Fällen ist es angezeigt, eine Kurztherapie mit längeren Behandlungsintervallen als dynamische Psychotherapie weiterzuführen. Auch kann die Bearbeitung eines umschriebenen »Fokus« durchaus zu der von einer dynamischen Psychotherapie angezielten Umstrukturierung des Patienten führen.

Indikation

Die Indikation zur Kurztherapie auf psychoanalytischer Grundlage ist vor allem bei Kranken zu stellen, die
1. relativ ich-stark sind,
2. ein gutes Behandlungsmotiv haben,
3. mit den analytischen Deutungen arbeiten können und
4. dem Therapeuten die Feststellung eines umschriebenen Problemgebiets als Therapieziel erlauben.

Unter Ich-Stärke versteht man die Stärke der unneurotischen Ich-Anteile, d. h. die Orientierung des Patienten an der Realität im Gegensatz zu schematisch und starr wiederholten Abwehrformen auf der einen, zügelloser Kontrollschwäche auf der anderen Seite. Im Rahmen der Motivation ist es wichtig, ob der Patient nur passiv erwartet, daß der Therapeut etwas »mit ihm macht«, oder ob er die eigene Mitarbeit in die Behandlungserwartungen einschließt und ein Bedürfnis nach psychologischer Aufhellung seiner Symptome spürt. Der Leidensdruck allein ist kein Gradmesser der Motivation; sein Einfluß kann durch sekundären Krankheitsgewinn (z. B. Rentenanspruch) und eine überansprüchliche, oral fordernde Haltung ungültig gemacht werden. Solche Patienten neigen dazu, vom Therapeuten zu verlangen, daß er ihnen Mut und Freude gibt. Sie sind kaum bereit, an sich zu arbeiten, andererseits mit jeder stützenden Maßnahme unzufrieden (z. B. mit Psychopharmaka, Ermutigung, Ratschlägen).

Verlauf

I. *Den Fokus finden.*

Der Fokalkonflikt wird als »innere Formel« des Patienten angesehen; seinem Wesen nach handelt es sich um die Über-Ich- oder Ich-Reaktion auf einen störenden Triebwunsch, aus dem sich die Notwendigkeit ergibt, einen Abwehrkompromiß (das Symptom) zu finden. Ein konkretes Beispiel: Bei einem 38jährigen Uhrmacher mit Potenzstörungen lautete die psychosomatische Formel: »Ich bin so stark auf die Interessen der Frauen (Mutter) eingestellt, daß ich selber zu kurz komme. Auch beim Geschlechtsverkehr geht es mir mehr um die Befriedigung der Frau als um meine eigene. Weil ich mich dabei frustriert fühle, versage ich auch der Frau den Genuß durch die Impotenz.« (Beck 1974, S. 25.)

II. *Die Deutungsarbeit.*

In der Kurztherapie wird aktiver und direkter interpretiert, wobei aber übereilte »Tiefen«deutungen, die unmittelbar am Impuls ansetzen, ebenso vermieden werden wie in der Langzeitanalyse. Es hat sich bewährt, bei den Interpretationen vom Ideal-Ich des Patienten auszugehen und insgesamt die Abwehr vor dem Trieb zu deuten. Beispiel: Eine junge Witwe leidet an Schwindelgefühlen, seit sie ihren Mann durch Herzinfarkt verlor. Sie betont, wie sehr sie den Eindruck einer »lustigen Witwe« zerstreuen wolle und wie sehr sie sich nach wie vor ihrem toten Mann verbunden fühle. Gleichzeitig bemerkt der Therapeut, daß sie schick angezogen, frisiert und geschminkt ist. Sicher wird sie leichter eine Deutung wie »Es ist für eine Frau, die untadelig leben möchte, sicher besonders schwierig, wenn ihr eine lustige Witwe nachgesagt wird« verarbeiten und in ihr Ich integrieren können als die trieborientierte Deutung: »Sie möchten in Wirklichkeit eine lustige Witwe sein, wollen das aber nicht akzeptieren, und deshalb wird Ihnen schwindlig!«

III. *Nichtdeutende Interventionen*

sollen das Selbstwertgefühl des Patienten stärken und beeinträchtigte Ich-Funktionen verbessern. Diese »Parameter«, wie *Eissler* alle nichtdeutenden Äußerungen des analytischen Therapeuten nennt, werden in der Kurztherapie häufiger eingesetzt. Sie sollen

(A) die *Selbstwahrnehmung* des Patienten schärfen und ihm helfen, durch genaue Beobachtung der auslösenden Situationen und begleitenden Gefühle aus dem passiven Ausgeliefertsein an das Symptom eine aktive Kontrolle zu machen;

(B) die *Realitätsorientierung* verbessern, indem z. B. Agoraphobiker und Zwangspatienten aufgefordert werden, die durch Angst- und Schuldgefühle entstandenen Lücken in ihrem Erleben zu schließen, in denen sich die Symptome ansiedeln;

(C) dem Patienten die *positiven Aspekte* seines Lebens und seiner Leistung zeigen, indem der Therapeut etwa seine (echte!) Bewunderung über die Bewältigung früherer Schwierigkeiten durch den Patienten zeigt und ihn darauf hinweist, daß die frühere Problembewältigung darauf hinweise, daß auch diesmal ein günstiger Ausgang zu erwarten sei;

(D) dem Patienten *neue Informationen* geben, die ihm bisher nicht in den Sinn kamen; ein zwanghafter Patient war z. B. sehr überrascht, als der Therapeut fragte, warum er sich in den Auseinandersetzungen mit seiner Frau (wo der Patient meist fortlief oder sich völlig abkapselte) nicht einmal mit Worten zur Wehr setzte. Er hatte bisher nur die beiden Alternativen einer körperlichen Aggression oder des vollständigen Ausweichens erlebt.

Erfolgsaussichten und praktische Gesichtspunkte

Gründliche Langzeituntersuchungen von *Dührssen, Ernst, Malan* et al., *Beck* und *Lambelet* haben ergeben, daß ausgeprägte neurotische Konflikte mit Wurzeln in der Kindheitssituation durch die Zeit nicht verändert werden. Wäre die Zeit, wie *Eysenck* behauptet hat, ein Heilfaktor, dann müßte sie ihre Aufgabe in fünf Jahren erledigt haben. So lange leiden nach den Studien von *Beck* und *Lambelet* oder *Dührssen* Patienten *vor* der Therapie an den Symptomen. Unbehandelte Neurosen verschwinden nicht, sondern werden chronisch. Die Ziele der Kurztherapie sind begrenzt, aber die Erfolge nichtsdestoweniger bemerkenswert. Die Quote der Heilungen und Besserungen liegt bei *Bellak* und *Small* mit einem Patientengut von 1414 Kranken bei 82 Prozent (vgl. die Resultate von *Dührssen*, S. 101). Die mit strenger Katamnesentechnik erhobenen Untersuchungen von *Malan* ergaben 50 Prozent Heilungen; *Beck* und *Lambelet* fanden 66 Prozent Heilungen und Besserungen.

Da es sich bei der Kurzpsychotherapie um eine analytisch fundierte Methode handelt, übernehmen die Kassen ihre Kosten unter den üblichen Bedingungen. Allerdings stellt die Kurztherapie an den Therapeuten weit höhere Anforderungen als die klassische Psychoanalyse oder die Langzeitpsychotherapie. Er muß fähig sein, Schweigepausen zu überbrücken und Einsichten rasch zu erarbeiten, ohne doch den Patienten zu manipulieren. Die Anforderungen an seinen Scharfblick, seine Erfahrung und vor allem auch an sein Gedächtnis und seine Übersicht sind weit höher als in einer klassischen Analyse, wo er den Patienten jeden Tag sieht. Auf der anderen Seite ermöglicht die Kurztherapie bei vielen Patienten entscheidende und dauerhafte (wenngleich begrenzte) Hilfe, die sonst unbehandelt bleiben müßten.

Literatur

M. Balint, H. Ornstein, E. Balint: Fokaltherapie. Frankfurt 1973

D. Beck: Die Kurzpsychotherapie. Eine Einführung. Bern, Stuttgart 1974

L. Bellak, L. Small: Kurzpsychotherapie und Notfallpsychotherapie. Frankfurt 1972

D. S. Everstine, L. Everstine: Krisentherapie. Stuttgart 1985

D. H. Malan: Psychoanalytische Kurztherapie. Bern 1963

Gruppentherapeutische Methoden

Wie die Psychotherapie hat auch die Gruppentherapie eine lange Vergangenheit und eine kurze Geschichte (vgl. *Ebbinghaus; Schmidbauer* 1971, 1973). Sie reicht zurück bis in die schriftlosen Kulturen, wo sie in einem vorwiegend rituellen Rahmen stattfand. Viele sogenannte »primitiven« Religionen, die Geborgenheit in einer Gruppe und Identifizierung mit magisch oder religiös überhöhten Idealfiguren ermöglichen, boten Erlebnisse, die von unseren Zeitgenossen in therapeutischen Gruppen gesucht werden.

Die Priorität in der Einführung der Gruppenpsychotherapie ist bis heute nicht geklärt; wahrscheinlich ist sie mehrfach unabhängig voneinander entdeckt worden. Ihre Wurzeln sind informatorisch-didaktisch orientierte Gruppengespräche, in denen Patienten über psychologische und psychodynamische Vorgänge orientiert und auf diese Weise ihre Selbstwahrnehmung vertieft und ihr Ich gestärkt werden. Bereits 1919 leitete Alfred *Adler* im Rahmen der Erziehungsberatung solche Gruppengespräche. Trigant *Burrows* »Phylo-Analyse«, Louis *Wenders* Arbeit mit psychoanalytischen »Klassen« (vor denen er wie ein Lehrer im Schulzimmer stand), Paul *Schilders* Gruppenbehandlung von meist langjährigen von ihm analysierten Patienten, S. R. *Slavsons* Arbeit mit Aktivitäts-Gruppen Jugendlicher, Jacob L. *Morenos* »Psychodrama«, Alexander *Wolfs* Gruppenanalyse, Maxwell *Jones'* »therapeutische Gemeinschaft« und Wilfried *Bions* Konzept der analytischen Psychotherapie einer ganzen Gruppe als organischer Einheit sind Marksteine auf dem Weg zur Gruppenpsychotherapie der Gegenwart. Es ist nicht möglich, hier alle Formen der Gruppentherapie durchzusprechen. Ich muß mich auf die wichtigsten Richtungen beschränken: Die analytische Gruppenpsychotherapie, die Transaktionsanalyse, das Psychodrama, die Gestalttherapie und die Primärtherapie nach *Janov* (die eigentlich zu den kombinierten Behandlungsformen zu rechnen ist – in der Anfangsphase wird der Patient einzeln behandelt, während die Nachbehandlung in der Gruppe erfolgt).

Künstliche und natürliche Gruppen

Gruppentherapie kann in künstlichen und in natürlichen Gruppen durchgeführt werden. Die erste Form ist für die meisten Gruppentherapeuten ambulanter Patienten typisch. Die Patienten werden in der Gruppe nach dem Motto »so heterogen wie möglich – so homogen wie nötig« zusammengestellt. Sie kennen einander nicht, private Kontakte außerhalb der Gruppentreffen werden nach Möglichkeit beschränkt oder doch mit der Forderung belegt, daß sie in die Gruppe eingebracht werden sollen und einer Deutung (in der Regel als Widerstand) unterzogen werden müssen. Die typische Behandlung einer natürlichen Gruppe ist die Familientherapie. Sie ist in jüngster Zeit (vor allem in den USA) von engagierten Sozialtherapeuten in eine Therapie der erweiterten Familiengruppe – z. B. einer Haus- oder Wohngemeinschaft – fortentwickelt worden. Ein Mittelding zwischen der Behandlung künstlicher und natürlicher Gruppen ist die Paar-Therapie. Im Rahmen einer analytischen Gruppenpsychotherapie werden Paare (Ehepartner oder unverheiratete, aber an einem längeren Zusammenleben interessierte Partner) behandelt.

Die Familientherapie ist in Deutschland noch sehr wenig entwickelt. Sie wird in der Regel auch von den Krankenkassen nicht übernommen. Allerdings arbeiten viele Erziehungs- und Eheberatungsstellen sowie die sozialpsychiatrischen Dienste familientherapeutisch. Doch sind dort die Behandlungszeiten oft begrenzt. Das ist höchst bedauerlich, denn die Behandlung natürlicher Gruppen ist vielleicht der beste Weg in schweren Fällen, in denen die Prognose einer Einzelbehandlung ungünstig ist. Der Aufbau von Wohngemeinschaften mit therapeutischen Funktionen hat sich als eines der wirksamsten Mittel in der Behandlung von Suchtkranken erwiesen (Synanon, Daytop). Auskünfte über solche Wohngemeinschaften erhält man in den örtlichen Drogenberatungsstellen. Die große Präsenz der Drogenabhängigkeit Jugendlicher in den Medien hat dazu geführt, daß für diese Patientengruppe endlich jene Einrichtungen (in immer noch sehr bescheidenem Maßstab) aufgebaut werden, die für viele andere Patientengruppen (jugendliche Straftäter, Schizophrene, Alkoholiker) nicht weniger dringlich angezeigt wären. Das Konzept der Psychotherapie in einzelnen Stunden wird hier durch die therapeutische Interaktion in einer Lebensgemeinschaft abgelöst, die über kürzere oder längere Zeit stützende Funktionen übernimmt. Die Bedeutung solcher therapeutischer Gemeinschaften ist kaum hoch genug einzuschätzen in einer Zeit, in der die Kleinfamilie mehr und mehr zu einer Konsumgemeinschaft wird, welche ihre wesentlichsten Funktionen (vor allem in der Kindererziehung) nur ungenügend erfüllen kann. In diesen therapeutischen Gemeinschaften ist ein Maß an dauernder Stützung und gegenseitiger Hilfe möglich, das keine andere Therapieform leisten kann, auf das aber gerade sehr schwer Kranke mit einem großen Defizit an positiven Objektbeziehungen und schwerwiegenden Traumatisierungen in ihrer sozialen Lern-Geschichte angewiesen sind. Parallel dazu droht freilich auch die Gefahr, daß sich solche Gruppen überfordern, daß sie von der Gruppenbildung per se schon eine allmächtige Erfüllung ihrer Ansprüche erhoffen oder ihr Scheitern paranoisch auf eine angeblich feindselige, verfolgende Gesellschaft projizieren (die dann womöglich nach dem Prinzip der sich selbst erfüllenden Prophezeiung diese Projektionen bestätigt).

Literatur

G. Bach: Intensive group psychotherapy. New York 1954

R. Battegay: Der Mensch in der Gruppe. Bern 1968f.

S. H. Foulkes: Gruppenanalytische Psychotherapie. München 1974

H. G. Preuß: Ehepaartherapie. München 1973

H. E. Richter: Patient Familie. Hamburg 1970

C. J. Sager, H. S. Kaplan (Hrsg.): Handbuch der Ehe-, Familien- und Gruppentherapie. München 1973

W. Schmidbauer: Psychohygienische und (gruppen-)psychotherapeutische Aspekte primitiver Riten. In: Jahrbuch für Psychologie, Psychotherapie und med. Anthropologie, 17/1969, S. 238.

–: Psychotherapie – Ihr Weg von der Magie zur Wissenschaft. München 1971

Analytische Gruppenpsychotherapie

Wesentliche Vorzüge der Gruppentherapie sind ökonomischer Art: Der Patient muß weniger zahlen, der Therapeut kann mehr Patienten mit geringerem Zeitaufwand helfen. Es ist absurd, solche Vorzüge zu bagatellisieren – und meiner Ansicht nach unaufrichtig, durch überhöhte Honorarforderungen die Teilnehmer an einer Gruppentherapie von der Vorstellung »befreien« zu wollen, daß Gruppentherapie billiger und deshalb »schlechter« sei als Einzeltherapie (das Honorar für die Doppelstunde Gruppentherapie liegt zwischen 20 und 50 DM; höhere Forderungen, vor allem Versuche, für Gruppen- und Einzeltherapie dasselbe Stundenhonorar zu verlangen, drücken kaum besondere Einsicht des Therapeuten aus, sondern eher besondere Geldgier). Neben den wirtschaftlichen Vorzügen bietet die Gruppe auch eine Reihe therapeutischer Vorteile, welche die Nachteile der geringen Äußerungsmöglichkeiten für den einzelnen aufwiegen, ja in vielen Fällen überwiegen:

1. Die Intensität des Erlebens ist in der Gruppe meist größer als in der Einzelsituation. Ängste und Abwehr werden oft deutlicher und lassen sich auch eher bearbeiten.

2. Die Gruppe bietet reichere Möglichkeiten, Übertragungsvorgänge zu beobachten und zu bearbeiten, weil nicht nur der Therapeut, sondern eine ganze Reihe verschiedener Menschen als »Projektionsschirme« zur Verfügung stehen. In einer Einzelanalyse überträgt ein Patient z. B. nur die Elternproblematik auf den Therapeuten, während er in der Gruppe Geschwisterrivalitäten, Spannungen in der Beziehung zum gleichen oder anderen Geschlecht aktua-

lisieren und durcharbeiten kann. Die Analyse solcher Übertragungen in der Gruppe gibt meist *beiden* Beteiligten wertvolle Einsichten; sie kann als Interaktion verstanden und gedeutet werden, während sie in der Einzelanalyse als Übertragung analysiert wird, was oft den Patienten mehr belastet (da der Analytiker ihm reale Aufschlüsse über die Punkte, in denen seine Übertragungsphantasien zutreffen, entweder verweigert oder doch nur ungenügend vermittelt).

3. Die Gruppe bietet auch dem schwer ich-gestörten Patienten, der den Ansprüchen der Einzeltherapie nicht gewachsen ist, Möglichkeiten zu einer identifikatorischen Teilnahme an dem Einsichtgewinn anderer Mitglieder. Durch das Zuhören und durch die Erkenntnis, daß andere Menschen ganz ähnliche Probleme haben wie er selbst, gewinnt er Vertrauen und wird endlich fähig, sich selbst zu äußern.

4. Die soziale Distanz der Gruppenmitglieder untereinander ist geringer als die Distanz des Einzelpatienten zum Therapeuten. Das führt dazu, daß vielfach eine von einem Mitpatienten in der Gruppe erarbeitete und angebotene Deutung viel überzeugender wirkt als eine vom Therapeuten ausgesprochene. Der Therapeut muß durch seine Zurückhaltung und nur gelegentliche Interpretationen (die zunächst vor allem dem Ausweichen und dem Widerstand der Gruppe gelten, aber auch überforderte Mitglieder schützen) das analytisch-therapeutische Potential in der Gruppe maximal ausnützen. Dabei sind in der Gruppe nicht nur Deutungen, sondern auch ich-stützende Äußerungen der Mitglieder wirksam. Minderwertigkeitsgefühle können unmittelbar korrigiert, eine Selbstunterschätzung oder quälerische Zweifel durch stützende Änderungen aus der Gruppe ebenso gebessert werden wie auf der anderen Seite durch die Möglichkeit, selbst Hilfe zu geben.

5. Viele neurotische und auch psychotische Reaktionen im Erwachsenenalter sind durch Lernvorgänge innerhalb der Primärgruppe (meist der Familie) mitbedingt. Die Gruppe belebt diese frühkindliche Familiensituation eher wieder, als das die Einzeltherapie tut; oft sind Menschen in Zweierbeziehungen viel weniger »dicht« an ihren neurotischen Schwierigkeiten als angesichts einer Gruppe. Die Gruppe wird zu einer zweiten Familie. Die anfängliche Projektion des Über-Ich und der beobachtenden, kritischen Eltern in der Gruppe wird allmählich korrigiert. Damit lernt der Patient auch, sich selbst mehr zu akzeptieren.

6. Die äußere Form der Interpretationen in der Einzelanalyse läßt sich mit dem gezielten Schuß aus einer Spezialwaffe vergleichen, während die Gruppenanalyse eher nach dem Schrotschußprinzip arbeitet. Die Trefferwahrscheinlichkeit ist in der Gruppe größer, weil der Einfluß von Einseitigkeiten und Gegenübertragungs-Verzerrungen in der Sichtweite des Therapeuten verringert wird.

7. Die Einzeltherapie droht manchmal zu einem Ersatz für das Leben in der sozialen Wirklichkeit zu werden – soviel Verständnis und Rücksicht wie in der analytischen Situation finden die Äußerungen des Patienten sonst nirgends. Die Gruppentherapie stellt demgegenüber sozusagen eine »geschützte Werkstatt« im sozialen Bereich dar, ein Miniatur-Modell der Gesellschaft, in dem sich der Patient unter dem Schutz der Anwesenheit des Therapeuten mit realitätsgerechten Konfrontationen von seiten anderer Menschen auseinandersetzen muß – mit Kritik und Ablehnung, aber auch mit Zuneigung und Wärme (die manche Patienten ebenso fürchten wie Kritik). Die entstehenden Spannungen motivieren dann die weitere Auseinandersetzung; sie werden durch Einsicht bewältigt und in Verhaltenskorrekturen außerhalb der Gruppe umgesetzt.

8. Die Gruppe bietet dem neurotischen Kranken die Mög-

lichkeit, aus der Passivität seines Leidens die Aktivität einer Hilfe für andere zu machen. Während in der Einzeltherapie der Patient dazu neigt, Widerstände und Aggressionen gegen den Therapeuten als Zeichen des eigenen Versagens aufzufassen und unter eine schwere Last von Schuldgefühlen geraten kann (die der Therapeut rechtzeitig erkennen und deuten muß), sind Widerstände und Aggressionen in der Gruppe Zeichen eines krankhaften Gruppenprozesses, der immer mehrere Mitglieder umfaßt und dessen Deutung nicht einen einzelnen belastet.

Indikation und Zusammensetzung der Gruppen

Die Indikation der analytischen Gruppenpsychotherapie (Gruppenanalyse) entspricht der für analytisch orientierte Psychotherapie: Psychoneurosen, vor allem neurotische Leistungsversagen, soziale und sexuelle Gehemmtheit, Angstzustände, Phobien, Charakter- und Persönlichkeitsstörungen. Leichtere, nicht akute schizophrene Reaktionen, Depressionen und psychosomatische Erkrankungen lassen sich in Gruppen integrieren, die vorwiegend aus Neurotikern bestehen, wobei alle Kranken voneinander profitieren.

Die Zusammensetzung einer Gruppe ist ein schwieriges Problem, das nur mit viel Fingerspitzengefühl gelöst werden kann. Die Grundregel »so verschieden wie möglich und so ähnlich wie nötig«, habe ich schon erwähnt. Die Teilnehmer sollen eine gemeinsame Sprache sprechen; Bildungsunterschiede spielen allerdings eine geringere Rolle als die Fähigkeit, überhaupt über seelische Konflikte zu sprechen. Die Neuroseformen sollen möglichst gemischt sein; Manfred *Pohlen* hat über die konstruktive, gegenseitige Beeinflussung von schizoiden bzw. schizophrenen, depressiven, zwanghaften und hysterischen Strukturen berichtet.

Andererseits darf die Heterogenität nicht so weit gehen,

daß die Patienten einander nicht verstehen oder sich einzelne in der Gruppe vollständig isoliert fühlen – z. B. ein Schizophrener in einer Gruppe von Neurotikern, eine Jugendliche in einer Gruppe älterer Menschen. Es empfiehlt sich, mindestens ein Vorgespräch und eine Anamnese durchzuführen, ehe ein Patient in einer Gruppe aufgenommen wird. Es ist günstiger, wenn in einer Gruppe keine typische Lebensform nur *einmal* vorhanden ist – also kein einzelner Junggeselle unter Paaren, keine einzelne Lesbe unter Heterofrauen, keine Mutter unter Kinderlosen. Jede(r) sollte einen potentiellen Partner haben. Patienten, die gleichzeitig oder vorher eine intensive Einzeltherapie absolvieren, sollte man nicht mit solchen mischen, die keine solche Erfahrung haben. Alle diese Regeln haben aber ihre manchmal für Patienten wie Gruppe nützlichen Ausnahmen.

Die meisten Therapiegruppen sind halbgeschlossen, d. h. ihre Lebensdauer ist nicht beschränkt, während die Mitglieder eintreten und ausscheiden, wie es ihrem Zustand entspricht. Neue Patienten werden so ausgewählt, daß sie zu der bereits bestehenden Gruppe passen. Solche Gruppen entwickeln ihren eigenen Stil, was die Auswahl neuer Patienten erleichtert. Es ist für den Therapeuten günstiger, wenn er mehr als eine Gruppe leitet; nicht nur, weil sich seine Wahlmöglichkeiten erweitern, sondern auch, weil er dann die ganze Vielfalt der Gruppenprozesse besser überschaut und seine Gruppen-Gegenübertragung eher prüfen kann.

Zeitaufwand und Kosten

Analytische Gruppenpsychotherapie wird meist mit einer, seltener mit zwei Doppelstunden pro Woche (jeweils 90 bis 100 Minuten) durchgeführt. Die Dauer der Teilnahme liegt zwischen einem und mehreren Jahren; als Mittelwert lassen sich etwa 100 Doppelstunden angeben. Die Kosten liegen bei privater Behandlung zwischen 20 und 40 DM pro Doppelstunde; der Kassensatz (35 DM bei höchstens 9 Gruppenmitgliedern) steht versicherten Patienten, die sich bei einem von den Kassen anerkannten Therapeuten behandeln lassen, nach dem Gutachterverfahren zur Verfügung. Manche Therapeuten führen Gruppen grundsätzlich auf private Rechnung durch; die monatliche Belastung beträgt ca. 100 DM.

Ergebnisse

Die Ergebnisse der Gruppentherapie sind nicht schlechter als die der individuellen Psychotherapie, wenn man von den klinisch ermittelten Resultaten ausgeht. Die Erfolge mit genauen Prozentangaben festzuhalten, ist wegen des Mangels an Kontrollgruppen und der Unsicherheit der verwendeten Kriterien unbefriedigend; sie entsprechen in der Regel der 30/30/30-Regel: Ein Drittel der Patienten wird geheilt, ein Drittel gebessert, der Rest bleibt weitgehend unverändert. Eine sehr eingehende und methodenkritisch außerordentlich gründliche Studie stammt von Manfred *Pohlen* (durchgeführt im Rahmen der Forschungsstelle für Psychopathologie und Psychotherapie in der Max-Planck-Gesellschaft). In ihr wurden mit einer Test-Batterie signifikante Veränderungen gruppenanalytisch behandelter Patienten festgestellt, daß sich neurotische Strukturen signifikant verändern: Vom hysterischen Aktionismus zu einer mehr reflektierten Haltung, von der depressiven Passivität zu mehr handlungsbezogenen Aktivitäten, von der analen Aggression zu einem gelasseneren Erleben, von dem schizophrenisolierten Erleben zu einem realitätsbezogenen Verhalten.

Literatur

W. R. Bion: Erfahrungen in Gruppen. Stuttgart 1971

W. Kemper (Hrsg.): Psychoanalytische Gruppentherapie, Praxis und theoretische Grundlagen. München 1973

M. L. Moeller: Selbsthilfegruppen. Reinbek 1978

M. Pohlen: Gruppenanalyse. Göttingen 1972

H. G. Preuß (Hrsg.): Analytische Gruppenpsychotherapie. München 1963

–: (Hrsg.): Partnertherapie. Göttingen 1972

St. de Schill: Psychoanalytische Therapie in Gruppen. Stuttgart 1971

W. Schmidbauer: Wie Gruppen uns verändern. Selbsterfahrung, Therapie und Supervision. München 1992

S. R. Slavson: Analytische Gruppentherapie. Frankfurt 1977

J. D. Yalom: Theorie und Praxis der Gruppentherapie. München 1989

Transaktionsanalyse

Das Persönlichkeitsmodell und die therapeutische Theorie der von Eric *Berne* begründeten Transaktionsanalyse ähneln stark dem psychoanalytischen Konzept. *Berne* hat aus *Freuds* topographischem System von Es, Ich und Über-Ich eine Art Homunkulogie gemacht. In jedem Individuum wirken Kindheits-Ich, Erwachsenen-Ich und Eltern-Ich zusammen und nehmen – getrennt oder vereint, gleiche oder verschiedene »Sprachen« (verbaler und nichtverbaler Art) sprechend, Kontakt mit anderen Individuen auf. Die »Transaktionen«, die Prozesse des Austausches zwischen den Individuen werden stärker betont; die von *Berne* gewählten Ausdrücke spiegeln die Erlebnisse der Patienten anschaulicher wider als die theoretischen Formeln der Psychoanalyse.

Krankhaftes Verhalten ist für *Berne* die Folge einer gestörten Integration der drei Ich-Zustände des emotional unreifen Kindes (K), der streng richtenden Eltern (EL) und des rationalen Erwachsenen (ER): Im Mittelpunkt steht dabei eine unbewußte Fügsamkeit gegenüber frühkindlichen elterlichen »Befehlen« oder »Botschaften« (drastisch sagt *Berne* manchmal »Hexenbotschaften«; sie entsprechen im psychoanalytischen Modell den »narzißtischen Projektionen auf das Kind«). Nach dem transaktionsanalytischen Modell richtet der Patient sein Leben so ein, daß er einem unbewußten Drehbuch folgt, das in seiner frühen Kindheit in seinen Charakter hineingeschrieben wurde. Es führt ihn dazu, daß er unbewußt immer jene Situationen arrangiert, die irrationale Bedürfnisse des Kindheits- und/oder Eltern-

Ichs befriedigen. Eine Folge sind die von *Berne* beschriebenen »Spiele der Erwachsenen«.

Die transaktionsanalytische Konzeption ist eine produktive Verbindung psychoanalytischer, gruppendynamischer und lernpsychologischer Konzepte. Wie die Psychoanalyse unterstreicht sie die Bedeutung unbewußter Faktoren, elterlicher Einflüsse und des »Wiederholungszwanges«. Auch sie stützt sich auf den Gewinn von Einsicht, um verändertes Verhalten zu ermöglichen. Die Behandlung findet meist in Gruppen statt, in denen sich die unbewußt ablaufenden »Spiele« besonders deutlich fassen lassen und auch korrigierende Erfahrungen leichter ermöglicht werden können. Lernpsychologische Gesichtspunkte berücksichtigt *Bernes* anschauliche Vorstellung von »Püffen« und »Streicheleinheiten«, die als »Verstärker« für unreifes Verhalten auch in der aktuellen Lebenssituation des Patienten wirksam sind. Verhaltenstherapeutisch ist der Ansatz, daß die unreifen Verhaltensweisen und Spiele des Patienten in der therapeutischen Gruppen-Situation eben nicht belohnt, sondern kritisiert werden sollen.

Ein Beispiel

Die krankhaften Erscheinungen einer masochistischen Persönlichkeitsstruktur im weitesten Sinn (Äußerungsformen: Depressionen, selbstzerstörerisches Agieren, Sucht und ähnliches) werden in der Transaktionsanalyse auf ein »Sei-nicht«-Gebot der Eltern zurückgeführt. Das Kind wird entweder bewußt oder (öfter) unbewußt von den Eltern abgelehnt. Es wird gescholten, wenn es etwas »Störendes« tut, wenn es nachts schreit, etwas kaputtmacht, Mutter bei der Arbeit behindert, den müden Vater nicht in Ruhe läßt. Andererseits ist es »brav«, wenn es niemanden belästigt – es wird einfach übersehen, wenn es still im Zimmer sitzt, allein spielt usw. So erfährt das Kind, daß die Eltern ihm Streicheleinheiten (»Anerkennung«) geben, wenn es »böse« ist, und es übersehen, ihm das »Sei-nicht«-Gebot erteilen, wenn es »brav« ist.

Das Kind lebt in einer Zwickmühle. Wenn es anerkannt wird, wird es gescholten; die Streicheleinheiten sind negativ gefärbt. Wenn es aber nichts tut und brav ist, dann wird es übersehen, und das tut ihm noch viel mehr weh. So erkennt das Kind, daß es geliebt wird, wenn es nicht da ist, und gescholten wird, wenn es sich bemerkbar macht. Eine psychotisch depressive, suizidale Patientin hatte als Kind immer von der Mutter gehört, wie schlecht die Mutter dran sei, welches Opfer es sie gekostet habe, diese Tochter aufzuziehen, und wie stolz die Mutter auf sie sei, weil sie so schön alleine spielen könne. Die Mutter gab vor, das Kind über alles zu lieben; das »Sei-nicht«-Gebot drückte sich in ihren dramatischen Geschichten aus, daß die Geburt dieser (dritten, außerehelichen) Tochter sie die beiden anderen Kinder (aus erster Ehe) gekostet habe usw.

Der Entschluß

Robert *Goulding*, einer der führenden Schüler von *Berne*, hat die Transaktionsanalyse um einige weitere Grundbegriffe bereichert.

Das Kind muß irgendwann den irrationalen Geboten des Elternteils zustimmen, d. h. einen *Entschluß* fassen, z. B. »nicht zu sein«, etwa mit der inneren Formel: »Wenn es zu schlimm wird, bring ich mich um«, oder »Ich werd's dir schon zeigen, auch wenn ich dabei umkomme!« Dieses Gebot wird zum Drehbuch; es schließt eine emotionale Grundhaltung ein, die durch »Spiele« und Selbstbetrugsmanöver (rackets) aufrechterhalten wird.

Die Spiele

Die »Spiele« sind die transaktionsanalytische Fassung des »Wiederholungszwangs«. Dem Lebensdrehbuch entsprechend werden immer wieder Situationen arrangiert, welche das selbstzerstörerische oder einengende (z. B. »sei kein Kind«) Gebot der Eltern bestätigen. Diese Spiele sind Teil eines unbewußten Selbstbetrugs, einer Weigerung, sich autonom zu verhalten. Die unbewußte Wut, welche sich gegen die Eltern richtete und verdrängt werden mußte, führt zu Manövern, die ihre Berechtigung scheinbar bestätigen. In der Transaktionsanalyse sieht der Therapeut darin einen Versuch, sich zu weigern, die Verantwortung für das eigene Erleben zu übernehmen und autonom zu werden.

Ein Mensch kann aktiv und sicher in dem sein, was er tut, er kann sich darüber ängstigen, was er in bestimmten Situationen tun wird, was andere Leute über ihn denken, er kann sich ängstigen über mögliche ungünstige Erbanlagen (»ich bin rothaarig und werde deshalb leicht wütend«), über Politik, über die Zukunft, die Vergangenheit usw. Dabei weisen Transaktionsanalytiker ihre (pseudo-)psychoanalytisch vorgebildeten Patienten darauf hin, daß ihre Hinweise auf belastende Kindheitssituationen, frühe Traumata usw. nur dazu dienen, sich um die Selbstverantwortung in der Gegenwart herumzudrücken: Nicht das Trauma hat die gegenwärtigen Schwierigkeiten verschuldet, sondern der Patient klammert sich an das Trauma, um sich um die Auseinandersetzung mit der Gegenwart und ihre Bewältigung herumzudrücken.

Die Therapie: Ein Entschluß wird gefaßt

Die Transaktionsanalyse ist eine »offene« Therapiemethode; *Goulding* etwa kombiniert sie mit Gestaltmethoden (*Perls* und *Simkin*), Psychodrama *(Moreno)* und Familientherapie (nach Virginia *Satir*). Das Ziel der Kombination aus Techniken, die kognitives Bewußtwerden *und* emotionales Wiedererleben fördern, ist es, dem Patienten einen neuen Entschluß zu ermöglichen. »Ein zwanzigjähriges Mädchen, das an einem Werde-nicht-erwachsen-Gebot festhing, war fähig, in der Phantasie einen Dialog mit seinem Vater zu führen, in dessen Verlauf es ihm sagte: »Ich werde nicht deinetwegen ein Baby bleiben.« Dann sagte sie nach der Art von Patienten, die in Gestalttherapie sind, zu einem Mitglied ihrer Gruppe nach dem anderen: »Ich werde kein Baby bleiben.« Und nun trat eine dramatische Veränderung in ihrem Aussehen ein: Sie nahm die Hände von der Schamgegend fort, richtete sich in den Schultern auf, ihre Stimme wurde fast eine Oktave tiefer, sie drückte die Brust heraus, zog den Bauch ein und fing an, ihre Hüften verführerisch zu bewegen. Kurzum, sie sah nun wie eine Zwanzigjährige aus und nicht mehr wie ein neunjähriges Mädchen – und fühlte die Veränderung tief im Innersten.*

Der Entschluß setzt voraus, daß das Gebot und die kindliche Entscheidung es zu befolgen, wiedererlebt werden können. Dabei kann sich der Patient für und gegen das Gebot entscheiden – im Fall von »Sei nicht!« allerdings ist nur die Entscheidung dagegen von therapeutischem Nutzen. Bei einem Patienten, dessen Gebot lautete »Sei kein Kind«, und der im Erwachsenenalter (wie viele Akademiker) darunter litt, daß er sich nicht naiv freuen konnte und immer arbeiten mußte, kann die Entscheidung sehr wohl für die

---

* R. Goulding: Neue Richtungen in der Transaktionsanalyse, in: Sager Kaplan (Hrsg.): Handbuch der Ehe-, Familien- und Gruppentherapie. München 1973, S.149

Arbeit und gegen die Fähigkeit, naiven Spaß zu haben, ausfallen. Auch davon wird der Patient profitieren, weil er dann nicht mehr dauerndes Unbehagen verspürt und glaubt, eigentlich müßte er sich einen Spaß erlauben. Auf der anderen Seite wird er keine Spiele mehr arrangieren, welche es ihm ermöglichen, zu seiner Arbeit zurückzukehren (z. B. einen Ehekrach, so daß der Sonntagsausflug wegfällt und er weiter an seinem neuen Forschungsprojekt arbeiten kann).

Manche Tansaktionsanalytiker glauben, der Patient müsse lernen, vom Gebot des Kind-Ichs des Elternteils auf das Gebot des Eltern-Ichs der Eltern umzusteigen – wenn z. B. das Kind-Ich gesagt habe »Sei nicht«, dann könnte er gesünder werden, wenn er sich ausschließlich auf das Gebot »Arbeite schwer, habe Erfolg« des elterlichen Eltern-Ichs konzentriere. Andere leiten schwerkranke Patienten (z. B. Schizophrene) an, ihre wirklichen Eltern zu verleugnen und sich vom Therapeuten neu erziehen und bemuttern zu lassen. Dieses Verleugnen der Eltern steckt ja auch in *Bernes* Formel von der »Hexenbotschaft« (ein Transaktionsanalytiker ließ seine Patienten am Schluß jeder Wochenend-Marathon-Gruppe im Kreis tanzen und singen »Ding dong, die Hex' ist tot«). Diese Verzerrung der Eltern ermöglicht aber keine wirkliche Ablösung von ihnen. Soll der Patient selbständig werden, muß er lernen, die Verantwortung für sein Verhalten nicht mehr auf seine Eltern abzuwälzen. Daher ist es in jeder psychotherapeutischen Behandlung ein wichtiger Schritt, wenn der Patient lernt, seine Eltern als reale Menschen mit realen Schwierigkeiten zu akzeptieren und sie nicht mehr als Hexen und Ungeheuer abzuwehren.

Indikation, Zeitaufwand und Kosten

Die Transaktionsanalyse wird in Europa bisher meines Wissens nicht durch eine von den Krankenkassen anerkannte Gesellschaft vertreten. Viele analytische Psychotherapeuten, die in Gruppen arbeiten, Psychodrama-Therapeuten und Gruppendynamiker verwenden jedoch einzelne Stücke aus der Transaktionsanalyse. Die Indikation ist ähnlich wie die der analytischen Gruppenpsychotherapie; auch der Zeitaufwand dürfte entsprechend sein. Die Transaktionsanalytiker in den USA arbeiten vielfach mit Marathons, d. h. intensiven, ununterbrochenen Sitzungen an einem Wochenende, die zwischen 16 und 36 Stunden (mit Ruhepausen) umfassen.

Literatur

E. Berne: Spiele der Erwachsenen. Hamburg 1970
–: Transactional Analysis in Psychotherapy. New York 1961
F. English: Transaktionale Skriptanalyse. Hamburg 1976
R. Goulding: Neue Richtungen in der Transaktionsanalyse. In: C. J. Sager, H. S. Kaplan (Hrsg.): Handbuch der Ehe. Familien- und Gruppen-Therapie. München 1973, S. 131 f.

Gestalttherapie

Die in den fünfziger Jahren von Fritz *Perls*, Paul *Goodman* und R. *Hefferline* begründete Gestalttherapie verbindet die psychoanalytische Auffassung vom Unbewußten und der Verdrängung mit Einsichten der Gestaltpsychologie, die als Gegenströmung zur »elementarischen« Auffassung der ersten experimentellen Psychologen um Wilhelm *Wundt* von *Wertheimer, Köhler* und *Koffka* kurz nach der Jahrhundertwende begründet wurde. Die Gestaltpsychologie begann nach der Emigration ihrer führenden Vertreter *(Wertheimer, Köhler, Lewin)* nach den Vereinigten Staaten dort eine wichtige Rolle zu spielen. Sie hat in der Gestalttherapie ihren Ruf bestätigt, wertvolle praktische Anregungen (wie die Kurt *Lewins*, welche die wissenschaftliche Gruppendynamik begründeten), aber keine systematische Theorie zu liefern, wie es etwa in der Psychoanalyse versucht wird.

In der Gestalttherapie wird das psychische Funktionieren als dynamischer Prozeß aufgefaßt, als ständiges Entstehen und Verschwinden von Gestalten. Die »Gestalt« wird als Konfiguration des nach außen gerichteten Wahrnehmungsfeldes und des inneren, kognitiv-emotionalen Feldes aufgefaßt, welche sich zusammen mit dem Bewußtwerden eines Bedürfnisses ausbilden. Diese Felder enthalten die Dynamik, welche zur Befriedigung des Bedürfnisses führt. Sobald das Bedürfnis erfüllt ist, wird auch die Gestalt gelöscht, und eine neue Gestalt kann auftauchen. Wenn etwa ein Mann mit seiner Geliebten schläft, dann verschwindet im Augenblick des Orgasmus die Gestalt, welche die sexuelle Erregung begleitete (das Bild der Frau, ihre sexuell faszinierendsten Körperzonen, Phantasien von Bemächtigung, Eindringen). Sie wird durch eine neue Gestalt ersetzt, z. B. eine Konfiguration, die dem Wunsch nach Gesprächen oder nach Schlaf entspricht. Die Fähigkeit des Organismus, Gestalten auszubilden, gilt in der Gestalttherapie als zentrale Leistung des Nervensystems und als entscheidendes Förderungsmittel für Entwicklung und Wachstum.

Psychische Erkrankung gilt dementsprechend als Störung dieses dynamischen Prozesses, wobei die Vermeidung von wichtigen »Gestalten« im Mittelpunkt steht. Entscheidend wichtige Teile des Selbst – Wünsche, Gedanken, Gefühle – werden vermieden oder aktiv aus der bewußten Wahrnehmung ausgeschlossen, weil sie Schmerz und/oder Angst verursachen. Weil hier also keine Gestalten gebildet und damit auch keine realen Befriedigungsmöglichkeiten aufgesucht werden, können diese Bereiche nie in die Persönlichkeit integriert und bewältigt werden. Sie engen die Tätigkeiten der Individuen ein und entziehen ihnen Energie, die ständig in diesen »unerledigten Aufgaben« gebunden bleibt (ein Konzept, das die Gestalttherapie der Gestaltpsychologie – den Experimenten von *Zeigarnik* – entnommen hat).

Therapeutische Verfahren

Die Gestalttherapie hat den Grundsatz *Freuds*, von der psychischen Oberfläche auszugehen, auf die Spitze getrieben. Sie fordert den Patienten auf, immer im Hier und Jetzt zu bleiben und nicht seine Vergangenheit zu verwenden, um sich das unmittelbare Gewahrwerden seines Zustandes und der vermiedenen Gestalten zu ersparen. Die Behandlung soll den Patienten in die Lage versetzen, vermiedene Gefühle, Körperempfindungen, Gedanken, Handlungspläne usw. bewußt zu durchleben und auf diese Weise eine

»unerledigte Aufgabe« abzuschließen. Triebbeherrschung, Integration und emotionales Wachstum entstehen dann von selbst. Sie können auf keinen Fall durch bewußte Anstrengung erreicht werden. »Der Weg zur Hölle ist mit guten Vorsätzen gepflastert«, ist ein Sprichwort, das *Perls* oft zitierte.

Der Patient soll aktuelle Empfindungen und Körperzustände aufgreifen und sich mit ihnen identifizieren. *Perls* bringt folgendes Beispiel: Wenn ein Mensch in seinen Träumen immer wieder von einem Drachen verfolgt wird, dann wird er diese Situation überwinden, wenn es ihm einmal gelingt, selbst dieser Drache zu werden, sich in seinen Gefühlen und Gedanken mit ihm zu identifizieren. Damit wird das, was als unerledigte Aufgabe hinter dem Drachen steht, in das bewußte System der Person einbezogen und verliert damit seinen angsteinflößenden Charakter.

Gestalttherapeutische Traumarbeit, wie sie *Perls* in seinen Seminaren am Esalen-Institut durchführte*, geht von der »Deutung auf der Subjektstufe« aus, die *C.G. Jung* einführte. Wie er, betrachteten auch die Gestalttherapeuten den Traum als existentielle Botschaft, nicht als Ausdruck verpönter und zensierter Triebwünsche. Der Träumer soll sich mit jedem Stück des Traums, belebt und unbelebt, ihm nahe oder fern, identifizieren und auf diese Weise Seiten seiner selbst kennenlernen, die er bisher nicht wahrnehmen wollte.

Während die Betonung des Traums und der unbewußten, vermiedenen Erlebnisgestalten die Gestalttherapie mit der Psychoanalyse verbindet, läßt sich die therapeutische Technik auch unter dem Blickwinkel der Verhaltenstherapie verstehen. Das neurotische Verhalten wird weitgehend als Folge einer Vermeidungsreaktion von angsteinflößenden inneren oder äußeren Gestalten aufgefaßt. Indem der Patient unter Anleitung und Hilfe durch den Therapeuten lernt, sich

---

* F. S. Perls: Gestalt-Therapie in Aktion. Stuttgart 1974

mit diesen Gestalten ohne Angst auseinanderzusetzen, verliert er auch die Symptome.

Gestalttherapie wird heute vorwiegend im Rahmen einer kombinierten Behandlungsmethode und in Selbsterfahrungsgruppen angewendet. Sie spielt eine wesentliche Rolle im »Human Potential Movement«, das seit den sechziger Jahren, von Kalifornien ausgehend, die Gruppen-Selbsterfahrung als Wegweiser zu emotionalem Wachstum und neuem Existenzgefühl einzusetzen sucht. Die Gestalttherapie wird meist in Gruppen durchgeführt, doch handelt es sich um keine Behandlung durch die Gruppe, wie bei der analytischen Gruppenpsychotherapie, sondern die Gruppe wird zum Hintergrund, vor dem sich die Auseinandersetzung zwischen Therapeuten und Patienten abspielt. Die Gruppenmitglieder lernen also weniger durch die Interaktion untereinander, als durch die Identifizierung mit dem Mitglied, das gerade »dran ist«. Endlich dient die Gruppe auch als sozialer Verstärker, der das Mitglied, mit dem der Gestalttherapeut gearbeitet hat, zu einem möglichst intensiven Erleben ermuntert – wenn z. B. eine prägnante Formel für eine bisher vermiedene Gestalt gefunden wurde und der Betroffene dann von einem Mitglied der Gruppe zum nächsten geht, ihm in die Augen sieht, und die Formel wiederholt. Dadurch werden sehr intensive Gefühle freigesetzt.

Indikation, Zeitaufwand und Kosten

Gestalttherapie wird im europäischen Raum meist nicht als einzige Methode verwendet, sondern in der Regel mit anderen Techniken – vor allem mit Psychodrama oder Körpertherapie – kombiniert. Angaben über Zeitaufwand und Kosten sind deshalb nicht möglich, doch ist die Gestaltmethode eher auf kurzfristige, intensive Erfahrungen als auf eine langfristige, kontinuierliche Behandlung zugeschnitten. Viele Gestalttherapeuten haben eine verhaltenstherapeutische Kassenzulassung oder arbeiten im Rahmen des Erstattungsverfahrens.

Literatur

J. Fagan, I. Shepherd: Gestalt Therapy New. Palo Alto 1970

J. Latner: The Gestalt Therapy Book. New York 1973

F. S. Perls: Gestalttherapie in Aktion. Stuttgart 1974

F. S. Perls, R. F. Hefferline, P. Goodman: Gestalt Therapy. New York 1951 (2. Aufl. 1963)

H. Petzold: Gestalttherapie und Psychodrama. Kassel 1965

H. Petzold, K. Martin, J. Sieper: Skripte zur Gestalttherapie. Fritz Perls Institut für Gestalttherapie und Kreativitätsförderung. Würzburg-Oberdürrbach, Sandstr. 7

J. Simkin: Festschrift für Fritz Perls. Simkin Training Center, Big Sur, Kalifornien, 1968

Psychodrama

Kurz nach der Jahrhundertwende entdeckte Jacob L. *Moreno* an Wiener Kindern, die ihre Konflikte in Rollenspielen bewältigten, die therapeutischen Möglichkeiten des Stegreiftheaters (»Das Kinderreich«, 1908). Später setzte er, inzwischen mit der Psychoanalyse vertraut, die Gruppenbehandlung als Antithese gegen die individualisierende Beziehung von Analytiker und Patienten, und dem handelnden Menschen, der in der Therapie seine Konflikte aktiv darstellt und bewältigt, gegen den passiv liegenden Patienten des Analytikers. Obwohl diese Gegensätze überspitzt sind (die analytische Situation ist nur scheinbar passiv; in der Übertragung auf den Analytiker wird ein Pandämonium früherer sozialer Beziehungen wiederbelebt), muß man *Moreno* zu den großen Anregern der Gruppenpsychotherapie rechnen, dessen Beiträge gerade im Rahmen der Encounter-Gruppen und der Gestalttherapie sehr hoch eingeschätzt werden müssen.

Vielseitig begabt, zugleich ein bahnbrechender Sozialforscher (*Moreno* erfand das »Soziogramm«) und ein ausgesprochener Theatermensch, arbeitete *Moreno* mit den verschiedensten natürlichen sozialen Gruppen in Wohnhäusern, auf Kinderspielplätzen und in Institutionen. Er beschrieb das »Soziodrama« als Methode, Probleme in bereits bestehenden Gruppen mit Hilfe von Rollenspielen besser erkennbar zu machen und womöglich zu lösen. Unter dem Einfluß der Psychoanalyse entwickelte sich diese Technik zum Psychodrama weiter. In dem 1921 in Wien gegründeten Stegreiftheater in der Maysedergasse lud *Moreno* allabendlich viele Interessenten ein und zeigte ihnen im Rahmen einer schauspielerischen Darstellung ihrer Konflikte die Möglichkeiten einer »Heilung durch die Begegnung«.

1925 ist *Moreno* nach den Vereinigten Staaten ausgewandert. Im *Moreno*-Institut in New York setzte er später seine Arbeit fort, indem er vor einem durch Plakate angelockten Publikum psychodramatisches Stegreiftheater leitete. Als einer der wichtigsten und anregendsten Pioniere der Gruppentherapie, hat *Moreno* jahrzehntelang versucht, eine »therapeutische Weltanschauung« zu leben, zu verbreiten und sogar die Politik nach gruppentherapeutischen Gesichtspunkten zu verändern (er schlug etwa Kennedy und Chruschtschow vor, sich an einem von ihm geleiteten Psychodrama zu beteiligen). Auf der anderen Seite hat sich *Moreno* standhaft geweigert, andere Schulen der Psychotherapie anzuerkennen und eine Integration mit ihnen zu versuchen. Auch seine eigenwillige Begriffswelt steht einer solchen Synthese im Weg. »Eine gewisse Tragik in dieser Entwicklung ist nicht zu übersehen. Als einer der Begründer der modernen Gruppenpsychotherapie und zweifellos von einem tief verwurzelten Idealismus getragen, steht *Moreno* in der Gruppenpsychotherapie allein da. Seine Verfahren gewannen längst nicht die Resonanz, die er anstrebte. Er verkörpert so fast den Zustand des Individuums, den er zu überwinden suchte, nämlich die Isolierung.«*

---

* A. Ploeger: Das Psychodrama als Therapieform in der Klinik. In: Preuß, H.G. (Hrsg.): Analytische Gruppenpsychotherapie. München 1966, S. 222

Die therapeutische Methode

Im allgemeinen überläßt der Leiter einer Psychodrama-
gruppe den Gruppenmitgliedern, was sie spielen wollen.
Meist handelt es sich um traumatische Szenen der Vergangenheit, um Situationen, mit denen der Betroffene »nicht
fertig geworden ist« (»unerledigte Aufgaben« im Sinn der
Gestalttherapie, die ja zahlreiche Verbindungen zum Psychodrama hat).

Diese Erlebnisse werden nun in einer szenischen Darstellung wiederholt. Der Patient ist z. B. wieder ein Kind, das
von einem unbarmherzigen Vater gestraft wird. Wenn er
den Gefühlen, welche die Szene heraufbeschwört, nicht
mehr standhält oder den Mut verliert, weiterzuspielen, dann
kann der Leiter ein »Hilfs-Ich« benennen, das an seiner
Stelle weiterspielt.

Die emotionale Katharsis (»Reinigung«) durch das Wiedererleben unbewältigter Situationen kann im Einzelfall
durch spezifische Abwandlungen des Spiels ergänzt werden. Der Patient lernt dann z. B., die belastende Situation
nicht zu wiederholen, sondern zu bewältigen (indem er sich
gegen den Vater zur Wehr setzt). Das Psychodrama kann
also verschiedenen theoretischen Modellen angepaßt werden. *Moreno* glaubte, daß die Wiedererweckung der Spontaneität und Handlungsfreiheit des Patienten genüge, um
einen therapeutischen Effekt zu erzielen. Serge *Lebovici*
komibiniert psychodramatische Spiele mit psychoanalytischen (auch auf die Übertragung gerichteten) Deutungen.
Robert *Goulding* verknüpft das Psychodrama mit der Transaktionsanalyse und versucht, mit Hilfe der kognitiv wie
emotional wirksamen Selbstdarstellung des Patienten diesen zu einem »neuen Entschluß« zu bewegen. In den
Encounter-Gruppen werden gruppendynamische Situationen (z. B. »in« und »außerhalb« einer Gruppe zu sein)
psychodramatisch dargestellt und zu bewältigen gesucht.

Die Gruppenmitglieder bilden z. B. einen Kreis, in den der Ausgeschlossene eindringen muß.

Diese Hinweise verdeutlichen, daß das Psychodrama eher eine therapeutische Technik als eine therapeutische Methode oder gar eine Therorie psychischer Krankheit und Heilung ist. Das Hilfsmittel des Rollenspiels und seiner zahlreichen Variationen kann fast universal verwendet werden, von der Kindertherapie bis zum Manager-Training. Doch hängt es ganz vom jeweiligen theoretischen Rahmen und dem therapeutischen Gesamtkonzept ab, wie das Psychodrama therapeutisch fruchtbar gemacht wird. Die Konzepte sind hier so verschieden, daß man kaum von einer einheitlichen Therapieform sprechen kann. Die Modelle reichen von den Ursprüngen *Morenos* (Spontaneität, Katharsis, Identifizierung mit der Rolle des Gegenspielers und dadurch vermittelte Einsicht) über die Psychoanalyse, die Transaktionsanalyse und Gestalttherapie bis zur rein lerntheoretisch orientierten Verhaltenstherapie. Hier geht man von der Vorstellung aus, daß neurotisches Verhalten um so besser verlernt werden kann, je ähnlicher die therapeutische Situation der Konfliktsituation (z. B. einer Prüfung oder der Vorstellung bei einem Personalchef) ist. Die Psychodrama-Gruppe würde im Rahmen eines verhaltenstherapeutischen Modells das Lernen der Bewältigung sozialer Situationen in einem kontrollierten, entspannten Milieu ermöglichen, in dem die Angstreaktionen des Patienten auf ein Minimum beschränkt werden können. Die Bestätigung durch die Gruppe wirkt dabei als sozialer Verstärker.

Indikation, Zeitaufwand und Kosten

Psychodramatische Methoden im weitesten Sinn sind bei jenen neurotisch, psychosomatisch oder psychotisch reagierenden Patienten angezeigt, denen es subjektiv oder objektiv leichter fällt, sich durch Handlungen als durch Worte auszudrücken. Das Ausspielen von emotionalen Konflikten kann das Durcharbeiten zwar erleichtern, aber nicht ersetzen; die Überwindung von Ausdruckshemmungen bedeutet nur den ersten Schritt zu einer Psychotherapie, die ja auf den Gewinn dauerhafter Einsichten und damit auf ein Umlernen der Gesamtpersönlichkeit abzielt.

Die in Westdeutschland im Rahmen einer Sektion des Deutschen Arbeitskreises für Gruppenpsychotherapie und Gruppendynamik organisierten Psychodrama-Therapeuten arbeiten aufgrund recht unterschiedlicher Modelle und therapeutisch-technischer Konzeptionen. Es gibt Psychodrama-Gruppenarbeit in Kliniken *(A. Ploeger),* die auf kurzfristige, intensive Erfahrungen abzielt, und langlaufende Psychodrama-Gruppen, die nach Zeitaufwand und Honorar der analytischen Gruppenpsychotherapie vergleichbar sind. Eine Übernahme der Kosten durch die Krankenkassen ist nur aufgrund spezieller Abmachungen möglich.

Literatur

S. Lebovici: Eine Verbindung von Psychodrama und Gruppenpsychotherapie. In: St. d. Schill (Hrsg.): Psychoanalytische Therapie in Gruppen. Stuttgart 1971
J. L. Moreno: Gruppenpsychotherapie und Psychodrama. Stuttgart 1959
(Siehe auch die unter Gestalttherapie und Verhaltenstherapie angegebenen Titel)

Verhaltenstherapie

Es ist im Grunde ebensowenig berechtigt, von »der Verhaltenstherapie« zu sprechen, wie von »der Psychotherapie« oder »der Gruppentherapie«. In allen diesen Fällen handelt es sich um eine ganze Reihe verschiedener Methoden, die in einem sehr lockeren theoretischen Zusammenhang stehen. Während die Grundlage der Psychotherapie die Psychoanalyse *Freuds* ist, an der Abstriche oder Ergänzungen vorgenommen werden, ist die Basis der Verhaltenstherapie die lernpsychologische Forschung behavioristischer Orientierung. Ihre Grundmodelle: Das »klassische« *(Pawlow)* und »operante« *(Skinner)* Konditionieren, d. h. die Steuerung von Verhaltensweisen durch ihre unmittelbaren oder mittelbaren Folgen. Beim klassischen Konditionieren werden dabei mehr oder weniger »angeborene«, psycho-physiologische Reaktionen mit neuen Umweltreizen verknüpft (z. B. Speichelfluß durch ein Glockensignal, nicht durch den Anblick von Speise ausgelöst). Beim operanten Konditionieren werden erlernte Aktivitäten (»Operants«) eines Organismus durch ihre positiv oder negativ »verstärkenden« Folgen schrittweise erworben, beibehalten oder gelöscht.

Die gemeinsamen Voraussetzungen der Verhaltenstherapien lassen sich etwa so zusammenfassen:

1. Neurosen und Psychosen beruhen teilweise auf denselben Lernprozessen, die sich im behavioristischen Experiment (in der Regel mit Versuchstieren) verifizieren und untersuchen lassen.

2. In der Therapie neurotischer Symptome genügt es, die Symptome zu beheben. Es ist nicht notwendig, einen

zugrundeliegenden Konflikt zu erforschen und zu behandeln.

3. Die Behandlungstechnik soll einem experimentell kontrollierten Verfahren möglichst nahekommen und sich auf bekannte, gut dokumentierte Befunde der Lerntheorie stützen.

Verdienst der verhaltenstherapeutischen Ansätze ist es unzweifelhaft, psychische Störungen unter einem neuen, fruchtbaren Blickwinkel zu betrachten und mit viel Pragmatismus und wissenschaftlicher Kontrolle neue Therapieansätze zu entwickeln. Auf der anderen Seite sind gerade die frühen Autoren in der Verhaltenstherapie – vor allem Hans Jürgen *Eysenck* und Joseph *Wolpe* – durch eine unsachliche Kritik an der Psychoanalyse hervorgetreten, die mit Behauptungen garniert wurde, welche durch häufige Wiederholung (*Eysenck* 1932, 1959, 1973) nicht richtiger werden. Ebenso fragwürdig sind die von *Eysenck* und *Wolpe* geäußerten Erklärungen des kurativen Effekts der Psychotherapie nach dem Modell einer unsystematischen Desensibilisierung. Hier wird unzutreffend argumentiert, weil die Modellvorstellungen des Konditionierens nur für einen kleinen Bereich menschlichen Verhaltens zutreffen (zumindest in ihrer orthodox behavioristischen Fassung).

Sicherlich gehört es *auch* zu den therapeutischen Bedingungen der psychoanalytischen Situation, daß der Patient in einer entspannten Haltung und ohne Angst, kritisiert zu werden, über angsteinflößende Situationen und Gefühle spricht, wie es im Rahmen der systematischen Desensibilisierung geschieht. Aber diese Komponente ist nur eine von vielen wirksamen; in dieser verkürzten Modellvorstellung erscheint die Bedeutung von Einsicht, Verstehen und Überblick für ein »Neugiertier« wie den Menschen ebensowenig berücksichtigt wie die Neu-Integration von biologischer und kultureller Evolution, welche das psychotherapeutische Prinzip »aus Es soll Ich werden« enthält.

Der wichtigste Einfluß, den ein Mensch auf den anderen ausüben kann, ist zweifellos die *gegenseitige Beziehung.* Auf sie stützt sich die analytische Psychotherapie. Sie ist deshalb weit umfassender fundiert als ein lernpsychologisches Konzept, welches nur isolierte Teile dieser Beziehung in Betracht zieht. Der Versuch, eine psychotherapeutische Behandlung nach dem Prinzip der Desensitivierung von Ängsten zu erklären, gleicht dem Vorhaben, den Bauplan eines Hauses durch die chemische Analyse der Ziegel zu ermitteln.

Im Gegensatz zu den konfliktorientierten Gesprächen, welche für alle Formen der Psychotherapie und Gruppentherapie typisch sind, gibt es in der Verhaltenstherapie ein weites Spektrum verschiedener Techniken. Hier können nur die wichtigsten kurz beschrieben werden.

Systematische Desensitivierung

Löst man bei Katzen in einem Käfig heftige Angst aus, indem man sie elektrischen Schlägen aussetzt, dann werden die Tiere auf ähnliche Käfig-Situationen mit einer heftigen »Phobie« reagieren, d. h. sie werden um so stärker Erregung und Vermeidungsverhalten zeigen, je ähnlicher eine neue Situation der traumatischen Situation ist.

An solchen Tieren hat *Wolpe* die Technik der systematischen Desensitivierung (systematic desensitization) erstmals demonstriert. Er brachte die Tiere in eine Situation, die nur schwache Angst auslöste (z. B. Anblick des Käfigs aus sicherer Entfernung) und gab ihnen dabei Futter. Der positive Affekt löschte offensichtlich die Angst vor dem fernen Käfig (während die Tiere in der vollen phobischen Situation unfähig waren zu fressen). Auf diese Weise konnten die Tiere immer größere Ähnlichkeiten zwischen der maximalen Angst-auslösenden Situation und der gerade noch erträglichen, durch Nahrungsaufnahme entspannten Situation verkraften, bis sie endlich »geheilt« im Käfig ruhig fraßen.

Eine Frau leidet an einer Katzenphobie, seit ihr Vater ihre Lieblingskatze in ihrer Gegenwart ertränkte.

Ein Psychotherapeut würde hier möglicherweise versuchen, die Beziehung zum Vater und die Möglichkeit einer Identifizierung mit dem getöteten Tier oder andere psychodynamische Gesichtspunkte aufzugreifen. Der Verhaltenstherapeut sieht eine bedingte Angstreaktion, die durch das ständige Vermeiden des Angstreizes (wenn die Patientin keine Katze sieht, hat sie keine Angst; das Vermeiden wird also verstärkt) aufrechterhalten wird. Die Frage nach der dynamischen Bedeutung dieser Phobie wird nicht gestellt. Es wäre ja durchaus möglich, daß sie dazu dient, Versuchungssituationen zu meiden (weil die Patientin aus Angst vor den Katzen nicht allein auf die Straße geht).

Die systematische Desensibilisierung wird so durchgeführt: Zuerst entwerfen Therapeut und Patient gemeinsam eine Rangordnung vom leichtesten bis zum schwersten Angstreiz (z. B. »ich sehe in der Zeitung das Bild einer Katze ... ich schlafe mit einer Katze im Bett«). Dann erlernt die Patientin eine Methode der Tiefenentspannung (nach *Jackson*, J. H. *Schultz*, evtl. medikamentös unterstützt). Entspannung wirkt leichten Angstreaktionen entgegen (während massive Angst den entspannten Zustand zerstört). Der Patient wird nun mit den geringsten Angstreizen konfrontiert und übt, sie ohne Angst zu ertragen. Damit vermindert sich in der Regel auch der angsteinflößende Charakter der stärkeren Angstreize in der Hierarchie, vollständig oder doch teilweise.

Man kann die Angstreize *in vivo* bieten (Bilder einer Katze, Situationen mit einer lebendigen Katze usw.), doch ist es oft nicht leicht, einen Angstreiz für die Therapiezwecke dosiert verfügbar zu machen. Deshalb wird meist *in der Vorstellung* desensitiviert.

Indikation, Zeitaufwand und Erfolgsquote

Die wichtigste Indikation für die klassische Desensitivierung sind Phobien – Ängste vor Spinnen, Ratten, Dunkelheit, Schlangen, bestimmte soziale Situationen usw. In der Indikationsstellung müßte zwischen Phobien unterschieden werden, die

1. psychodynamisch sinnlos geworden sind und einfach als »schlechte Gewohnheiten« ohne Funktion beibehalten werden, weil der Patient nicht die Möglichkeit hat, sie zu ändern, oder

2. psychodynamisch sinnvoll sind, d. h. eine unbewußte Bedeutung haben, welche gegenwärtig noch eine dynamische Aufgabe zur Erhaltung des innerseelischen Gleichgewichts hat (z. B. eine Agoraphobie dient dazu, Ängste vor einem sexuellen Seitensprung zu binden).

Nur bei den Phobien vom ersten Typ kann ein Dauererfolg erwartet werden. Bei der schweren, d. h. psychodynamisch fixierten Agoraphobie schlagen heute selbst verhaltenstherapeutisch orientierte Psychiater eine kombinierte Behandlung (Verhaltenstherapie gegen das Symptom, Psychotherapie, um die Psychodynamik zu bearbeiten) vor (*A. Goldstein* 1973).

Die Erfolgsquote liegt bei isolierten Phobien zwischen 55 und 70 Prozent der Patienten (geheilt und gebessert). Diese Zahlen stammen aus einer Übersicht von Jarg *Bergold*; sie spiegeln nicht mehr den polemischen Enthusiasmus von *Wolpe* (90 Prozent Heilungen) wider.

Reizüberflutung (Flooding, Implosion)

Während die Desensitivierung mit einer Kombination von Entspannung und allmählich steigender Angstbelastung arbeitet, geht die Reizüberflutungsmethode den umgekehrten Weg. Durch eine sehr intensive, langdauernde Konfrontation mit dem stärksten, womöglich noch übertriebenen Angstreiz und das Unterbinden des Vermeidungsverhaltens wird die Angstreaktion gewissermaßen »ausgebrannt«. Auch die Reizüberflutung geht von der tierexperimentell gesicherten Tatsache aus, daß auf eine verlängerte Erregungsperiode eine Erschöpfung der Reaktion folgen muß. Zusätzlich lernt der Patient, Realitätsprüfung einzusetzen und zwischen wirklicher bzw. phantasierter Gefahr zu unterscheiden (diskriminatives Lernen durch Übertreibung des Angstreizes ins Unrealistische).

Die Patienten müssen vor der Reizüberflutung auf ihre Motivation geprüft und darauf hingewiesen werden, daß die Methode sehr unangenehm ist und vollen Einsatz verlangt. Das Material für die Reizüberflutung kann in vivo gewonnen werden (der Therapeut sucht zusammen mit dem Patienten eine besonders angsteinflößende Situation auf und hindert ihn daran, sie zu verlassen; ein Mann mit Angst vor engen Räumen wird z. B. in eine winzige, dunkle Kammer gesperrt, die so klein ist, daß er sich kaum darin bewegen kann). Meist wird sie – ähnlich wie beim Desensibilisieren – nur in der Phantasie des Patienten induziert. Der Therapeut läßt zunächst den Patienten Erlebnisse aus seinen Phobien aufschreiben, die besonders eindrucksvoll waren. Dann fordert er ihn auf, sich eine dramatische, ins Unrealistische übersteigerte Situation vorzustellen, die in Form einer etwa 20minütigen Geschichte verbal-suggestiv dargeboten wird. Der Patient soll sich alles möglichst intensiv ausmalen und nicht ausweichen.

Indiziert ist die Reizüberflutung bei Ängsten mit einem

greifbaren Angstinhalt. Die Wirkung stellt sich meist sehr rasch ein; nach einem Bericht von Rüdiger *Ullrich* und Rita *Ullrich de Muynck* waren Patienten mit einer durchschnittlich 15jährigen Vorgeschichte mit phobischen Reaktionen binnen fünf Sitzungen angstfrei; nur in einem einzigen Fall mußten 30 Sitzungen durchgeführt werden. Bei vier der insgesamt sieben mit der Reizüberflutung behandelten Patienten war die Heilung dramatisch: Zusammen mit der Angst verschwanden auch nicht direkt angegangene Symptome wie Vaginismus, Torticollis, Depressionen und Infertilität. Die Katamnesendauer ist freilich gering; zwei der Patienten erlitten schon sehr bald einen Rückfall. Insgesamt läßt sich das Flooding mit den schon vor 80 Jahren von *Breuer* und *Freud* beschriebenen »kathartischen« Heilerfolgen vergleichen, die ebenfalls fähig sind, dramatische Besserungen zu erzielen, aber in ihrem Erfolg sehr unbeständig bleiben (was sich innerhalb eines psychodynamischen Modells verstehen läßt). Auch die intensiven Gefühlsreaktionen, die in der Primärtherapie (Urschrei-Therapie nach A. *Janov, vgl.* S. 191 ff.) angezielt werden, entsprechen wohl weitgehend dem »Flooding«, zumal laut *Janov* der Patient aufgefordert wird, unbedingt bei bestimmten, angsteinflößenden und schmerzlichen Situationen zu verweilen und ihnen nicht auszuweichen.

Die durch das Flooding erreichten Erregungszustände klingen erfahrungsgemäß nach etwa zwei Stunden ab. Die Methode selbst scheint mehr für die Klinik geeignet.

Verstärkungssysteme (Verhaltensmodifikation)

Außerordentlich variabel sind die verschiedenen Verstärkungssysteme, mit denen in der Verhaltenstherapie nach dem *Skinner*schen Prinzip des operanten Konditionierens gearbeitet wird. Von den seit Jahrtausenden verwendeten

Methoden, erwünschtes Verhalten zu belohnen und unerwünschtes zu bestrafen, unterscheiden sie sich durch ihre systematische Kontrolle und methodische Reflexion. Die heute verwendeten Strafreize sind meist elektrische Schläge (deren Intensität der Patient oft selbst bestimmen kann, bzw. die er sich selbst verabreicht, wenn das Therapieprogramm es erfordert). Aber auch Injektionen von Brechreiz auslösenden Mitteln angesichts der Bilder nackter Männer (in der Verhaltenstherapie von Homosexuellen) und vor allem der Entzug von Belohnungen werden als Strafreize verwendet, um unerwünschtes Verhalten zu bestrafen.

Als bekräftigende Reize (positive Verstärker) werden alle lustvollen Stimuli verwendet – Kandiszucker oder Zigaretten, Geld bzw. Pappmünzen (token economy in psychiatrischen Stationen). Sehr vereinfacht gesprochen, bestimmt sich das Vorgehen in der Verhaltensmodifikation durch zwei Prinzipien:

1. Die in verschiedenen Situationen auf den Organismus wirksamen positiven und negativen Verstärker müssen erkannt und auf ihre jeweilige Verwendbarkeit geprüft werden;

2. Der Aufbau neuer Verhaltensweisen kann nur in kleinen Schritten erfolgen (Prinzip der schrittweisen Annäherung), von denen jeder einzelne belohnt werden muß.

Neurotische Patienten haben sehr häufig ein gestörtes Selbstgefühl (narzißtische Störung), was sich verhaltensanalytisch als gestörtes *Selbstverstärkungssystem* begreifen läßt. Der Neurotiker ist nicht fähig, sich für den Aufbau neuer Verhaltensweisen selbst genügend zu verstärken. Er verlangt viel zuviel von sich, und ist viel zuwenig bereit, sich für kleine Schritte zu belohnen. Im Gegenteil: Er mißt sie an seinem Ideal, erkennt die bestürzende Diskrepanz, und weicht auf das Symptomverhalten aus. Eine Patientin will Malerin werden, doch ihre Bilder genügen ihren Vorstellungen nicht. Sie kann sich nun nicht für die kleinen Fortschritte bestätigen, die sie mit jedem gemalten Bild erzielt, sondern verfällt in eine Depression mit einem Schlafzwang, so daß sie überhaupt nicht mehr malen kann. In der Verhaltenstherapie würde man in einer solchen Situation versuchen, die Patientin anzuleiten, sich für kleine Fortschritte selbst zu bestätigen. Der Psychoanalytiker weist auf diesen Gesichtspunkt allenfalls hin. Dann wendet er sich dem grandiosen Ich-Ideal und dem bösartigen Über-Ich der Patientin zu, die beide mit einer gescheiterten Elternbeziehung zusammenhängen.

Wichtig sind auch die Zusammenhänge zwischen *Reaktion* und *Verstärkung*. Der Patient muß beide als »kontingent« erleben, d. h. fähig sein, sie einander zuzuordnen. Ein klassisches Beispiel, wie ein nicht kontingenter sinnloser Strafreiz aussieht, ist die Tracht Prügel durch den Vater am Abend, wenn das Kind am frühen Morgen etwas angestellt hat.

Endlich muß noch zwischen kontinuierlicher und intermittierender (unterbrochener) Verstärkung unterschieden werden.

Es ist oft günstiger, ein erwünschtes Verhalten nicht dauernd zu verstärken, sondern nur in bestimmten Abständen. Dadurch wird es intensiver festgehalten als ein dauernd verstärktes Verhalten (weil der Organismus sich darauf einstellt, längere Zeiten belohnungslos zu arbeiten). In allen Situationen wird der Therapeut Belohnungen vorziehen, weil sie sicherer wirken und Strafen gelegentlich zu überraschenden Folgen führen (z. B. zu Aggressionsausbrüchen gegenüber dem Therapeuten). Die Belohnung muß für die therapeutischen Ziele manipulierbar sein, was eine mehr oder weniger umfassende Kontrolle der Umwelt des Patienten voraussetzt. Einige Anwendungsgebiete der Verhaltensmodifikation:

1. In der Behandlung kindlicher Verhaltensstörungen erweist sich eine genaue Analyse der Verstärker, welche sie

aufrechterhalten, und ihr schrittweiser Abbau bzw. ihre Veränderung oft als wirksam. Ein Kind ist z. B. deshalb besonders aggressiv, zerstörungssüchtig oder ein schlechter Esser, weil diese Verhaltensweisen durch die ärgerliche Zuwendung der Eltern »verstärkt« werden, während das normale Verhalten unbeachtet bleibt. In einem anderen Beispiel verstärken die Eltern das Geschrei eines Kindes vor dem Einschlafen dadurch, daß sie immer dann kommen, wenn das Kind schon eine Zeitlang geschrieen hat.

2. Beim Aufbau angepaßter Verhaltensweisen von Schwachsinnigen – Kindern und Erwachsenen – sind Verstärkerprogramme sehr effektiv. Sie können dazu führen, daß sich der Pflegeaufwand beträchtlich vermindert. Eine institutionalisierte Form ist die »token economy«, bei der eine ganze Station einer Klinik als therapeutisches Verstärkersystem organisiert wird und die Patienten für konstruktive Verhaltensweisen systematisch und kontingent mit Wertmünzen belohnt werden, mit denen sie sich bestimmte Vergünstigungen (z. B. einen Kinobesuch, Süßigkeiten, Zigaretten) verschaffen können. Die Grenze solcher token economies liegt darin, daß nur relativ kleine Verhaltenseinheiten auf diese Weise verändert werden können und die Verstärkerwirkungen von Bonbons und Zigaretten kaum ausreichen, einen chronisch geisteskranken Patienten dazu zu bewegen, regelmäßig zu arbeiten. Die mächtigen Verstärker einer befriedigenden sozialen Beziehung werden von den Vertretern der token economies meist unterschätzt – gerade ein solches nach Lohn und Strafe technologisch ausgerichtetes System wird wenig fähig sein, jene therapeutische Gemeinschaft (Maxwell *Jones*) herzustellen, die zur Zeit wohl das wirksamste Mittel zur Verhaltensänderung bei chronisch Geisteskranken ist. Meines Erachtens haben Verstärkungssysteme im Sinn der token exonomy und verwand-

ter Methoden nur bei jenen Menschen Platz, welche für den Verstärkungscharakter einer positiven sozialen Beziehung unempfänglich sind.

3. In der Behandlung von Rauschmittelabhängigkeit sind Techniken der Verhaltensmodifikation durch (meist negative) Verstärker schon oft verwendet worden. Alkoholiker erhalten z. B. Antabus, das bei Alkoholkonsum zu einem heftigen Brechreiz führt. Sie werden für den Konsum von Bier oder Schnaps in einer experimentellen Trinksituation durch Stromschläge bestraft, während der Genuß von Orangensaft oder Tee durch ein freundliches Gespräch mit einem Mitarbeiter des Versuchsleiters »belohnt« wird. In neueren Methoden wird die Verhaltensmodifikation in vivo durch Vorstellungskontrolle ersetzt. Der Patient wird angeleitet, die positiven Verknüpfungen zwischen dem Problemverhalten (Alkoholkonsum) und den Folgen durch negative zu ersetzen, welche dann ihrerseits das Problemverhalten kontrollieren helfen. Der Alkoholiker wird z. B. aufgefordert, sich vorzustellen, wie er in ein Lokal geht, sich an die Theke stellt, ein Glas Bier bestellt, es zum Munde führt. Dabei muß er dem Therapeuten ein Zeichen geben, sobald er der unerwünschten Reaktion so nahe wie nur möglich gekommen ist. Jetzt fordert ihn der Therapeut auf, die aversive Vorstellung einzusetzen – er soll sich z. B. vergegenwärtigen, daß ihm übel wird, ein Würgen vom Magen zum Hals aufsteigt, er sich übergibt, das Erbrochene ekelhaft riecht, in sein Glas läuft, über die Kleider fließt, die Umsitzenden beschmutzt usw. Sobald der Klient spürt, daß diese Vorstellung wirkt (Ekel, Brechreiz, Angst), gibt er wiederum ein Signal. Jetzt wird eine mit dem Problemverhalten unvereinbare Alternativhandlung vorgestellt: Der Alkoholiker soll etwa imaginieren, wie er das Glas zurückstößt, aus der Kneipe stürzt, tief die frische Luft einatmet,

zu Hause eine Dusche nimmt und sich wieder wohl fühlt.
(Verdeckte Sensibilisierung.)

4. Sexuelle Störungen werden ebenfalls oft mit einer Kombination verhaltenstherapeutischer Techniken angegangen, in denen neben der Desensitivierung (z. B. gegenüber Versagensängsten bei Potenzschwierigkeiten) und dem Diskriminationslernen (z. B. zwischen sexuell befriedigenden, entspannenden Situationen und Situationen bzw. Partnern, die Ängste wecken) auch der Aufbau neuer sexueller Verhaltensweisen eine wichtige Rolle spielt. Die sehr variablen, mit neueren sexualphysiologischen Erkenntnissen untermauerten Techniken von William *Masters* und Virginia *Johnson* beruhen auf einer Kombination von verschiedenen psychotherapeutischen und verhaltenstherapeutischen Methoden. Sie sind vor allem dann indiziert, wenn die sexuelle Störung keine ausgesprochen charakter-neurotische Ursache hat. Prinzip ist auch hier die Vermeidung einer Selbst-Überforderung (anfängliches Koitusverbot), verbunden mit dem Aufbau eines befriedigenden Sexualverhaltens in kleinen Schritten.

Selbstsicherheitstraining

In der Verhaltenstherapie ist der Therapeut – im Gegensatz etwa zur klassischen Psychoanalyse – nicht an eine Technik gebunden. Er kann verschiedene Verfahren kombinieren und verändern, je nach den Gegebenheiten der Situation. Gegen allgemeine Unsicherheit und soziale Ängste, gleichgültig, ob sie isoliert oder zusammen mit anderen Symptomen auftreten, verwendet er das 1949 von *Salter* als »Ausdruckstraining« begründete und später meist als »Selbstbehauptungstraining« charakteristische Verfahren. Im ursprünglichen, an *Pawlow* orientierten Modell übte

Salter folgende Verhaltensregeln ein, um soziale Ängste zu überwinden:

1. Emotionales Sprechen (feeling talk). Spontan empfundene Emotionen sollen sofort geäußert werden – Zuneigung und Antipathie, Lob und Tadel, Erleichterung und Ungeduld, Schmerz und Lust.
2. Expressives Sprechen (facial talk): Was der Patient empfindet, soll er nicht in sich verschließen, sondern auch in seiner Miene und seinem Stimmklang ausdrücken.
3. Widersprechen und Angreifen. Der Patient soll lernen, bei Meinungsverschiedenheiten keine Übereinstimmung zu heucheln. Er soll seine eigene Meinung frei und auf emotionaler Basis äußern.
4. Absichtlich »Ich« sagen. Der vorsätzliche Gebrauch von »ich« wirkt natürlicher, unmittelbarer und persönlicher als »man« oder »wir«; mit ihm wird auch der subjektive Charakter einer Aussage betont.
5. Zustimmung, wenn andere loben. Positive Verstärker von anderen sollen akzeptiert werden, ohne sie durch Ironie oder Beschwichtigung abzuwehren und sich selbst abzuwerten. Dazu gehört auch die Fähigkeit, sich selbst zu loben.
6. Improvisation und unmittelbares Agieren. Der Patient soll Tagträume einstellen und lieber spontan nach aktiven Lösungen für seine Bedürfnisse suchen.

Die klinischen Methoden des Selbstsicherheitstrainings lassen sich in vier Gruppen gliedern:

1. Didaktisch. Hier erklärt der Therapeut den Begriff der Selbstbehauptung und die Prinzipien, welche seiner Ansicht nach hier eine Rolle spielen. Danach stellt er Regeln auf, die zu einer besseren Bewältigung von Situationen helfen sollen, in denen es zu einer Konfrontation kommt.
2. Besprechung konkreter Lebenssituationen. Hier werden die allgemeinen Prinzipien an Beispielen verdeutlicht; der Therapeut hilft dem Klienten (bzw. die Klienten

helfen sich auch gegenseitig in einer Gruppe), angemesse-
nere Reaktionen in Situationen zu finden, an denen der
Patient beteiligt war.
3. Verhaltensübungen. Der Klient übt selbstsicheres Verhalten in simulierten, nach dem Prinzip des Rollenspiels
hergestellten Lebenssituationen. Er lernt auf diese Weise
nicht nur Selbstbehauptung, sondern wird auch in bezug
auf soziale Ängste desensibilisiert.
4. Erweiterte Übung. Der Patient erledigt »Hausaufgaben«,
d. h. er führt zwischen den Sitzungen einzelne Leistungen
durch, die er vorher mit dem Therapeuten und/oder der
Gruppe vereinbart hat – eine Frau in der U-Bahn anspre-
chen, eine Bekannte zum Kaffee einladen, Freunde anrufen, um zu plaudern usw.
Sehr oft wird im Selbstbehauptungstraining die Verstär-
ker- und Übungswirkung einer Gruppe eingesetzt. Die
Techniken sind sehr variabel; ein Versuch, sie in Art der
»programmierten Instruktion« zu standardisieren, wurde
von Rita *Ullrich de Muynck* und Rüdiger *Ullrich* entwickelt.
Verbindliche Angaben über den Zeitaufwand sind nicht
möglich. Die Indikation umfaßt soziale Ängste jeder Ge-
nese, die ja bei sehr vielen Neurosen eine Rolle spielen.
Verhaltenstherapie im Zeitumfang zwischen 50 und 100
Sitzungen wird von den Krankenkassen bezahlt. Das Gutachterverfahren gleicht dem der tiefenpsychologisch fundierten Therapie.

Kognitive Verhaltenstherapie

Im letzten Jahrzehnt hat sich die Verhaltenstherapie erheblich über die experimentellen Ansätze des Behaviorismus
hinausentwickelt. Sie blieb dem naturwissenschaftlichen
Ansatz verpflichtet, wird aber heute als die »Familie jener
psychotherapeutischen Interventionsansätze« verstanden,

die sich »bei Planung, Durchführung und Evolution von psychotherapeutischen Hilfestellungen des rationalen Corpus der akademischen Psychologie bedienen«.* Im Klartext heißt das, daß die forschende Haltung geblieben ist, die experimentelle Orientierung und die Betonung des Tierexperiments aber aufgegeben wurden.

Diese Entwicklung führt in der Praxis dazu, daß »Verhaltenstherapie« für den Nutzer fast alles sein kann, von Gestaltarbeit bis zu psychodramatischem Rollenspiel oder sexualtherapeutischen Übungen. Professionelle Verhaltenstherapie setzt aber voraus, daß der Therapeut seine Interventionen aufgrund einer genauen Verhaltensanalyse plant und so sein eigenes Handeln reflektieren kann.

Die früher erbitterten Entwertungskämpfe zwischen Verhaltenstherapeuten und Tiefenpsychologen sind heute moderater geworden. Es gibt sogar ausdrückliche Versuche, beide Richtungen zu integrieren, angefangen von dem Text von Paul Wachtel »Psychoanalysis and Behaviour Therapy«, der in Deutschland 1981 mit dem Untertitel »Ein Plädoyer für ihre Integration« erschienen ist. Auch Lothar Wittmann fordert »therapeutisches Handeln jenseits der Schulgrenzen«. Gegenwärtig scheinen nach dem Eindruck des Autors eher die Psychoanalytiker reserviert und vorsichtig. Das hängt vielleicht mit dem besserwisserischen Gestus akademischer Psychologen zusammen, die Psychoanalyse ohne genaue Kenntnis ihren pseudo-umfassenden Gesichtspunkten zu unterwerfen. Diese Debatte nachzuvollziehen sprengt den Rahmen dieses Textes; ich verweise auf die wichtigste Literatur (Grawe 1994, Mertens 1994).

Da die Verhaltenstherapie neben der Ausbildung in einer der tiefenpsychologischen Richtungen bisher der zweite

---

* Zit. nach Hans Kemper, Sexualtherapeutische Praxis, München 1992, S. 117. Kemper bezieht sich auf eine Äußerung von Meinrad Perrez, Verhaltenstherapie in der Gerontologie, Verhandlungsbericht der Jahrestagung, Basel 1987, S. 66

(und von den Anforderungen her kürzere) Weg zur Kassenzulassung für Ärzte und Diplom-Psychologen ist, beschreiten diesen Weg auch viele, die an sich in einer noch nicht von den zuständigen Gremien anerkannten Methode arbeiten wollen. Die Verhaltenstherapieausbildung spielt dann sozusagen die Rolle des Trojanischen Pferdes, in dem ganz andere Inhalte (z.B. Körpertherapie, Gestalttherapie, Sufi-Weisheiten, dynamische Meditation) in das System der kassenfinanzierten Psychotherapie eindringen. Vielleicht hängt es mit dieser Situation zusammen, wenn Kemper beobachtet, daß die Verhaltenstherapie heute immer anfälliger wird für »Metaphysisches, Transzendentales und Esoterisches«.

Diese Situation kann für den Patienten günstig sein, der sich eine Behandlung mit der Methode seiner Wahl sonst nicht leisten könnte. Sie bringt aber die Gefahr mit sich, daß einzelne Therapeuten in einer Grauzone arbeiten, in der man ihre Berichte an den Kassengutachter auch mit einem Betrugsvorwurf belegen könnte. Solche Situationen sind deshalb problematisch, weil sie die Selbstkontrolle der Therapeuten erschweren und die Situation für den Nutzer schwer überschaubar machen. Ein Therapeut, der seine Verpflichtungen gegenüber den Krankenkassen nicht ernst nimmt und in seinen Berichten ganz andere Dinge beschreibt, als er sie tatsächlich tut, gerät in Gefahr, erpreßbar zu werden oder auch seine Verpflichtungen gegenüber den Patienten nicht mehr ernst zu nehmen.

Ein großer Vorteil der Verhaltenstherapie ist ein vielfältiges und strukturiertes Angebot bei jenen Störungen, bei denen Gewährenlassen, Abwarten und die Deutung belastender Kindheitserlebnisse wenig hilfreich, ja sogar gefährlich sind. Das gilt z.B. für alle Formen der Sucht. Ein Psychoanalytiker, der das Trinken eines Alkoholikers gewährend und deutend behandelt, verschwendet in der Regel seine Zeit und die seines Klienten. Was an Einsichten nüchtern erarbeitet wurde, geht im nächsten Rausch wieder unter, die Behandlung macht keine Fortschritte.

Literatur

A. Beck, Kognitive Verhaltenstherapie der Depression. Weinheim 1992

A. Beck, Kognitive Verhaltenstherapie der Persönlichkeitsstörung. Weinheim 1994

J. Bergold, H. Selg: Verhaltenstherapie. In: W. J. Schraml: Klinische Psychologie. Stuttgart 1970, S. 270 f.

J. C. Brengelmann, W. Tunner: Verhaltenstherapie. München 1973

H. J. Eysenck: The Effects of Psychotherapy. In: J. conult. Psychol. 16/1952, S. 319 f.

H. J. Eysenck, S. Rachman: Neurosen – Ursachen und Heilmethoden. Berlin 1967

H. Fensterheim: Help without Psychoanalysis. New York 1971

K. Grawe, R. Donati, F. Bernauer, Psychotherapie im Wandel. Von der Konfession zur Profession. Göttingen 1994

P. Halder-Sinn: Verhaltenstherapie. Stuttgart 1985

J. Kemper, Sexualtherapeutische Praxis. München 1992

Kraiker, Ch. (Hrsg.): Handbuch der Verhaltenstherapie. München 1974

K. Mandel et al.: Einübung in Partnerschaft. München 1971

W. Masters, V. Johnson: Impotenz und Anorgasmie. Köln 1973

W. Mertens, Psychoanalyse auf dem Prüfstand? Eine Erwiderung auf die Metaanalyse von Klaus Grawe. München 1994

R. Ullrich de Muynck, T. Forster: Selbstsicherheitstraining. In: Ch. Kraiker (Hrsg.): Handbuch d. Verhaltenstherapie. München 1973, S. 351

I. P. Pawlow: Sämtliche Werke. Berlin 1953

D. Schwarz, E. Sedlmeyer: Befreiung von der Neurose. Köln 1971

B. F. Skinner: The Behavior of organism. New York 1938

–: Walden Two. New York 1948 (Deutsch 1968)

J. Wolpe, A. A. Lazarus: Behavior Therapy Techniques. Oxford 1966

Gesprächspsychotherapie

Die von Carl *Rogers* entwickelten Methoden der Gesprächspsychotherapie und klientenzentrierten Beratung greifen die zentrale Frage der psychotherapeutischen Situation auf: Was hilft an einem Gespräch zwischen Psychologe und Klient? Sie versuchen, mit Hilfe empirisch belegbarer Methoden die Bedingungen einer psychotherapeutischen Situation zu untersuchen, welche beim Klienten günstige Folgen bewirken kann. Dabei gehen die Gesprächspsychotherapeuten von experimentellen Befunden aus, die sie (im Gegensatz zur tierexperimentellen Basis der Verhaltenstherapie) aus Menschenversuchen gewonnen haben. Diese betreffen zunächst einmal das *verbale Konditionieren:* Durch genaue Tonbandkontrollen von Gesprächssituationen läßt sich nachweisen, daß schon minimale Reaktionen des »Therapeuten« dazu führen, den Inhalt der Aussagen des »Patienten« deutlich zu verändern. Ein Beispiel: J. Maurice *Rogers* »verstärkte« in einer Reihe quasi-psychotherapeutischer Gespräche (die Probanden mußten ihre Lebensgeschichte erzählen) einmal alle negativen Bezüge der Versuchsperson auf sich selbst (»damals habe ich eine schlechte Figur gemacht«), und in einer anderen Reihe alle positiven Selbst-Bezüge (»gleich nach der Einstellung wurde mein Gehalt erhöht«), jeweils durch ein bestätigendes M-Hm. Es zeigte sich, daß (mit Kontrollgruppen verglichen) die negativen Selbstbezüge deutlich zunahmen, wenn sie verstärkt wurden, während die Zahl der positiven Selbstbezüge sich nicht veränderte.

Zahlreiche Sprachmerkmale lassen sich auf diese Weise

verändern, und zwar durchweg ohne daß es die Versuchsperson bemerkt. Sie nennt mehr Wörter im Plural, spricht öfter über die eigene Familie, wählt ihre Äußerungen aus der Kindheit, aus dem Arbeitsbereich, aus dem sexuellen Leben – je nachdem, was durch die Reaktionen des Gesprächspartners verstärkt wird. Ein Nicken, Lächeln oder Augenkontakt genügen. Diese Befunde haben *Freuds* Einfall, den Patienten ohne Blickkontakt mit dem Analytiker frei assoziieren zu lassen, indirekt bestätigt. Sie erklären auch, warum Psychotherapeuten vorwiegend jene Dinge erfahren, die in ihr theoretisches System passen. Meist stellt sich der Patient auf dieses System ein, da die Äußerungen, welche in es passen, durch die Deutungen und das gesteigerte Verständnis des Therapeuten selektiv verstärkt werden.

Als besonders wirksamer »Verstärker« verbaler Äußerungen erwiesen sich Paraphrasen. Der Psychologe wiederholt mit etwas veränderten Worten den Inhalt der Aussage seines Gegenübers. Vereinfacht dargestellt, verbindet die therapeutische Konzeption von *Rogers* diese experimentell belegte Beobachtung mit der Überzeugung, daß in jedem psychisch leidenden Menschen mächtige Kräfte in Richtung auf eine Selbstheilung wirken, die es nur freizusetzen gilt. Das geschieht, so glaubt *Rogers,* wenn sich der seelisch Leidende in einer emotional warmen, sicheren Atmosphäre mit seinen Gefühlen auseinandersetzen und mehr Einsicht in ihre Dynamik gewinnen kann.

Diese Auffassung macht den Patienten zum Klienten: Er ist kein medizinischer »Fall« mehr, dem eine Diagnose gestellt, eine Prognose gesetzt werden können. Der Therapeut versteht sich als Partner, der dem Klienten keine Ratschläge gibt, keine Deutungen vermittelt, der keine Rekonstruktionen der Vergangenheit vornimmt und keine Zukunftspläne anregt, sondern nur versucht, die Gefühle, den emotionalen Hintergrund der Äußerungen des Klienten diesem möglichst genau und anschaulich widerzuspiegeln.

Dieses Zurückspiegeln ist weit mehr als ein echohaftes Wiedergeben oder ein joviales Kopfnicken, mit Phrasen wie »Ich verstehe Sie recht gut« kombiniert.

Es kostet den Therapeuten viel geistige Anregung, die innere Gefühlswelt des Klienten auch nur annähernd zu erfassen. *Rogers* sagt: »Die innere Welt des Klienten, seine privaten, persönlichen Meinungen so zu empfinden, als ob sie unsere eigenen wären, aber ohne jemals dieses ›als ob‹ zu verlieren, ist der Kern der Einfühlung und ein wesentlicher Faktor therapeutischer Äußerung. Seinen Ärger, seine Furcht, sein Gefühl, verfolgt zu werden, so zu empfinden, als ob es unser eigenes wäre, aber ohne daß es dieselbe Angst, dieselbe Furcht oder denselben Zorn in uns erregt – das ist die Bedingung, die wir hier zu beschreiben suchen. Wenn der Therapeut die Welt seines Klienten überblickt und fähig ist, sich frei in ihr zu bewegen, dann kann er beides: dem Klienten sagen, daß er versteht, was diesem schon bekannt ist, und dem Klienten Erfahrungen mitteilen, deren dieser sich kaum bewußt ist. Diese Art sensitiver Einführung scheint für therapeutische Veränderungen wesentlich zu sein.«

Die Technik der Gesprächspsychotherapie

Rogers, der die von ihm begründete Form der Psychotherapie zunächst »nicht-direktiv« und später »klientenzentriert« nannte, erläuterte 1957 die seiner Ansicht nach *notwendigen* und *hinreichenden* Variablen – Verhaltensmerkmale des Psychotherapeuten –, die zu einer therapeutischen Wirkung führen können. Er fand drei solche Grundmerkmale:

1. Positive Wertschätzung und emotionale Wärme des Therapeuten für den Klienten.
2. Einfühlendes Verständnis für den inneren Bezugspunkt

des Klienten, verbunden mit dem Versuch, diesem das Verstandene mitzuteilen.

3. Echtheit und Integration im Verhalten des Therapeuten gegenüber dem Patienten.

In den folgenden Jahren haben *Rogers* und seine Schüler (z. B. *Gendin, Kiesler, Truax, Carkhuff, Bergin, Solomon*, in Deutschland Reinhard *Tausch*) Stichproben zahlloser psychotherapeutlscher Gespräche ausgewertet. Sie fanden signifikante Korrelationen zwischen dem Grad, in dem der Psychotherapeut diese Merkmale verwirklichte, und dem Ausmaß konstruktiver Änderungen bei den Patienten. Um nur zwei Beispiele zu nennen: In einer Studie an 500 in Kliniken der amerikanischen Militärfürsorge behandelten Patienten fand *Lorr,* daß sie – ganz unabhängig von der Orientierung und Methode ihrer Therapeuten – sich am häufigsten besser fühlten, wenn sie sich von diesem verstanden, akzeptiert und ermutigt fühlten. Als Hans Hermann *Strupp* und seine Mitarbeiter 80 Patienten verschiedener Psychoanalytiker jeweils drei Jahre nach Abschluß der Therapie befragten, fanden sie ebenfalls, daß konstruktive Persönlichkeitsänderungen signifikant positiv mit der emotionalen Wärme und dem respektvollen Interesse des Analytikers korrelierten. Wenn sich der Therapeut hingegen so verhielt, daß die Patienten immer mißtrauisch blieben, ob er sie nicht doch ablehnte, oder wenn er technische Ausdrücke in einer mehr intellektuell getönten Auseinandersetzung verwendete, dann fanden sich positive Änderungen bei den Klienten sehr selten. *Strupp* faßte damals (1964) seine Studie folgendermaßen zusammen: »Daß eine positive Beziehung zwischen Psychotherapeut und Klient besteht, ist bisher das einzige Kriterium, aus dem man den psychotherapeutischen Erfolg voraussagen kann.«

Der Therapeut muß alles, was sein Klient sagt, bedingungslos akzeptieren. Er hebt sich also von den verbreiteten Bewertungsschemata ab, die auf Formeln hinauslaufen wie

»Ich mag Sie nur, wenn Sie sich so oder so verhalten!« Der Therapeut muß es unbedingt vermeiden, den Klienten gewissermaßen in zwei Hälften zu teilen, eine »gute« und eine »böse«, eine akzeptierte und eine abgelehnte. Er muß ihn ganz annehmen können – und zwar (so die dritte Regel) »echt«, d. h. auch in seinen verborgenen Gefühlen, in seiner »Gegenübertragung«, wenn man diese analytische Formel hier gebrauchen kann. Damit ist bereits ein erstes, grundlegendes Problem der Gesprächspsychotherapie angesprochen: Die Gefahr der Selbsttäuschung und die Frage nach geeigneten Mitteln, um die »blinden Flecke« in der Persönlichkeit des Therapeuten zu kontrollieren. Manchmal scheint jeder Interessent nach Lektüre einiger Bücher über die klientenzentrierte Methode anzunehmen, er sei bereits fähig, korrekt mit ihr zu arbeiten. Genauere Forschung hat gezeigt, daß die Diskrepanz zwischen dem angestrebten und dem tatsächlich realisierten Verhalten in allen sozialen Situationen sehr groß sein kann. Dem Pädagogen, der überzeugt ist, allenfalls in zehn Prozent seiner Aussagen Befehle zu erteilen und Kritik zu äußern, machen unbestechliche Tonbandaufnahmen klar, daß er tatsächlich in 80 Prozent seiner Aussagen kritisiert oder befiehlt (Annemarie *Tausch* et al.). In der Gesprächspsychotherapie verwendet man öfter als in der Psychoanalyse technische Kontrollmittel, vor allem Tonbandaufnahmen, um das Verhalten des Therapeuten zu überwachen.

Wer direkte Ratschläge erteilt, Verhaltensweisen des Klienten billigt oder mißbilligt, rein passiv bleibt und keine positive Wertschätzung des Klienten zu erkennen gibt, seine Zuwendung an Verpflichtungen knüpft, Leistungen oder Gegenliebe fordert, verfehlt die (nach der Verbalisierung gefühlshafter Erlebnisinhalte des Klienten) zweite Grundregel der Gesprächspsychotherapie. Die Forderung nach emotionaler Wärme und bedingungsloser Wertschätzung ist empirisch in ihrer Wirksamkeit bestätigt: Sie korreliert hoch mit dem Therapieerfolg. Der Therapeut soll den Patienten akzeptieren und respektieren, gleichgültig, wie dieser sich selbst beurteilt. Er achtet seine Rechte als freies Individuum – als Mensch, der Irrwege gehen, der auch in der Psychotherapie Rückschritte machen und Abwehrhaltungen zeigen darf, ohne daß er deshalb abgelehnt wird.

Die dritte Forderung an den Therapeuten betrifft die Merkmale Echtheit und Selbst-Übereinstimmung. Erst sie können die Verbalisierung emotionaler Inhalte im Erleben des Patienten glaubhaft, die Wärme und bedingungslose Wertschätzung überzeugend machen. Der Therapeut darf nicht wie jemand wirken, der eine professionelle Maske trägt und persönlich vielleicht ganz anders urteilen würde. Auch diese Forderung an den Therapeuten ist nicht nur theoretisch abgeleitet, sondern durch empirische Vergleiche der Effektivität »echter« und »unechter« Therapeuten ermittelt worden. So ließ G. T. *Barett-Lennard* die Therapeutenvariable »Echtheit-Selbstkongruenz« durch 42 Klienten nach dem fünften Kontakt und nach dem Ende der Therapie schätzen. Sie mußten dazu einen Fragebogen ausfüllen, der unter anderem folgende Fragen zur Echtheit und Selbst-Übereinstimmung des Therapeuten enthielt:

»Er (der Therapeut) ist ungezwungen und fühlt sich wohl in unserem Beziehungsverhältnis.«

»Ich fühle, daß er völlig echt und aufrichtig zu mir ist.«

»Ich fühle fast immer, daß seine Äußerungen genau das ausdrücken, was er fühlt und denkt.«

»Ich habe nicht gemerkt, daß er irgendwelche Gefühle, die er mir gegenüber hat, vor sich selbst zu verbergen sucht.«

Wenn die Klienten diese Fragen bejahten, dann berichteten sie auch signifikant häufiger über konstruktive Persönlichkeitsveränderungen durch die Psychotherapie. Diese konnten auch in anderen, objektiven Tests bestätigt werden. Negative Auswirkungen auf den Therapieerfolg hatten indessen folgende, für Unechtheit und mangelnde Selbstkongruenz des Therapeuten stehenden Merkmale:

»Ich spüre, daß er mir gegenüber eine Rolle spielt oder eine Fassade zeigt.«

»Es macht ihn verlegen, wenn ich nach bestimmten Dingen frage oder über sie spreche.«

»Manchmal fühlt er sich ganz und gar nicht wohl in seiner Haut, aber wir machen weiter und lassen uns nichts anmerken.«

»Ich glaube, daß er Gefühle hat, die unsere Beziehung erschweren und die er mir gegenüber nicht äußert.«

Indikation, Zeitaufwand und Kosten

Die klientenzentrierte Gesprächspsychotherapie ist aus der psychologischen Beratung (Counseling) von Menschen mit aktuellen Konflikten in Beruf oder Privatleben entstanden. Die Atmosphäre der emotionalen Wärme und bedingungslosen Wertschätzung induziert beim Patienten Sicherheit und Entspannung, welche ihm helfen, sich selbst immer tiefer zu erforschen und mit bisher ängstlich gemiedenen Konflikten und Gefühlen auseinanderzusetzen. Gleichzeitig wird ihm im Verhalten des Therapeuten eine Möglichkeit deutlich, mit diesen Konflikten umzugehen und konstruktive soziale Beziehungen zu durchleben. Er lernt, mit seinen bisher als negativ erlebten Seiten ebenso akzeptierend umzugehen, wie es der Therapeut tut, und möglicherweise das Modell der therapeutischen Beziehung auf andere soziale Beziehungen zu übertragen, die dann ebenfalls erfreulicher werden (Imitationslernen und Generalisierung).

Aus diesen Gesichtspunkten läßt sich die Gesprächspsychotherapie als nützliches Hilfsmittel in akuten, z. B. durch eine einschneidende Lebensveränderung bedingten Konfliktsituation verstehen, wie sie etwa nach einer Eheschließung, vor und nach einer Scheidung, beim Wechsel eines Berufs, in der Angst vor Prüfungen usw. vorliegen. *Rogers* selbst grenzt die Indikation seiner Methode kaum ein; er hält sehr wenig von psychiatrischen Diagnosen, die seiner Ansicht nach die Entwicklungsmöglichkeiten der verschiedenen Menschen nicht genügend berücksichtigen und vielleicht von vornherein die Erfolgsaussichten nach dem Prinzip der sich selbst erfüllenden Prophezeiung einschränken. Es gibt auch Versuche mit gesprächspsychotherapeutischer Hilfe bei schweren Neurosen und Psychosen. Doch da hier ein Erfolg kaum in den rund 20 Stunden, welche eine Gesprächspsychotherapie in der Regel dauert, zu erwarten ist, bleiben hier viele Fragen offen (so klammert die Gesprächspsychotherapie die Übertragung aus, mit der man sich in langfristigen Behandlungen aber meist doch auseinandersetzen muß).

Die Erfolge der Gesprächspsychotherapie sind sehr gut dokumentiert, meist mit Hilfe von psychologischen Tests.

Einzelstudien ergaben, daß sich die Klienten nach einer Gesprächspsychotherapie mehr akzeptieren und ihre eigenen Gefühle differenzierter wahrnehmen, daß ihr Selbstvertrauen steigt und die Fähigkeit, sich selbst zu kontrollieren, zunimmt. Die Klienten reagieren flexibler, streben realistischere Ziele an und sind offenbar für neue Erfahrungen.

Zusammenfassend läßt sich sagen, daß die wichtigste Indikation für die Gesprächspsychotherapie aktuelle Lebenskonflikte und emotionale Krisen sind. Verglichen mit tiefenpsychologischen Verfahren dauert eine Gesprächspsychotherapie kürzere Zeit; sie kommt in der Regel mit einer Wochenstunde (45 Minuten) aus, und die Gesamtdauer übersteigt selten 20 Stunden. Gesprächspsychotherapeuten können mit den gesetzlichen Krankenkassen zusammenarbeiten, wenn sie auch eine Zulassung in tiefenpsychologisch fundierter oder in Verhaltenstherapie haben oder aber Erstattungsvereinbarungen mit einzelnen Kassen treffen.

Literatur

C. R. Rogers: Die Klient-bezogene Gesprächstherapie. München 1973

–: Die nicht-direktive Beratung. München 1972

J. M. Rogers: Operant conditioning in a quasi therapeutic setting. In: J. abnorm. soc. Psychol. 60/1960, S. 247

W. Schmidbauer: Kleine Psychotherapie. München-Planegg 1970

H. H. Strupp et al.: Psychotherapeutic experience in retrospect. In: Psychol. Monographs Nr. 588 1962

R. Tausch: Gesprächspsychotherapie. Göttingen 1973

R. Tausch, A. Tausch: Erziehungspsychologie. Göttingen 1965

R. Tausch, A.-M. Tausch: Wege zu uns. Reinbek 1983

Ch. B. Truax, R. R. Carkhuff: Toward effective counseling and psychotherapy: Training and practice. Chicago 1967

B. B. Wolman (Hrsg.): Handbook of clinical psychology. New York 1965

Primärtherapie

Urschreitherapie. Die von Arthur *Janov* entwickelte Primärtherapie geht von einer Zufallsbeobachtung aus. Ein zurückhaltender, sensibler Student erzählte während einer Gruppentherapie von einem Happening in London, wo ein Künstler in Windeln auftrat, aus einer Milchflasche trank und dauernd »Mami« und »Papi« schrie. Am Ende übergab er sich. Der Auftritt hatte den Studenten fasziniert, und *Janov* forderte ihn auf, das Verhalten des Künstlers zu wiederholen. Erst weigerte sich der Student, sich so kindisch zu benehmen. Dann fand er sich dazu bereit. Durch die Rufe nach Mami und Papi geriet er in einen hypnoseähnlichen Zustand, krümmte sich, zuckte und stieß endlich einen durchdringenden Todesschrei aus. Die ganze Episode hatte nur wenige Minuten gedauert. Doch sagte der Student nachher überrascht: »Ich hab's geschafft! Was, weiß ich nicht, aber ich kann *fühlen!*«

Dieses Ereignis brachte *Janov* auf den Gedanken, seine Patienten aufzufordern, nach den Eltern zu rufen und wirklich mit ihnen zu sprechen. Die Beziehungen dieses Vorgehens zur Gestalttherapie und Transaktionsanalyse sind deutlich. *Janov* hat aus diesem technischen Mittel eine Theorie entwickelt, die auf der frühesten Entwicklungsstufe der Psychoanalyse aufbaut – der Traumatheorie und der therapeutischen Katharsis, dem Abreagieren »eingeklemmter« *(Breuer* und *Freud)* Affekte. Diese Theorie vertritt *Janov* mit mehr Emphase als mit wissenschaftlicher Skepsis. Er ist überzeugt, eine grundlegend und unverwechselbar neuartige Methode entdeckt zu haben; Wortschöpfungen wie »Primärtherapie«, »Urschrei«, »Urschmerz« unterstreichen das. Sendungsbewußt neigt er dazu, alle bisherigen Formen der Psychotherapie abzulehnen, selbst dort, wo die eigene Theorie ohne ihre Vorarbeit gar nicht denkbar wäre. »Wenn eine frühe Terminologie angewandt wird, um Erlebnisse zu erklären, und die Primärtherapie mit etwas verglichen wird, was jemand vor Jahrzehnten sagte, dann bedeutet das, sich an dem neurotischen Kampf zu beteiligen, etwas Neuem einen alten Sinn zu verleihen« *(Janov* 1973, S. 364).

Janovs Theorie ist sehr einfach: Der Mensch wird »real«, d. h. spannungs- und abwehrfrei geboren. Die Zurückweisung seiner Bedürfnisse in der Kindheit führt dazu, daß dieses reale Erleben und die mit ihm verknüpfte reale Bedürfnisbefriedigung durch symbolisches Erleben und symbolische Bedürfnisbefriedigung ersetzt werden, die *Janov* mit neurotischem Verhalten gleichsetzt. Das symbolische Verhalten wird eingesetzt, um psychischen Schmerzen auszuweichen, welche durch die Unmöglichkeit einer realen Bedürfnisbefriedigung entstehen. »Urschmerzen sind das, was das Kind empfindet, wenn es nicht es selber sein kann. Spannung entsteht, wenn Schmerzen vom Bewußtsein abgetrennt sind. Sie ist diffuser Schmerz. Sie ist der Druck von verleugneten, abgetrennten Gefühlen, die nach Befreiung drängen. Spannung erzeugt den unermüdlichen Geschäftsmann, den Rauschgiftsüchtigen, den Homosexuellen, die alle auf ihre Weise leiden, aber einen Lebensstil oder eine »Persönlichkeit« entwickeln, um dieses Leiden auf ein Minimum zu reduzieren und letztlich zu betäuben...« *(Janov* 1973, S. 31).

Aus diesen kurzen Beispielen dürfte deutlich geworden sein, daß die Primärtherapie ein stark vereinfachtes Konzentrat psychoanalytischer Auffassungen als »Primärtheorie« anbietet. Unklar bleibt, warum sich aus der Abwehr von Urschmerzen so verschiedene Formen von Krankheitsbildern entwickeln. Wie viele Vereinfachungen ist auch *Janovs* Theorie sehr suggestiv und für Laien oft außerordentlich überzeugend. Daneben enthält sie eine unterschwellige Kulturfeindlichkeit, die sich bereits in der Formel vom »symbolischen« Erleben des Neurotikers gegenüber dem »realen« Erleben des »Normalmenschen« ausdrückt. Die Fähigkeit zum symbolischen Erleben und zur Symbolbildung ist ein wichtiges Kulturdenkmal.

Die Technik der Primärtherapie

Wie die Vorbereitung auf die antiken Mysterien, so erfordert auch die Vorphase der Primärtherapie Isolation und Ernüchterung. Der Patient soll aufhören, zu rauchen oder Alkohol zu trinken; die letzten 24 Stunden vor der Behandlung muß er isoliert in einem Hotelzimmer verbringen, ohne zu telefonieren oder fernzusehen.

In der *Janov*schen Technik wird der Patient zunächst drei Wochen lang einzeln behandelt. In dieser Zeit ist er der einzige Kranke, der Einzeltherapie erhält, und zwar jeden Tag zwischen zwei bis drei Stunden. Die Isolierung (manchmal wird der Patient auch aufgefordert, eine schlaflose Nacht zu verbringen, um seine Abwehr zusätzlich zu schwächen) und das Verbot von Zerstreuungen haben den Patienten dazu geführt, daß er seine neurotischen Spannungen bereits stark spürt. Wenn er in der Einzelstunde ein Gefühl äußert, fordert ihn der Therapeut auf, dabei zu bleiben und sich in es zu versenken. Wenn er überwältigt wird, soll er Papi und Mami rufen und sie um Hilfe bitten. Er soll seine Kindheit erzählen und sich in die damals empfundenen Gefühle versetzen, wobei die Szenen real wiedererlebt und nicht nur erinnert werden müssen – die Gefühle des Kindes, seine Bitte um Liebe und sein Haß auf die versagenden Eltern.

Was das Kind damals nicht auszudrücken wagte, soll der Erwachsene nun ausdrücken. Dabei verschwinden die Gefühle oft in den ersten Stunden, noch lange bevor die einzelnen Patienten fähig sind, sich wirklich in die kindliche Situation hineinzuversetzen. Wenn der Therapeut aber merkt, daß der Patient wirklich von einem Gefühl erfaßt ist und bei diesem Gefühl bleiben will, dann fordert er ihn auf, kräftig und vom Bauch aus zu atmen. Er soll den Mund so weit wie möglich öffnen und versuchen, das Gefühl aus dem Körper herauszuziehen und die Eltern direkt anzusprechen. In der Primärtherapie wird die Abwehr eines Patienten nicht analysiert, sondern manipuliert. Der Therapeut fordert ihn auf, das Intellektualisieren sein zu lassen, lauter zu sprechen, nicht von den Eltern zu erzählen, sondern sie direkt anzusprechen. Er weigert sich, die Methode der Primärtherapie zu diskutieren, gibt aber die Bereitschaft zu erkennen, dem Kranken dann beizustehen, wenn er sich von seinen Schmerzen überwältigt fühlt. Die »Fassade« des Patienten, ob sie nun intellektuell oder demütig, höflich oder feindselig ist, wird angegriffen; der Therapeut fordert ihn auf, breitbeinig, mit ausgebreiteten Armen und offenem Mund auf der Couch zu liegen. Veränderungen dieser Haltung werden untersagt. Wenn der Kranke den Kopf hebt oder die Knie anzieht, wird es ihm verboten; ebenso, wenn er kichert oder gähnt, sobald sich Gefühle bemerkbar machen, wenn er das Thema wechselt oder Gefühle »hinunterschluckt«. Der Patient soll nur atmen und fühlen.

Der Patient muß regelrecht lernen, Urschmerzen zu fühlen und Urerlebnisse (Primals) zu »heben«. Er wird gedrängt, die Gefühle auszusprechen, die ihn würgen und bedrängen; endlich schreit er sie hinaus – oft sind es nur wenige Wörter wie »Haß«, »Papi, sei lieb!« »Mami, hilf mir!«. Dieser Urschrei ist ein Signal dafür, daß die Abwehr des Patienten geöffnet wurde, und zugleich die Voraussetzung weiterer Abbauvorgänge im Abwehrsystem. Im Lauf der dreiwöchigen Einzel-Intensivtherapie soll der Patient »abwehrlos« werden, d. h. einen seelischen Ausnahmezustand erreichen, der in mancher Hinsicht den von William *Sargant* erläuterten Bekehrungserlebnissen entspricht. An die Stelle des bisherigen Abwehrsystems tritt eine neue Identifizierung; tatsächlich preist *Janov* den »postprimären« Menschen ähnlich hymnisch wie früher Prediger den »Bekehrten«, den »Erlösten« oder »Erweckten« priesen, der sein altes, sündhaftes Ich abgelegt hat.

Ziel der initialen Intensivtherapie ist »der völlige Verlust der Selbstbeherrschung« (*Janov* 1973, S. 88); der Patient muß abwehrlos werden und lernen, sich auf Urerlebnisse und Urschmerzen zu konzentrieren. Das ist oft erst nach der Überwindung erheblicher Widersprüche möglich (*Janov* beschreibt keine Fälle, in denen die Patienten sich der primärtherapeutischen Prozedur verweigern; solche Therapieabbrüche sind mir von Therapeuten, welche *Janovs* Methode anwenden, berichtet worden).

An die dreiwöchige Intensivtherapie schließt sich die »postprimäre Gruppentherapie«. Sie unterscheidet sich von allen anderen Formen der Gruppentherapie dadurch, daß es in ihr primär nicht um Interaktionen geht, sondern darum, unter der Aufsicht des Therapeuten individuell Urerlebnisse zu spüren, die möglicherweise bei anderen Gruppenmitgliedern ebenfalls Urerlebnisse auslösen. Die Patienten liegen auf Matten (wie man sie beim Bodenturnen verwendet); sie stecken sich gegenseitig in ihren Urerlebnissen an, »denn einem Patienten, der jetzt abwehrlos ist, fällt es sehr schwer, sich eine halbe Stunde oder länger zurückzuhalten, während ein anderer Patient sein Urerlebnis hat« (*Janov* 1973, S. 101).

Die Gruppensitzungen finden noch sieben bis acht Monate mit einer Frequenz von zweimal pro Woche und jeweils zwei bis drei Stunden Dauer statt. Oft liegt ein Patient nach einem Urerlebnis noch eine Stunde still da und denkt über das Geschehene nach. Die Gruppe setzt sich aus Menschen zusammen, die seine Empfindungen verstehen und nachfühlen können, was einen gewissen Schutz bedeutet.

Indikation, Zeitaufwand und Kosten

Es gibt in Deutschland nur wenige Therapeuten, die Primärtherapie durchführen. Denn trotz seines antikulturellen Affekts war *Janov* der erste Therapeut, der seine Methode als Warenzeichen registrieren ließ; nicht von ihm selbst ausgebildete Ärzte und Psychologen sprachen von »Primärbehandlung«. *Janov* warnt ausdrücklich davor, als nicht voll ausgebildeter Primärtherapeut Versuche mit seinem Verfahren zu machen. Der Therapeut müsse selbst »real« sein, um seinen Patienten das Erleben von Urschmerz zu ermöglichen. Dennoch haben manche Therapeuten (meist primär psychoanalytischer Ausrichtung) Teile des *Janov*schen Verfahrens übernommen. Manche arbeiten von Anfang an in kleinen Gruppen; andere schließen primärtherapeutische Techniken an eine analytische Psychotherapie an oder leiten die Analyse in eine Primärtherapie über, wenn sie das Gefühl haben, daß der unmittelbare Ausdruck von Emotionen sinnvoller ist als ein analytisches Vorgehen. Die Indikation zur Primärtherapie wird von *Janov* sehr weit gestellt. Sie umfaßt neben den Psychoneurosen auch psychosomatische Krankheiten, Persönlichkeitsstörungen, Sucht und manche Psychosen. Seine Erfolgsberichte sind enthusiastisch; systematische Studien über die tatsächliche Erfolgsquote fehlen bis jetzt. Der Zeitaufwand des klassischen Verfahrens von *Janov* umfaßt fünf bis zehn Monate – drei Wochen Einzelbehandlung und anschließend mehrere Monate Gruppentherapie mit etwa vier bis sechs Stunden pro Woche. Den Kostenaufwand schätzt *Janov* auf ein Fünftel einer langen Psychoanalyse; andere Autoren schätzen den Aufwand für eine Primärtherapie ebenso hoch wie den einer analytischen Psychotherapie. Die Therapiedauer scheint nach meinem Eindruck bei den deutschen Kollegen, die mit Primärtherapie experimentieren, länger zu sein als die ersten Berichte *Janovs* vermuten lassen.

Die Primärtherapie ist keine Kassenleistung, die Ergebnisse sind umstritten. Wie bei allen regressionsfördernden Therapieverfahren ist eine relativ gesunde Persönlichkeit vor der Therapie eine wesentliche Voraussetzung für konstruktive Wirkungen.

Literatur

A. Janov: Frühe Prägungen. Frankfurt 1983
–: Gefangen im Schmerz. Frankfurt 1983
–: Der Urschrei. Ein neuer Weg der Psychotherapie. Frankfurt 1973
H. J. Hemminger: Flucht in die Innenwelt. Berlin 1980

Selbsterfahrungsgruppen als »Therapie für Normale«

Schon immer haben sich Menschen, die ein gemeinsames Ziel anstrebten, in Gruppen zusammengeschlossen und versucht, auf diese Weise mehr zu erreichen als der isolierte einzelne. Die frühesten Errungenschaften der Kultur sind vielfach nur als Gruppenleistungen denkbar. Seit dem Beginn der Großwildjagd vor etwa einer halben Million Jahren muß der Mensch aus seiner Gruppenfähigkeit Selektionsvorteile gezogen haben (d. h. die Möglichkeit, Gruppen aufzubauen, die gemeinsam handelten, erhöhte seine Überlebens- und Fortpflanzungschancen). Die elementaren Vorzüge der Gruppen sind Arbeitsteilung, Kooperation (d. h. Vervielfältigung der Kräfte des Individuums), Kontinuität und Schutz für Schwächere.

Jeder Einzelmensch ist aufgrund biologischer Notwendigkeit zu bestimmten Zeiten wehrlos und inaktiv (Schlaf, Krankheit, Nahrungsaufnahme). Nur eine Gruppe kann gewährleisten, daß bestimmte Aufgaben kontinuierlich erledigt werden. Das Bewachen der schlafenden Kameraden oder der Aufbau und die andauernde Kontrolle eines Bewässerungssystems sind urtümliche Modelle dieser Gruppenleistungen, die in der Soziologie heute Institutionen genannt werden.

Bei der Untersuchung der Gruppenpsychotherapie haben wir die Möglichkeiten der Gruppe in psychotherapeutischer Hinsicht bereits angedeutet. Auch hier kann ihre dauernde Wachsamkeit und intensive wechselseitige Beobachtung unter Umständen mehr leisten als die Beobachtungs- und

Deutungskunst des fähigsten Analytikers. Die Übereinstimmung mehrerer Mitglieder übt oft einen stärkeren Überzeugungseffekt aus als die Aussage des Therapeuten in der Einzelsituation. Die Bedeutung der Gruppen-Selbsterfahrung für die Erwachsenenerziehung – vor allem bei Angehörigen sozialer Berufe – haben meine Mitarbeiter und ich in der Gesellschaft für analytische Gruppendynamik untersucht. Wir gingen dabei davon aus, daß gerade in diesen Berufen (Lehrer, Ärzte, Erzieher, Sozialarbeiter, Verwaltungsfachleute, Industriesoziologen usw.) sehr häufig die Kooperation durch ganz oder teilweise unbewußt gewordene Reste aus der kindlichen Sozialisation beeinträchtigt wird. Das Menschenkind ist aus biologischer Notwendigkeit abhängig; es braucht Zuwendung und Schutz der Erwachsenen. Um sich diese lebenswichtige Zuwendung zu erhalten, entwickeln viele Kinder Erlebnis- und Verhaltensweisen (meist in Form innerer Sperren oder Zwänge), die später noch beibehalten werden, auch wenn sie ihren Sinn verloren haben, ja störend wirken. In einer Selbsterfahrungsgruppe können nun solche »sozialen Schablonen«, die der Erwachsene aufgrund seiner Kindheitsgeschichte an seine Mitmenschen heranträgt, verstanden und verändert werden. Da es sich meist um relativ gesunde Menschen handelt, kann die korrigierende geistig-emotionale Erfahrung in einzelnen Fällen viel schneller erarbeitet und eine bleibende Verhaltenskorrektur erreicht werden: Einige Beispiele:

1. Ein 40jähriger Heimerzieher berichtet über ein deutlich entspanntes Verhältnis zu seinen Vorgesetzten (das er bisher mit ihm unbegreiflichen, irrationalen Ängsten erlebte), als er in einer Gruppe über die massive Überforderung in seiner Kindheit berichtete. Er war als der Älteste immer für seine kleinen Geschwister verantwortlich gemacht worden. Wenn er seine Pflichten nicht erfüllte, wurde er unbarmherzig geschlagen. Das Gefühl, es Autoritäten nie recht machen zu können, in der Kindheitssitua-

tion realistisch, verfolgte ihn auch noch als Erwachsenen, der keinerlei reale Gründe hatte, Kritik von Vorgesetzten zu fürchten.

2. Eine 32jährige Sozialarbeiterin wiederholte immer wieder die Beziehung zu ihrem Vater, indem sie sich zwanghaft an den Ansprüchen von Männern orientierte und dabei oft völlig verzweifelte, weil sie die gewünschten Leistungen nicht erbringen konnte. Sie war bereits entschlossen, eine Psychotherapie zu machen, als sie in einer einwöchigen Selbsterfahrungsgruppe die Beziehung zwischen der Gruppensituation, ihrer Lebenssituation und ihrer Kindheitssituation soweit verstehen konnte, daß sie ihr Verhalten in ihrem Bekanntenkreis schlagartig änderte, sich gegen Forderungen zur Wehr setzte und so in Beruf und Privatleben erheblich zufriedener lebte. Den Gedanken an die Psychotherapie gab sie auf.

3. Eine Teilnehmerin in einer Selbsterfahrungsgruppe für Lehrer konnte mit einer schwierigen Klasse weit besser auskommen, als sie erkannte, daß ihr ängstliches und nachgiebiges Verhalten auf einer unbewußten Geschwister-Übertragung auf die Klasse beruhte, die sie wie ihre kleine Schwester behandelte, vor deren Ansprüchen sie als Kind immer Angst gehabt hatte.

4. Ein Gruppentherapeut findet in einer Kontrollgruppe heraus, daß seine Therapiegruppe deshalb nicht weiterkommt, weil er aus Angst vor einem Mißerfolg dauernd versucht, die Gruppe zu konstruktiven Fortschritten zu zwingen, indem er unnötig viel Aktivität übernimmt und die Mitglieder für ihre Widerstände eher tadelt, als sie in ihrem Zögern zu verstehen. Er ändert sein Verhalten und berichtet vier Wochen später, die Gruppe mache jetzt wesentliche Fortschritte.

Die Prinzipien der analytisch orientierten Selbsterfahrungsgruppe lassen sich so zusammenfassen:

1. Die S-Gruppe wird zum Modell der Familien- bzw. Primärgruppe. Die einzelnen Mitglieder wiederholen ihre jeweils typischen sozialen Schemata nach dem Prinzip des Wiederholungszwanges und der Übertragungsdynamik.

2. Durch die Verpflichtung auf einen gemeinsamen Gruppenvortrag (mit Schweigegebot nach außen) bildet die Gruppe nach einer anfänglichen Spaltungs- und Fluchtphase eine gemeinsame Gruppengrenze aus. Diese umgibt einen geschützten Innenraum, in dem neue emotionale Erlebnis- und Verhaltensweisen erprobt werden können.

3. Der Leiter versteht sich als teilnehmender Beobachter des Gruppenprozesses. Seine Aufgabe ist es, die bewußte und unbewußte Entwicklung der ganzen Gruppe entlang der Dimensionen Abhängigkeit (von der Autorität) – Abhängigkeitsprotest (Ablehnung und Kampf gegen die Autorität) und Unabhängigkeit (Autonomie) anzuzeigen. Parallel dazu soll er die zunehmende Intimität der Mitglieder untereinander konstruktiv bearbeiten (indem er die Übertragungs- und Wiederholungsphänomene aufgreift und biographisch mit Hilfe der Gruppe durcharbeitet).

Die angestrebten Lernziele sind Einsichten in die orale Abhängigkeit zu Beginn, die anale Trotzreaktion gegen die Preisgabe von Gefühlen, den Kampf gegen eine enttäuschende, insgeheim als omnipotent erlebte Führerfigur, die gemeinsame Gruppenspannung, die sich auch in den Träumen ausdrückt, die oft verblüffende Parallelen im Erleben der einzelnen Mitglieder. Auf der anderen Seite sollen auch die einzelnen Mitglieder in ihrer persönlichen Problematik im sozialen Bereich einen Schritt weiterkommen und die Gruppenerfahrung für sich selbst nutzbar machen, wobei durch das Imitationslernen wiederum die Bewältigung eines

Konfliktes durch ein Gruppenmitglied die Bewältigungsmöglichkeiten aller Mitglieder verbessern kann.

Die analytische Gruppendynamik in diesem Sinn ist eine Integration der Einsichten von Kurt *Lewin* über die Möglichkeiten der Kleingruppenarbeit zur Korrektur emotionaler Einstellungen mit der psychoanalytischen Ich-Psychologie.

Balint-Gruppen

Eng verwandt mit der analytischen Gruppendynamik ist die von Michael *Balint* begründete Form der Weiterbildung für Ärzte (deren Modell inzwischen auf Lehrer, Priester, Sozialarbeiter und andere Angehörige sozialer Berufe erweitert wurde). Eine Gruppe von acht bis zwölf Ärzten trifft sich in regelmäßigen Abständen. Jeweils ein Mitglied stellt einen »Fall« vor, in der Regel einen Patienten, bei dem der Arzt Schwierigkeiten in der sozialen Interaktion spürte und dessen (meist psychosomatisches) Krankheitsbild ihm nicht voll verständlich ist. Unter der Leitung eines Psychotherapeuten erarbeitet die Gruppe dann das Verständnis dieser Situation; sie vertieft dabei sowohl die Einsicht des Arztes in die Probleme seines Patienten, wie auch die Selbsterkenntnis des Arztes für die Wirkung seiner eigenen Persönlichkeit auf seinen Patienten. Dabei spielen auch die Übertragungsvorgänge innerhalb der Gruppe eine wichtige Rolle. Inwieweit diese Probleme in der Gruppe bearbeitet werden, wird von den verschiedenen Gruppenleitern sehr unterschiedlich gehandhabt. Meiner eigenen Erfahrung nach (mit *Balint*-Gruppen für Ärzte, Supervisoren, Gruppentherapeuten, Lehrer und Sozialarbeiter) ergibt sich eine spontane Dynamik in der Gruppe, bei der zunächst die beruflichen Schwierigkeiten besprochen werden und anschließend die tieferliegenden persönlichen Probleme vor dem Hintergrund einer immer intimer werdenden Auseinandersetzung in der

Gruppe in den Mittelpunkt rücken. Ohne solches persönliches Material verarmt die berufsbezogene Arbeit, umgekehrt verhindert die berufliche Auseinandersetzung eine regressive Therapeutisierung der Gruppe.

Für Ärzte, Lehrer, Sozialarbeiter, Theologen und Juristen sind *Balint*-Gruppen sicherlich ein ideales Mittel der Weiterbildung in beruflicher *und* menschlicher Hinsicht. Sie können ergänzen, was die theoretisch orientierte, berufsbezogene und auf Sachinformation abgestellte Fortbildung meist versäumt, was aber in der konkreten Arbeit in allen sozialen Berufen eminent wichtig ist: Die Auseinandersetzung mit den eigenen, gefühlshaften Einstellungen und sozialen Schablonen, kurzum mit der eigenen Persönlichkeit, die ja eines der wichtigsten (helfenden oder störenden) Mittel in allen Berufen ist, in denen Menschen beeinflußt werden sollen. *Balint* sprach hier von der »Droge Arzt« (die – unerkannt und unverändert – wohl ebensooft ein Gift ist wie ein Heilmittel). Auch Lehrer und Sozialarbeiter beeinflussen ihre Schüler bzw. Klienten durch ihre Persönlichkeit sehr stark – vielleicht ebenso stark, wie durch ihr didaktisches oder sozialpädagogisches Wissen. Dieses Instrument sozialer Wirkung, die eigene Persönlichkeit, kann im Rahmen einer analytisch orientierten Gruppenarbeit einsichtiger und damit zugleich wirkungsvoller und gezielter bzw. konstruktiver eingesetzt werden. Mechanisches Lernen von Gesprächstechniken, didaktisch korrektem Verhalten oder »ärztlicher Ethik« bleibt wirkungslos, solange es nicht gelingt, einen Zugang zu verschütteten Gefühlen und kritischen Abstand zu in starrem Wiederholungszwang ablaufenden, unbewußten Persönlichkeitszügen zu gewinnen.

Gruppendynamisches Laboratorium und Sensitivitätstraining

Die Trainings-Gruppe (T-Gruppe) wurde von den Lewin-Schülern Leland *Bradford,* Roland *Lippitt* und Kenneth *Benne* entdeckt. Hier ist das Selbststudium einer Gruppe der Mittelpunkt der gemeinsamen Arbeit; der Leiter (Trainer) bleibt fast durchweg im Hier und Jetzt. Manchmal lehnt er sogar einen Bezug auf die Geschichte der Einzelindividuen bewußt ab. Lernziel ist die »Sensitivität«, d. h. die Fähigkeit, auch weniger deutliche Kommunikationen aus dem verbalen und vor allem nichtverbalen Bereich zu verstehen und zu beantworten – kurz die Bedürfnisse anderer Menschen ebenso wie die eigenen Bedürfnisse besser zu erkennen. Daneben werden sehr oft noch Intergruppen-Übungen durchgeführt, welche z. B. gruppendynamische Prozesse in Institutionen (Rivalität, Autoritätskonflikte usw.) verdeutlichen sollen. Die Gruppe wird weniger (wie in der analytischen Gruppendynamik) als Instrument verwendet, um die einzelnen Mitglieder zu fördern. Statt dessen konzentriert man sich auf die Prozesse des Entstehens von Gruppen (oft ist die erste Aufgabe, Untergruppen aus einem Plenum zu bilden), der Zielsetzung in Gruppen, der Intergruppenbeziehungen. Manchmal werden auch Übungen durchgeführt, die Probleme sozialer Organisationen modellhaft durchspielen helfen (Organisationstraining; gruppendynamisches Laboratorium). Die klassische T-Gruppe, die in den USA an den National Training Laboratories (NTL) entwickelt wurde, wird in Westdeutschland vor allem von den in der Sektion »Gruppendynamik« des Deutschen Arbeiterkreises für Gruppenpsychotherapie und Gruppendynamik zusammengeschlossenen Trainern in meist zehntägigen Kursen durchgeführt. Sie ist sozialtechnisch und sozialpsychologisch orientiert.

Erfahrungsgruppen
(Encounter-Gruppe, Kontaktgruppe)

Eine logische Fortentwicklung aus dem Sensitivitätstraining ist neben der biographischen Vertiefung, wie man sie in der analytischen Gruppendynamik anstrebt, auf der anderen Seite die emotionale Aktivierung, wie sie im Rahmen der Encounter-Gruppen (Erfahrungsgruppen, Begegnungs-Gruppen) angezielt wird. Auch hier gibt es sehr viele verschiedene Strömungen, die von einem relativ festgelegten Rahmen von nichtverbalen Übungen, psychodramatischen Spielen und Elementen der Gestalt-Therapie (vgl. ›William *Schutz*‹ Buch »Freude«, Hamburg 1971) bis zu den mehr verbal orientierten und auf Gruppen ausgedehnten Modellen der klientenzentrierten Therapie reichen *(C. Rogers,* Encounter-Gruppen, München 1973). Im Modell von *Schütz* wird die intensive emotionale Auseinandersetzung fast zum Selbstzweck. Der Leiter bemüht sich, möglichst aufwühlende Interaktionen und »Spiele« zu gestalten. *Rogers* legt großen Wert darauf, daß die Spontaneität der Gruppen erhalten bleibt. *Schütz* und viele andere Gruppenleiter schaffen aber diese emotionale Atmosphäre durch technische Kunstgriffe und Gruppenübungen. Sie bieten sich selbst als Vorbild für spontanen Gefühlsausdruck an und plädieren uneingeschränkt für das Privileg des Handelns vor dem Sprechen, des unmittelbaren Ausdrucks von der Reflexion, des Ausagierens vor der Analyse.

Die Gruppenmitglieder sollen ein Kissen prügeln und sich vorstellen, es sei z. B. der gehaßte Vater; sie sollen sich massieren, beriechen, betasten, umarmen, schütteln, im Kreis zusammenschließen usw. Hier entsteht nicht die sterile, intellektuelle Atmosphäre, die eine Gefahr für analytische Gruppen mit einem sehr passiven, unspontanen Leiter ist. Aber auf der anderen Seite schränkt die künstliche Situation der Gruppenspiele und des Agier-Gebots die

Spontaneität des Erlebens erheblich ein und erschwert den »Transfer«, d. h. die Übertragung des Erlebten und Erlernten auf normale soziale Situationen. Die verbal orientierte Arbeit in der analytischen Gruppendynamik bietet mehr Ausdrucksmöglichkeiten, weil Sprechen im Rahmen des »Probehandelns« folgenloser bleibt und auch einen allmählichen Zugang zu angstbeladenen Erlebnisinhalten bietet als das Ausagieren (wobei ja in den Encountergruppen strikte Grenzen gezogen werden müssen, sobald ein Mitglied körperlich verletzt werden könnte).

Die Integrationskraft der analytischen Arbeit ist größer; die Forderung, Gefühle mit Worten auszudrücken, stellt vielfältige Beziehungen in der Gruppe und im Leben des einzelnen Mitglieds her und führt zu einer umfassenderen innerseelischen Integration, während das Encountererlebnis entweder wegen seiner Künstlichkeit oder wegen seines einmaligen Charakters leicht wie ein erratischer Block in der Biographie des Individuums liegen bleibt und von ihm nicht mit anderen Erlebnissen verbunden, von der ganzen Gruppe nicht nacherlebt werden kann. In Encounter-Gruppen stellt sich nicht so leicht eine gemeinsame Spannung her; die Agierenden sind oft isoliert, die anderen Gruppenmitglieder zu Zuschauern geworden.

Das gilt sicherlich nicht für die Arbeit von *Rogers,* der sich zum Vorrang des Verbalen bekennt, wohl aber für die Gruppenspiele von *Schütz* und den ihm nahestehenden Gruppenleitern am Esalen-Institut in Kalifornien. Last not least sind analytische Gruppen weit weniger mit nachteiligen Nebenwirkungen und Folgeerscheinungen behaftet. Diese negativen Effekte einer Encounter-Gruppe treten nach der gründlichen Studie von Irvin *Yalom* und Morton A. *Liebermann* vor allem bei Leitern auf, die sehr viel Autorität und aggressives Charisma entfalten, indem sie den Gruppenmitgliedern bestimmte Ausdrucksweisen aufdrängen. Solche Leiter schaden nachweislich 44 Prozent der

Gruppenmitglieder. Insgesamt trugen in der zitierten Studie über Encounter-Gruppen etwa 10 Prozent der Mitglieder deutliche psychische Schäden (fast immer vorübergehender Art, wie Depressionen und Angstzustände) davon. Nach unseren bisherigen Erfahrungen treten in analytisch orientierten Gruppen solche Zwischenfälle extrem selten auf. In den Seminaren der Gesellschaft für analytische Gruppendynamik haben wir die Problematik der Schädigung eines Gruppenmitglieds immer wieder durchgesprochen und eine Reihe von Grundregeln für Gruppendynamiker erarbeitet, die vielleicht von allgemeinem Interesse sind:

1. Nur bei ich-starken Mitgliedern dürfen Widerstände durch aggressive Konfrontation angegangen werden, vor allem dann, wenn diese ihren Widerstand in die Gruppen hinein agieren wollen und damit alle übrigen Mitglieder blockieren.

2. Falls ein Mitglied von der Gruppe massiv angegriffen wird und in die Rolle des Sündenbocks gerät, auf den die Gruppe ihre Abwehr projiziert, muß der Leiter sich auf die Seite des Schwächsten stellen und die Gruppenaggression deuten.

3. Ein Mitglied, das mit deutlichen nichtverbalen (Erbleichen, Schwitzen, unruhige Körperhaltung, Verspannungen) Zeichen von Angst reagiert, sollte nach einiger Zeit zum Sprechen aufgefordert werden, wenn es schweigsam bleibt und die Gruppe es übersieht. Notfalls ist in dieser Situation ein Einzelgespräch in einer Sitzungspause angezeigt.

4. Der Leiter respektiert die freie Entscheidung jedes Mitglieds, zu schweigen oder nur bestimmte Dinge zu sagen und andere zurückzuhalten.

Indikation, Zeitaufwand und Kosten

Selbsterfahrungsgruppen sind eine wichtige Hilfe zur Überprüfung der eigenen Sozialisation, zur Korrektur eingeschliffener sozialer Verhaltens- und Erlebnisweisen, zu einer Weiterentwicklung der Persönlichkeit. Diese Prozesse können in ihnen wegen der größeren Intensität der Auseinandersetzungen in einer meist intensiven Arbeit auf Klausurtagungen oder an Wochenenden schneller vorangetrieben werden als in therapeutischen Gruppen. Gleichzeitig steigt auch die Gefahr einer Überforderung und Traumatisierung jener Teilnehmer, die aus einem unbewußten oder uneingestandenen Therapiebedürfnis in solche Gruppen kommen. Da sich ihre Teilnahme schwerlich ausschließen läßt, hat man mit Recht gefordert, daß die Leiter von Selbsterfahrungsgruppen gründliche Kenntnisse in Neurosenlehre, Psychopathologie und psychotherapeutischen Techniken haben müssen, um in Einzelfällen Schäden bei Gruppenmitgliedern zu verhindern, die durch den Gruppenprozeß überfordert werden und zu dekompensieren drohen.* Die oberste Aufgabe des Leiters ist es, Schaden zu verhüten – ein Gesichtspunkt, der leider gelegentlich auch von ausgebildeten Psychotherapeuten mißachtet wird, die offenbar manchmal in Selbsterfahrungsgruppen jene Aggressionen ausagieren, die sie sich gegenüber ihren Patienten nicht erlauben.

Die unterschiedlichen Ziele der einzelnen Methoden bestimmen auch ihren Indikationsbereich. Balint-Gruppen sind für die Bearbeitung berufsspezifischer Persönlichkeitsprobleme angezeigt, Encounter-Gruppen eher für eine Erweiterung der Erlebnismöglichkeiten schlechthin. Menschen, die in psychotherapeutischer oder psychiatrischer

---

* Die Ausbildungsordnung für Gruppendynamiker der Gesellschaft für analytische Gruppendynamik, München und Zürich, sucht diese Forderung zu realisieren.

Behandlung sind und eine Gruppe mitmachen wollen, sollten sich vorher mit ihrem Therapeuten in Verbindung setzen, seine Ansicht einholen und auch den Gruppenleiter fragen, ob ihre psychische Belastbarkeit für die Teilnahme ausreiche.

Der Zeitaufwand für Selbsterfahrungsgruppen ist sehr unterschiedlich. Studien- und Balint-Gruppen laufen meist mit einer Wochenstunde (Kosten zwischen 20 und 40 DM) über mindestens ein Jahr; dann überlegen sich die Teilnehmer, ob sie weitermachen oder die Gruppe abschließen wollen. Meist werden sie »halboffen« geführt, d. h. Mitglieder können ausscheiden und neue eintreten, so daß die Gruppe als ganze ähnlich wie eine Therapiegruppe sich allmählich erneuert. Klausurtagungen dauern meist eine bis zwei Wochen. Die Teilnehmer treffen sich täglich mehrmals, manchmal werden auch Intergruppenübungen durchgeführt. Organisationstrainings und gruppendynamische Laboratorien haben ungefähr denselben Zeitaufwand wie Klausurtagungen. Ein sehr interessantes Modell sind langlaufende Studiengruppen an Wochenenden, wobei sich die Teilnehmer über ein Jahr hin einmal im Monat an einem Wochenende für jeweils sechs Doppelstunden treffen. Die Kosten betragen zwischen 15 und 40 DM für die Doppelstunde; bei Klausurtagungen und Marathons werden meist Preise für den einzelnen Tag (ohne Übernachtung) berechnet, die zwischen 50 und 1500 DM schwanken können. Die extremen und sachlich meist unbegründeten Preisunterschiede sind charakteristisch für einen unübersichtlichen Markt, in dem viele Nutzer das Produkt erst nach dem Kauf kennenlernen.

Literatur

L. B. Bradford et al.: T-Group Theory and Laboratory Method. New York 1967. Gekürzte deutsche Ausgabe: Gruppentraining. Stuttgart 1972

T. Brocher: Gruppendynamik und Erwachsenenbildung. Braunschweig 1960

D. Cartwright, A. Zander: Group Dynamics. Research and Theory. New York 1960

A. Heigl-Evers (Hrsg.): Gruppendynamik. Göttingen 1973

H. Horn (Hrsg.): Gruppendynamik und der »subjektive Faktor«. Frankfurt 1972

–: Feldtheorie in den Sozialwissenschaften. Stuttgart 1963

K. Lewin: Die Lösung sozialer Konflikte. Bad Nauheim 1953

B. Luban-Plozza (Hrsg.): Praxis der Balint-Gruppen. München 1974

H. E. Richter: Die Gruppe. Hamburg 1972

–: Lernziel Solidarität. Hamburg 1974

C. R. Rogers: Encounter-Gruppen. München 1974

H. M. Ruitenbeek: Die neuen Gruppentherapien. Stuttgart 1974

P. Sbandi: Gruppenpsychologie. München 1973

W. Schmidbauer: Wie Gruppen uns verändern. Selbsterfahrung, Therapie und Supervision. München 1992

W. C. Schutz: Freude. Abschied von der Angst. Hamburg 1971

M. Shepard, M. Lee: Marathon 16. München 1972

P. E. Slater: Mikrokosmos. Frankfurt 1971

I. D. Yalom, Theorie und Praxis der Gruppenpsychotherapie. München 1989

Körpertherapie

Im Gegensatz zur Psychotherapie, die versucht, primär auf dem Weg über das Gespräch die innere Welt des Kranken kennenzulernen und Impulse für eine Veränderung aufzuspüren, erschließt die Körpertherapie auf verschiedenen Wegen neuartige Erlebnisse, die dann – je nach Methode – diskutiert und mit der Lebensgeschichte des Patienten verknüpft, oder als solche stehengelassen und in die Lebensweise des Patienten integriert werden, z. B. als Übung – jeden Tag zehn Minuten Yoga, vor dem Einschlafen funktionelle Entspannung, in der Arbeitspause einige Tai-Chi-Übungen. Viele Therapeuten verbinden mehrere Methoden oder wechseln körpertherapeutische Übungen mit Psychodrama oder Gestalttherapie ab (s. d.).

Atemtherapie

Jede Emotion verändert auch den Atem. In den Industriegesellschaften gewöhnen sich als eine Art unbewußter Reaktion auf die Luftverschmutzung viele Menschen an eine flache Atmung; andere »vergessen« in Zuständen seelischer Spannung, auszuatmen, und geraten bei dem Versuch, in ihre bereits volle Lunge zusätzliche Luft zu pumpen, in Panik, welche diese nervöse Atemstörung noch weiter steigert. In der Atemtherapie soll durch die Kräftigung und Pflege des individuellen Atemrhythmus der Klient einen neuen Zugang zu sich selbst, zu seinen Reaktionen auf Spannung und Ruhe gewinnen.

Es gibt Leiden, bei denen Atemtherapie besonders angezeigt ist: Rhythmusstörungen und Fehlfunktionen des Atems, Erkrankungen der Atemorgane (Asthma, Bronchitis, Emphysem, Heiserkeit, Stimm- und Sprechstörungen). Darüber hinaus profitieren vor allem Menschen davon, die sehr auf ihre Stimme angewiesen sind, vom Opernsänger bis zum Lehrer. Bei ausgeprägten Neurosen, Psychosen oder psychosomatischen Erkrankungen wird Atemtherapie selten allein verwendet, sondern mit anderen Verfahren verknüpft. Die Angebote kommen von freipraktizierenden Atemtherapeuten und müssen dann auch privat bezahlt werden; bei Erkrankungen kann der Arzt Atemtherapie bei einem speziell ausgebildeten Krankengymnasten verschreiben (wenn er einen solchen kennt).

Das praktische Vorgehen bei der Atemtherapie nach *Middendorf* sieht so aus, daß der Patient auf einer Liege atmet und vom Therapeuten durch Streichen, Drücken und Auflegen der Hände ein Begegnungsangebot erhält. Dadurch vertieft sich die Atembewegung, der Atemrhythmus wird bewußter, die Atemwege werden oft zum ersten Mal erlebt (z. B. Beatmen der Stirnhöhlen, um Infektionen vorzubeugen). Der Atem dient als »Leitseil«, um Körper und Seele ins Gleichgewicht zu bringen – schließlich überschneiden sich in diesem Bereich willkürliche und unwillkürliche Mechanismen besonders innig. (Ich kann bewußt atmen, oder den Atem einfach geschehen lassen). Eng verwandt mit der Atemtherapie sind die *funktionelle Entspannung* und das *autogene Training:* Immer geht es darum, in Kontakt mit dem Atem zu kommen und durch Erspüren der körperlichen Verspannungen Gegenkräfte zu entwickeln. Diese Entspannungsmethoden werden von Ärzten mit der Zusatzbezeichnung Psychotherapie, meist in Gruppen, auch für Kassenpatienten durchgeführt; außerdem gibt es an vielen Volkshochschulen entsprechende Angebote.

Bioenergetik

Die bioenergetische Therapie wurde von Wilhelm *Reich*, einem Schüler *Freuds,* entdeckt und wird gegenwärtig in verschiedenen Formen praktiziert. *Reichs* Grundgedanke war, daß jede Verdrängung auch eine Muskelverspannung und damit eine körperliche Blockade des freien Fließens der Lebenskraft (Bioenergie) bewirkt. Um diese Verspannungen zu lockern (wodurch die Verdrängungen ebenfalls gelockert werden, so *Reichs* Theorie), griff er auf die ehrwürdigen Traditionen der Massage zurück.

Wenn der »Körperpanzer« seine Starrheit einbüßt, dann können auch unbewußte Gefühle oder Erinnerungen wieder bewußt werden. Die Spekulationen des späten *Reich* über die »Orgon-Energie« wurden von wenigen Bioenergetik-Therapeuten mitvollzogen. Doch gibt es immer noch *Reich*-anhänger, welche Kranke in blechgefütterten Holzkisten (die sogenannten Orgon-Akkumulatoren) setzen und sich davon eine günstige Wirkung auf neurotische und psychosomatische Leiden, ja sogar auf Krebs, versprechen. Eine anerkannte Heilmethode ist das nicht.

Der bioenergetisch vorgehende Therapeut beobachtet zunächst seinen Patienten und achtet vor allem auf die Widersprüche zwischen Stimmklang, Augenausdruck, Körperhaltung, Mimik und dem, was verbal mitgeteilt wird. Bei den häufigen Widersprüchen zwischen körperlichem und verbalem Ausdruck – wenn etwa der Depressive mit Leichenbittermiene beteuert, es gehe ihm gut – nimmt er den Körper ernster als die Worte und bittet z. B. den Patienten, nun zu sagen, was sein Körper mitteilt. Er weist ihn durch zarte Berührung, gelegentlich auch durch einen kräftigen Druck darauf hin, wo Spannungen sitzen, erkundet, welche Gefühle abgewehrt werden, versucht auch, durch Druck auf die verkrampfte Kiefermuskulatur und plötzliches Loslassen das zurückgehaltene Weinen zu mobilisieren.

Bioenergetische Übungen, die auch in Gruppen durchgeführt werden können, beruhen z. B. darauf, den Körper in eine »Streßposition« zu bringen, so daß Verspannungen, die sonst latent sind, schmerzhaft werden und auffallen. Oder es sind die auch im Psychodrama (s. d.) verwendeten Ausdrucksübungen, etwa nachdrücklich »nein« zu sagen, um Hilfe zu rufen, um Liebe zu bitten.

Angezeigt ist Bioenergetik vor allem bei depressiven Reaktionen und psychosomatischen Leiden. Disziplinierte Menschen, die bereits eine solide Arbeitsfähigkeit aufgebaut haben, aber große Probleme haben, sich zu entspannen, ihre Freizeit zu genießen, ihre Vitalität auszudrücken, profitieren am meisten von der bioenergetischen Belebung. Problematisch ist das Verfahren bei regressiven Krisen, bei der Neigung zu Sucht oder zu Psychosen. Hier muß oft erst eine stabile Realitätsanpassung hergestellt werden, ehe es sinnvoll ist, die Abwehr aufzulösen.

Viele Therapeuten mit psychoanalytischer, aber auch lerntheoretischer Ausbildung haben Kenntnisse in Bioenergetik und setzen diese auch in geeigneten Fällen ein. In der Regel wird dabei ein flexibles Verhältnis zwischen verbaler und körperlich-übender Arbeit hergestellt, das den speziellen Bedürfnissen des Patienten gerecht wird. Das Risiko der Bioenergetik wie aller übenden, körperorientierten Verfahren liegt darin, daß es auch einem Anfänger oder Scharlatan relativ leicht gemacht wird, mit solchen Übungen etwas »in Gang zu setzen«, ohne daß er genügend klinische Erfahrung, Lebensweisheit oder beides hat, um die gerufenen Geister in den Dienst der Heilung zu stellen.

Eutonie, Feldenkrais-Methode

Gerda *Alexander,* die Begründerin der Eutonie (griech: Eu = gut, tonos = Spannung), ging von der Rhythmuserziehung aus und entwickelte daraus ein Verfahren, Bewegung und Orientierung im Raum für eine vertiefte Körpererfahrung einzusetzen. 1940 gründete sie eine Schule für Eutonie in Kopenhagen. Ihr Ausgangspunkt war, daß z. B. ein Kleinkind sich noch ähnlich harmonisch bewegt wie eine Katze, daß aber durch die Überbewertung der geistigen Anpassung und der Arbeitsdisziplin in der Erziehung die Bewegungen des Schulkindes und vor allem des Pubertierenden diese Harmonie verlieren. Eutonische Übungen sollen die richtige Entspannung wieder herstellen, die jedem Zustand des Lebens entspricht. Sie zielen darauf ab, das Körperbild und die Körperrealität in Einklang zu bringen. Das Vorgehen ist sanft, geht vom Gesunden aus und nähert sich den Verspannungen sehr langsam. Ziel ist eine Partnerschaft zwischen Körper und Bewußtsein; die manchmal naiven Überschätzungen des Körpers bei anderen Körpertherapeuten (»der Körper lügt nicht« usw.) sind der Eutonie fremd.

Wer seine Körperwahrnehmung übt, kann schonender und bewußter mit seinem Körper umgehen. Ihm fällt z. B. plötzlich auf, wie er seine Rückenmuskulatur bei der Schreibtischarbeit verspannt, während er früher immer erst dann etwas merkte, wenn er so starke Rückenschmerzen bekam, daß er sich die Strümpfe nicht mehr anziehen konnte. In der Eutonie werden keine Bewegungen als Übung vorgegeben; wichtig ist, was der Schüler spürt und wie er sein Körperbild in seinem Erleben durchstrukturiert.

Eutonie wird eher als Körperpädagogik verstanden, doch ist der Übergang zur Therapie fließend. Das gleiche gilt für die *Feldenkrais*-Methode, die nach Moshé *Feldenkrais* (1904–1984) benannt ist, einem in Rußland geborenen Juden, der mit fünfzehn Jahren nach Palästina auswanderte und später in Paris Physik studierte. Ähnlich wie Gerda *Alexander* kam auch *Feldenkrais* durch eine Verletzung dazu, sich genauer mit seinem Körperbewußtsein zu beschäftigen und nachzuforschen, wodurch Verletzungen im Bewegungsapparat geheilt werden können. Hier spielt das Körperbild eine große Rolle. Im Gegensatz zur Eutonie wird in der *Feldenkrais*-Methode mit aktiven Anleitungen gearbeitet: der Patient soll eine Bewegung immer bewußter ausführen, dann Variationen entwickeln, bis er zusammen mit dem *Feldenkrais*-Therapeuten (manche *Feldenkrais*-Anhänger wollen nicht von Therapie sprechen und bevorzugen den Ausdruck *Feldenkrais*-Praktiker) einen optimalen Bewegungsablauf entdeckt hat. Nach *Feldenkrais* gibt es keine richtigen Bewegungen, denn eine richtige Bewegung ist starr, sie läßt keine Entwicklung mehr zu. Der Mensch ist keine Maschine, sondern ein dynamisches System. Auch die *Feldenkrais*-Methode fordert (im Gegensatz zur Bioenergetik), daß die Körpererfahrung ohne Schmerzen, angenehm und leicht entwickelt werden sollte. Ziel ist ein ökonomischer Bewegungsablauf, in dem alle Bewegungen so mühelos wie möglich sind. Sie gehört stärker in das Arbeitsfeld der Rehabilitation als in das der Psychotherapie; bei spastischen Lähmungen, nach Schlaganfällen oder anderen neurologischen Erkrankungen werden durch die Neu-Integration der körperlichen Funktionen erstaunliche Erfolge erzielt. Dabei geht *Feldenkrais* von Stufe zu Stufe vor und nimmt die natürliche Entwicklung zum Vorbild (zum Beispiel lernen Kinder erst sprechen, wenn sie stehen können).

Literatur

Alexander: Eutonie. Ein Weg der körperlichen Selbsterfahrung. München 1984

G. Boysen: Über den Körper die Seele heilen. München 1987

M. Feldenkrais: Abenteuer im Dschungel des Gehirns. Frankfurt 1977

–: Die Entdeckung des Selbstverständlichen. Frankfurt 1985

M. Fuchs: Funktionelle Entspannung. Theorie und Praxis einer organismischen Entspannung über den rhythmisierten Atem. Stuttgart 1984

Ch. Gräff: Konzentrative Bewegungstherapie. Stuttgart 1983

P. Klein: Tanztherapie. Suderburg 1983

H. Kraft: Autogenes Training – Methodik und Didaktik. Stuttgart 1982

A. Lowen: Körperausdruck und Persönlichkeit. München 1987

–: Der Verrat am Körper. Reinbek 1982

I. Middendorf: Der erfahrbare Atem. Paderborn 1984

O. Sacks: Der Tag, an dem mein Bein fortging. Reinbek 1991

Mißbrauch in der Therapie

Schwer zu beantworten ist die Frage, ob sexuelle Übergriffe von Therapeuten zugenommen haben. Wie alle Formen einer Kriminalstatistik ist auch diese von den Bedürfnissen der Verfolger mitgeprägt, ihre soziale Geltung dadurch zu steigern, daß sie das von ihnen bekämpfte Delikt in seinen Dimensionen aufblähen. Die kritische Forderung lautet dann, zwischen einem Wahrheitsinteresse und der Absicht zu unterscheiden, eigene Interessen durch scheinobjektive Behauptungen zu fördern.

Potentielle Nutznießer des Glaubens, Mißbrauch in der Therapie sei Routine, sind unter anderem die Massenmedien, konkurrierende Therapieeinrichtungen (z.B. die Befürworter von Psychopharmaka oder von feministischer Therapie, wonach Frauen nur von Frauen behandelt werden sollten) oder auch konkurrierende Interessenvertreter, denen die therapeutische Innovation Ärgernis gibt (z.B. Vertreter von Sekten oder von fundamentalistischen Richtungen der großen Religionsgemeinschaften).

Aber selbst wenn diese Einflüsse berücksichtigt werden, scheint es angebracht, über Faktoren nachzudenken, welche Disziplinverluste in der therapeutischen Arbeit fördern. In einer Untersuchung über die helfenden Berufe habe ich vier Typen konstruiert, welche die Wechselwirkung zwischen Beruf und Privatleben in jenen »neuen« helfenden Professionen charakterisieren sollen, in denen die Beziehung zwischen Helfer und Schützling als »Arbeitsinstrument« definiert wird, das persönlich gestaltet und nicht mehr, wie bei den »alten« oder normativen

Helfern, durch Vorschriften geregelt wird.* Ich unterschied damals:

1. Das Opfer des Berufs, bei dem die Möglichkeit, im Beruf auch emotionale Kontakte auszuleben, dazu führt, daß es praktisch kein Privatleben mehr gibt und die Verarmung der Privatsphäre schließlich das Risiko von Depressionen steigert.

2. Perfektionistische Lösungen, in denen die hohen Ansprüche einer professionellen Leistung auch auf das eigene Privatleben gerichtet werden, das dadurch unter schwer erträglichen Erfolgsdruck gerät (angesichts seiner eigenen Scheidung kann der Ehetherapeut seine berufliche Identität nicht mehr aufrechterhalten).

3. Spaltungen, wodurch das Privatleben an den Elementen der beruflichen Leistung verarmt; der Therapeut begegnet z.B. den Vorwürfen seiner Ehefrau mit der Gegenklage, er müsse sich den ganzen Tag das Jammern depressiver Frauen anhören, oder der Arzt kann es nicht ertragen, daß seine Kinder krank sind, und schickt sie mit hohem Fieber noch in die Schule.

4. Piraterie – der intimitätsnahe Beruf wird ausgenützt, um sich private Befriedigungen zu verschaffen. Das Konzept ist weiter als das des sexuellen Mißbrauchs; es schließt auch andere Vorteilsnahmen ein, z.B. Geschäftsverbindungen oder narzißtische Ausbeutung, wenn ein Helfer Gefolgsleute aus seinen Schützlingen rekrutiert.

Diese Reaktionstypen sind aus dem (gruppen)analytischen Beobachtungsgut gewonnen. Perfektionistische und »Opfer des Berufs«-Haltungen haben sich im Lauf der letzten zwanzig Jahre vermindert, während die Häufigkeit der »Spalter« und »Piraten« zugenommen hat. Diese Entwicklung paßt in die zeitgeschichtliche Situation, wonach

---

* W. Schmidbauer, Helfen als Beruf. Die Ware Nächstenliebe. Reinbek (Rowohlt) 1983, 1992

sich in den letzten Jahrzehnten die Konsumgesellschaft radikalisiert hat. Sie erodiert die traditionellen Haltungen der Professionalität und begünstigt neue Entwicklungen. Dieser Prozeß hängt auch damit zusammen, daß Psychotherapie immer jüngeren Bevölkerungsschichten in größerem Umfang zur Verfügung steht.

Nun müssen fast alle Therapeuten in einem auf »Selbsterfahrung« gerichteten Baustein der eigenen Ausbildung ihre eigene Persönlichkeit kennenlernen. Aber die Hoffnung ist trügerisch, daß sich dadurch allen Problemen von Helfern mit ihrer Abstinenz (d.h. dem Verzicht auf unprofessionelles Verhalten) vorbeugen läßt. Die therapeutische Intervention bei einem Helfer ist geeignet, seinen Perfektionismus zu mildern und ihn damit vertraut zu machen, daß auch ein geschiedener Familientherapeut gute Familientherapie machen kann. Sie fördert die Psychohygiene, welche das Opfer des Berufs vernachlässigt, und gibt ihm zumindest den Anstoß, auch außerberufliche Interessen zu entwickeln und sich nicht in einem Gehäuse idealisierter Leistungen einzuschließen.

Bei dem »Spalter« und dem »Piraten« scheint mir die therapeutische Intervention weniger zu greifen. Es ist in der Regel leichter, ein strenges Über-Ich zu differenzieren und zu mildern, als die Neigung zu bequemen, regressiven Lösungen einzudämmen. Es ist für den Spalter anstrengend und unangenehm einzusehen, daß er sich nicht aufgrund seines Beziehungs-Berufs vor den Auseinandersetzungen in seiner Familie drücken kann, und der Pirat wird ebenfalls nur ungern hören, daß es nicht angeht, sich durch flinke Beendigung einer Therapie mit einer neuen, anbetenden Geliebten zu versorgen.

Bleiben wir mit unserer Argumentationslinie innerhalb der therapeutischen Profession, dann werden wir in solchen Fällen sagen, daß es unabdingbar ist, therapeutische Interventionen, die übermäßige Disziplinierungen abbauen, von jenen zu unterscheiden, welche dissoziale Mängel einer Persönlichkeit ausgleichen sollen. Freud hat betont, daß die Neurose das Gegenteil der Perversion ist. Wer seine Triebe auslebt, will zunächst einmal keine therapeutische Hilfe und kann sie auch nicht gebrauchen.* Erst wenn er massive Nachteile durch seine mangelnde Disziplin befürchtet, entschließt er sich zu einer Behandlung; diese Motivation bricht aber oft zusammen, wenn er erkennen muß, daß es nicht möglich ist, die Lust des Triebdurchbruchs auszukosten, ohne die Nachteile der gesellschaftlichen Sanktion zu erleiden.

Das bedeutet ganz und gar nicht, daß die Behandlung solcher Störungen unsinnig oder aussichtslos ist. Aber sie muß andere Schwerpunkte setzen und sich vor der Regressionsförderung hüten, die gerade im populären Klischee oft mit Psychotherapie schlechthin gleichgesetzt wird.** Gerade in der Drogentherapieszene, in der sich die Disziplinlosigkeiten der Konsumgesellschaft wie unter einem Mikroskop studieren lassen, sind Klienten, die unerfahrene Therapeuten mit ihrem Bescheidwissen, was für sie die »richtige« Behandlung sei, unter Druck setzen, fast die Regel. Wenn der disziplinierte und strukturierte Helfer dann aufgrund der Erfahrung, die er in seiner Therapie gewonnen hat, die Regression des Süchtigen fördert, muß er scheitern.

Seit das Ausleben der Triebe eine Komponente des Zeitgeistes der Konsumgesellschaft geworden ist, wird es immer schwieriger, die Psychotherapie davor zu schützen, daß sie falsche Versprechungen macht. In den Gesellschaften gibt es einen immensen Bedarf nach einfacher, schneller und kostengünstiger Therapie von dissozialen und regressi-

---

* Freud sah in der Sucht – auch in seiner eigenen – eine unüberwindliche Grenze der psychotherapeutischen Intervention.
** Etwa in dem vielzitierten Witz: »Itzig, sag, machst jetzt drei Jahre Psychoanalyse wegen dein'm Bettnässen. Is es weg?« »O nein. Aber ich schäm mich nicht mehr!«

ven Symptomen – von Sucht, Verwahrlosung, Kriminalität. Und es gibt, ebenfalls im Zuge der Entwicklungen zur Konsumgesellschaft, eine wachsende Suche nach Sinn, nach narzißtischer Bestätigung, nach Geltung durch extreme Leistungen oder deren Vorspiegelung.

Daher ist es für die Helfer als Berufsgruppe sehr schwierig geworden, Vorkehrungen zu treffen, daß nicht einzelne von ihnen (1.) zuviel versprechen, also behaupten, sie könnten auch gegen die Störungen, die durch dissoziale Neigungen entstehen, rasch wirksame individuelle Dienstleistungen anbieten, und (2.), daß nicht in ihren eigenen Reihen Personen auftreten, die selbst an solchen Störungen leiden. Eine geheime Pointe liegt nun darin, daß die Therapeuten, auf die (2.) zutrifft, am bereitwilligsten in den unter (1.) erwähnten Fehler verfallen. Es stört sie wenig, mehr zu versprechen, als sie halten können, und ebendiese Qualität des bedenkenlos gegebenen Versprechens scheint mir auch eine wichtige Voraussetzung von Patientenmißbrauch und Abstinenzverletzung zu sein.

Es ist einfach, vom Schreibtisch her ohne Trieb- wie Handlungsdruck dafür zu plädieren, vorausschauend zu handeln, auch in Therapie- bzw. Liebesdingen (der Unterschied zwischen beiden vermischt sich in den angesprochenen Situationen). Solche guten Worte werden nicht zuletzt deshalb so oft ausgesprochen, weil sie so selten wirksam sind und häufig eher die Funktion haben, das Gefühl der Selbstgerechtigkeit beim Ratgeber zu stärken, als die Verwirrung Betroffener zu klären. Mir scheint, daß es wichtig ist, an der Selbstkritik und Selbstdistanz der Helfer anzusetzen, noch bevor sie sozusagen Gefahr laufen, über die eigenen Größenvorstellungen zu stolpern. Dazu kann ein kritischer, mündiger Nutzer von Psychotherapie sehr viel beitragen. Die Metapher, die mir hier am nächsten liegt, ist die der Geldanlage: Betrug ist immer Betrug, aber Opfer tragen eine Mitverantwortung, wenn sie Schwindlern auf den Leim gehen. Sie konnten in der Regel zwischen seriösen und unseriösen Angeboten wählen, und nicht selten sind jene die leichtesten Opfer eines Betrügers, die sich von der Hoffnung leiten lassen, sie könnten schlauer sein als alle anderen, und sich Vorurteile verschaffen, die eigentlich ihrem Sinn für Gerechtigkeit widersprechen. Wer den Scharlatan, der ihm nicht nur schnelle und bequeme Heilung, sondern auch noch private Erfüllung verspricht, einem korrekten Professionellen vorzieht, sollte sich über Mißbrauchserlebnisse eigentlich nicht wundern.

Leider sind aber Mißbrauchserfahrungen nicht auf Scharlatane begrenzt. Auch gut qualifizierten und in anderen Situationen untadelig arbeitenden Helfern kann es widerfahren, daß sie eine manische Selbstüberschätzung, die in der engen Beziehung mit dem Schützling entstanden ist, nicht in kritische Distanz rücken können. Nach dem Motto: Was gut ist für General Motors, ist auch gut für Amerika, erlebt ein solcher Helfer ein Amalgam aus sexuellen Wünschen und Helferabsichten als gewöhnliche Liebesbeziehung und handelt entsprechend. Das ist vor allem dann unheilvoll, wenn er die Therapie nicht ausdrücklich beendet und sein Scheitern, therapeutisch weiterzuarbeiten, vor einer Klientin verheimlicht, die ihn idealisiert und sich ihm anvertraut.

Vorbeugung scheint dann nicht mehr möglich, wenn die Situation schon so weit gediehen ist. Sie könnte aber greifen, wenn z.B. die erfahrenen Therapeuten offener über ihre eigene Verführbarkeit sprechen könnten. Dieses Sprechen wird gegenwärtig durch ein Klima der Tabuisierung und Dämonisierung erschwert. So scheint es, daß – ähnlich wie in anderen Formen der Dissozialität – die Bekämpfungsmaßnahmen zu einer Mitursache des unerwünschten Verhaltens werden. Weil nicht über das Entgleisen der Abstinenz gesprochen werden darf, spaltet sich die therapeutische Kultur in einen Himmel, in dem gute Therapeuten alles unter Kontrolle haben, und in eine Hölle, in der verantwortungslose Helfer ihre Schützlinge mißbrauchen.

Freilich sind solche Offenheit und der einfühlende, konstruktive Umgang mit Fehlern nicht leicht zu haben. Sie würden zwar dazu beitragen, daß sich kleine Grenzüberschreitungen nicht zu großen steigern und der Druck, den der Täter von seiten der Kollegen spürt, nicht sadistisch an das Opfer weitergegeben wird. Aber sie setzen auch voraus, daß es Freiräume innerhalb der Professionen gibt, die dann enger werden, wenn sich die Konkurrenz im Dienstleistungsbereich verhärtet.

Freud hatte es noch relativ leicht, mit den Abstinenzverfehlungen seiner Schüler umzugehen und über die eigenen ohne besondere Angst oder Scham zu sprechen, denn er war überzeugt, etwas einzigartig Neues und Gutes anzubieten. Da konnten die kleinen Schwächen der Forscher in Kauf genommen werden.

Heute sind therapeutische Dienstleistungen sehr vielfältig und durchaus konkurrenzbestimmt. Selbst innerhalb der Psychoanalyse gibt es in einer Großstadt wie München vier miteinander konkurrierende – freilich auch durchaus kooperierende und freundschaftliche Kontakte pflegende – Institute. Jedes behauptet einen Vorsprung vor den anderen, wie das in konkurrierenden Unternehmen üblich ist. Daher wird ein Mangel an dem angebotenen Produkt »korrekte, erfolgreiche Psychotherapie« in einem konkurrenzbestimmten Markt anders aufgegriffen (und vertuscht), als das in einem anderen gesellschaftlichen Klima der Fall wäre.

Therapeuten partizipieren sozial am Schicksal der Ärzte, die zwar immer noch hohes Ansehen genießen, aber gesellschaftlich stark in die Defensive geraten sind, finanzielle Einbußen erleiden und zunehmend mit Schadenersatzprozessen rechnen müssen. Ich habe an anderen Stellen darauf hingewiesen, daß die aus dieser Situation resultierende -

»defensive Medizin« (oder defensive Psychotherapie) keineswegs nur Vorteile hat, wie es die Anwälte der Patientenrechte reklamieren.*

* Vgl. a. W. Schmidbauer, Jetzt haben, später zahlen. Die seelischen Auswirkungen der Konsumgesellschaft, Reinbek (Rowohlt) 1995

Allgemeine Literatur

Peter Buchheim, Manfred Cierpka, Theodor Seifert (Hrsg.): Psychotherapie im Wandel – Abhängigkeit. Berlin–Heidelberg 1991
Sammlung von Vorträgen des größten Psychotherapeuten-Kongresses in Deutschland: der Lindauer Psychotherapiewochen. Spiegelt gut die Entwicklung der deutschen Psychotherapie in den letzten 40 Jahren und verbindet Gesichtspunkte verschiedener therapeutischer Richtungen.

Klaus Dörner, Ursula Plog: Irren ist menschlich. Lehrbuch der Psychiatrie/Psychotherapie. Rehburg-Loccum 1978
Von einem Nervenarzt und einer Journalistin verfaßte, verständliche Darstellung, die konsequent die Ausgrenzung der psychisch Kranken vermeidet und sich auf den Umgang der Gesellschaft mit dem Fremdartigen konzentriert.

Annegret Eckhardt: Im Krieg mit dem Körper. Autoaggression als Krankheit. Reinbek 1994.
Die Autorin arbeitet als Therapeutin und Nervenärztin an einer Universitätsklinik in Mainz. Sie beschäftigt sich mit den Tendenzen zur offenen Selbstverletzung (Schneiden, z.B. mit einer Rasierklinge in den Arm, aber auch Verbrennungen, Nägelkauen, Haareausreißen u.ä.m.), aber auch mit heimlichen Selbstverletzungen, die manche Menschen an sich vornehmen, um einen Krankenhausaufenthalt zu erreichen (»Münchhausen-Syndrom«). Das Buch ist anschaulich und gut dokumentiert. Es beleuchtet ein Phänomen, das häufiger ist, als viele annehmen, aber oft übersehen wird.

Thomas Giernalczyk: Lebensmüde. Hilfe bei Selbstmordge-
fährdung. München 1995.
Der Autor arbeitet in einer der ersten deutschen Einrichtungen zur Suizidprophylaxe, der 1969 in München gegründeten »Arche«. Selbstmord ist ein Problem, das öffentlich
meist unterschätzt wird – nur wenige wissen z.B., daß durch
Suizid jährlich in Deutschland mehr Menschen sterben
als durch Autounfälle (13 129 Menschen gegenüber 10 267
im Jahr 1992). In seinem Text vermittelt Giernalczyk die
Selbstgefühlskrisen und andere Ursachen für Selbstmordim-
pulse ebenso wie die Möglichkeiten einer therapeutischen
Intervention; in einem Anhang sind sämtliche Fachgesellschaften und Einrichtungen zur Krisenintervention und
Suizidprophylaxe aufgelistet.

Thomas Giernalczyk: Therapie ohne Ende. Die mehrfache
Nutzung von Psychotherapie. Freiburg 1992
Eine empirische Arbeit aus einem Zentrum für Suizidprophylaxe (»Die Arche«, München) über Menschen, die mehrere Psychotherapien absolvieren. Das Ergebnis widerlegt
die Vermutung, daß in solchen Fällen »alles nichts gebracht«
habe; manche Menschen brauchen längere Zeit und häufi-
gere Anläufe als andere.

Hannah Green: Ich hab dir nie einen Rosengarten verspro-
chen. Reinbek 1978
Anschauliche, sehr differenzierte Darstellung der inneren
Welt eines schizophrenen Mädchens, das durch eine Psy-
choanalyse geheilt wird. (Für die Therapeutin stand Frieda
Fromm-Reichmann Modell).

Eva Jaeggi: Zu heilen die zerstossnen Herzen. Reinbek
1997.
Die Autorin ist Universitätslehrerin und eine Verhaltensthe-
rapeutin, die später eine Ausbildung zur Psychoanalytikerin

absolviert hat. Sie kennt also beide Richtungen nicht nur »akademisch«, sondern gründlich und genau. Originell und sehr einfühlsam beschreibt Jaeggi, wie unterschiedliche psychotherapeutische Schulen mit einer Patientin umgehen. Das Buch belegt, daß mehrere Wege zum Ziel führen können, und informiert ebenso gründlich wie leicht lesbar über die spezifischen Qualitäten psychotherapeutischer Prozesse.

Giovanni Jervis: Kritisches Handbuch der Psychiatrie. Frankfurt 1978
Aus den Erfahrungen der italienischen Reformbewegung geschriebene, kritische Darstellung der psychiatrischen Praxis für Fachleute und Laien.

Johannes Kemper: Sexualtherapeutische Praxis. München 1992.
Ein anschaulich geschriebenes Buch, das nicht nur die Behandlung von Sexualstörungen sowohl aus verhaltenstherapeutischer wie auch aus psychoanalytischer Sicht erläutert, sondern auch wohltuend kritisch gegenüber allen Versuchen ist, vorschnell Analogieschlüsse als Wahrheiten auszugeben, denn »unsere Annahmen über die Psychosomatik und über die Sexualität stellen bereits außerordentliche Einengungen nicht wißbarer und letztlich nicht verstehbarer Bereiche dar«. (S. 252)

Frank Matakas: Neue Psychiatrie: Integrative Behandlung: psychoanalytisch und systemisch. Göttingen 1992
Der Autor beschreibt einfühlsam und genau seine Arbeit als »Reformpsychiater« in einer Tagesklinik. Bericht über den gegenwärtigen Stand und die organisatorischen Probleme einer Psychotherapie von Psychosen.

Wolfgang Mertens (Hrsg.): Psychoanalyse. Ein Handbuch in
Schlüsselbegriffen. München 1983
Peter Kutter: Moderne Psychoanalyse. München/Wien
1989
Anschauliche und den Stand der modernen Forschung gut
zusammenfassende Darstellung der Psychoanalyse.

Tilmann Moser, Albert Pesso: Strukturen des Unbewußten.
Protokolle und Kommentare. Stuttgart 1992
Interessanter Versuch, die Psychoanalyse mit ihrem Absti-
nenz-Gebot und einem weitgehenden Berührungsverbot
mit dem körpertherapeutischen Ansatz zu verbinden. Vor
allem für Patienten geeignet, denen in der Psychotherapie
»nichts einfällt«.

Theodor Seifert/Angela Waiblinger (Hrsg.): Die 50 wichtigsten Methoden der Psychotherapie, Körpertherapie, Selbsterfahrung und des geistigen Trainings. Stuttgart 1993
Nachschlagewerk mit Kurzberichten sehr unterschiedlicher
Anschaulichkeit über ein breites Spektrum verschiedener
Methoden, mit einem Schwerpunkt im esoterischen Bereich. Die Herausgeber versuchen keine Systematik, haben
aber namhafte Fachleute zur Mitarbeit gewonnen.

Erlebnisberichte

Marie Cardinal: Schattenmund. Reinbek 1977
Bericht über eine Psychoanalyse, der sehr gut den Unterschied zwischen der Heilung eines Symptoms (unstillbarer
Genitalblutungen) und der langwierigen Arbeit an den
unbewußten Hintergründen der Symptombildung während
einer langen, klassischen Psychoanalyse darstellt.

Axel Dinslage: Psychotherapeut für junge Menschen ohne Marktwert. Erfahrungen zwischen Psychiatrie und Leben. München 1984
Darstellung »neuer« Patienten und der durch sie entstehenden sozialen und persönlichen Probleme bei einem engagierten Therapeuten.

Eckhard Giese, Dieter Kleiber (Herausgeber): Im Labyrinth der Therapie. Erfahrungs-Berichte Thema: Psychotherapie. Weinheim 1990.
Die Autoren lassen Betroffene über ihre guten und schlechten Erfahrungen mit Psychotherapeuten erzählen. Dabei wird die ganze Variationsbreite der Reaktionen von der vorsichtigen Dankbarkeit bis zum tief gekränkten Vorwurf deutlich. In einem einfühlsamen Prolog wird das Vorhaben einer Psychotherapie mit dem Antritt einer Reise verglichen.

Ursula Goldmann-Posch: Tagebuch einer Depression. München 1985
Bericht über eine Depression, die durch Psychotherapie und Medikamente geheilt wurde. Mischung aus Erlebnisbericht und journalistischer Darstellung der Behandlungsmodelle.

Tilmann Moser: Lehrjahre auf der Couch. Frankfurt 1976
Freimütiger Bericht eines Psychoanalytikers über seine eigenen Irrwege durch die Analyse und deren (vorläufiges) Ende bei einem Therapeuten, der auf die narzißtische Problematik einzugehen wußte.

Register

Abbruch 130
Abstinenz, analytische 59 f., 72 ff.,
   80 f.
Abwehrwiderstand 85
Adler, A. 104–108, 110, 113, 114,
   139
Affekt 55 ff., 59, 67 f., 72, 77, 80,
   85, 122
Affektisolierung 67
Aggressionen, aggressiv 77, 146,
   148, 175 f., 210
Aggressionstrieb 104 f.
Agoraphobiker 136
Aids 41
Alexander, F. 87, 116
Alexander, G. 217 f.
Alkoholismus 35, 41, 141
Ambivalenzdebatte 18 f.
Amplifikation 113
Analyse, anamnestische 110
Analyse, klassische 106, 113, 114,
   120
Anamnese 27, 89, 93 f., 97, 129,
   147
Angst, Ängste 12 f., 18, 35, 36, 46,
   59 f., 62, 65 f., 69, 70, 72, 79, 84,
   121, 125, 128, 136, 143, 146,
   153, 158 f., 165, 168 ff., 172 f.,
   177 ff., 180, 186, 190, 200, 209
Antidepressiva 13
Arbeitstherapie 47
Archetypen 109 f., 113
Arterhaltung 110
Assoziation 113, 123
Atemtherapie 213 f.
Ausbildungsinstitut, anerkanntes
   26 f., 107

Ausbildungstherapeut 27
Ausdruckstraining 178 ff.
Ausfallhonorar 32
Ausweichen 128, 144

Bach, H. 120
Balint, M. 83, 204
Balint-Gruppe 204 f., 210 f.
Barett-Lennard, G. T. 189
Beamtenhilfe 99
Beck, D. 135, 136 f.
Bedürfnisbefriedigung 157, 194
Behandlungsmethode 13
Behaviorismus, behavioristisch
   167 f.
Bekehrungserlebnis
Bellak, L. 137
Benne, K. 206
Beratungsstelle 27
Bergold, J. 171
Bericht, anonymer 21
Berne, E. 150, 152
Berufsunfähigkeit 28, 98 f., 100
Berufsunfähigkeitsrente 28
Bestätigung 122
Bewußtsein 65, 72
Bewußtseinserweiterung 55,
   125
Bezugsgruppe 92
Bindungsängste 94
Bioenergetik 215 ff.
Bion, W. 139
Bleuler, E. 88
Bradford, L. 206
Breuer, F. 54 f., 173, 193
Bulimie 46
Burrow, T. 139

Carkhuff, R. R. 187
Caruso, I. 116
Charakteranalyse 69
Charakterneurose 87, 123
Clark, R. W. 109
Charakterwiderstand 86

Depressionen, depressiv 12, 45,
    107, 122, 131, 146, 148, 152,
    173, 175, 209, 215 f.
Desensitivierung, systematische
    72, 169–171
Deutung 75–78, 79 f., 83, 86, 111,
    113, 119, 125, 128, 134, 135,
    144, 159, 164, 185
Deutung, genetische 127
Deutung, konstruktive 111
Deutung, synthetische 111
Dienst, sozialpsychiatrischer 29
Diplom-Psychologie 24 f., 26, 28,
    99
Drogenabhängige 21, 46 f., 194
Drogenberatungsstelle 141
Dührssen, A. 76, 88, 94 f., 100 f.,
    125 f., 131 f., 136 f.

Einsicht 57–60, 66 f., 75 f., 78, 80 f.,
    83, 86, 116, 119, 121, 125,
    144 f., 151, 165 f., 168, 204
Eigenaktivität 78
Einzeltherapie 23, 143, 144 ff.,
    195, 200
Eissler, K. R. 75, 135
Emotionen, ausgeklammerte 121
Encounter-Gruppe 162, 164, 207 f.,
    210 f.
Entlassung auf Probe 114, 123
Entschlußlosigkeit 131
Entspannung, funktionelle 170,
    172, 213 f., 217
Entwicklungspsychologie, allge-
    meine 63 f.
Entwicklungsstörung 33, 91
Entziehung 46 f.
Erfolgsaussichten 12, 88, 90,
    100–102, 136, 171

Erfolgserlebnis 122
Ergotherapeut 28
Erikson, E. H. 64
Erkrankung, psychosomatische 17,
    25, 35, 38, 135, 146
Erlebnislücken 120 f.
Ermutigung 134
Ernst, K. 88, 136
Erregungszustände 173
Ersatzbefriedigung 89
Erstattungspsychologe 24
Erziehungsberatung 139
Es 38, 85, 150, 168
Esalen-Institut 159, 208
Eßgestörte 41, 46
Eutonie 217–219
Exploration 54
externalisieren 91
Eysenck, H. J. 100 f., 137, 168

Familienanamnese 95
Familientherapie 92, 104 f., 143,
    154
Feldenkrais, M. 217
Feldenkrais-Methode 217–219
Feldforschung, anthropologische
    52
Finanzierung s. Kosten
Flooding s. Reizüberflutung
Fokalkonflikt 134
Fokaltherapie 64, 133–138
Fokussieren 76, 133
Freud, S. 13, 17, 38, 43, 45,
    51–102, 104 f., 109, 114, 116 f.,
    121, 122, 126 f., 150, 158, 167,
    173, 185, 193, 215
Fromm, E. 116 f., 119
Fromm-Reichmann, F. 116
Frustrationstheorie 105

Gefühlsspannung 93
Gegenüberstellung 76
Gegenübertragung 69, 82–84, 120,
    145, 147, 188
Gegenübertragungsneurose 83 f.
Gegenübertragungskontrolle 121

Gehemmtheit, 62, 120, 146
Gemeinschaft, therapeutische 139
Generalisierung 190
Gesprächspsychotherapie 184–192
Gestalttherapie 140, 154,
    157–162, 164 f., 182, 193, 213
Gleichgewicht, inneres, 61
Glover, E. 116
Goldstein A. 171
Goodman, P. 157
Goulding, R. 152, 154, 164
Greenson, R. 74 ff., 80, 85
Gruppe, künstliche 140
Gruppe, natürliche 140
Gruppenanalyse 139
Gruppendynamik 92, 151, 156,
    157, 164, 166, 201, 206 ff.
Gruppengespräch 139
Gruppenpsychotherapie, analyti-
    sche 139 f., 143–149, 156, 150,
    162 f., 166, 200 f., 206
Gruppentherapie 23, 47, 139–166,
    169, 199, 210 f., 216
Gutachter 21 f., 31, 33 f., 99, 100,
    180

Hefferline, R. 157
Heilpraktiker 23 f.
Heilung 12, 17, 43, 51, 127, 163,
    165, 171, 173, 216
Heterogenität der Gruppe 146
Hilfs-Ich 164
Homosexualität, homosexuell 41,
    69, 96 f., 174, 194
Horney, K. 116
Hypnose 54 f., 70, 84, 86, 193
Hysterie, hysterisch 33, 55, 69, 87,
    117, 118, 130, 146, 148

Ich 38, 54, 56 f., 61 ff., 66 f., 80, 84,
    87, 89, 91, 95, 110, 123, 125,
    134, 135, 139, 144, 150, 155,
    168, 179
ich-fremd 61, 85
Ideal-Ich 135, 175
Identifizierung 139, 165

Imitationslernen 190, 203
Implosion s. Reizüberflutung
Impotenz 62
Indikation 12, 87–93, 107, 113 f.,
    123, 134, 146, 156, 160, 165,
    171, 190, 200 f., 208 f.
Individualpsychologie 104–108,
    113
Individuation 63
Infertilität 173
Integration 86, 159
Interaktion, therapeutische 141,
    144, 207
Interpretation 76, 144 f.
Intervention 75, 135

Janov, A. 55, 57, 140, 173,
    193–199
Johnson, V. 178
Jones, M. 109, 139
Jorswiek, E. 101
Jung, C. G. 109–115, 125, 159

Kassenzulassung 25
Kastrationskomplex 59
Katamnesetechnik 137, 173
Katharsis, kathartisch 55 ff., 59, 72,
    84, 86, 164 f., 173
Kempner, Hans 181
Kernberg, O. F. 64, 187
Kindertherapie 165
Klasse, psychoanalytische 139
Klärung 76
Klinik s. Krankenhaus
Kognitive Verhaltenstherapie
    180 ff.
Kohut, H. 64, 83
Kommunikationsfähigkeit 90
Kompensation von Organminder-
    wertigkeiten 104
Konditionieren, klassisches 167 f.
Konditionieren, operantes 167 f.,
    173
Konditionieren, verbales 117, 184
Konflikt, aktueller 111 f.
Konfliktdynamik 116, 133

Konsultationspflicht, wechselsei-
tige 25
Kosten 14, 17, 21 ff., 30 ff., 33 f., 43,
92, 98 f., 113 f., 123, 131 f., 137,
141, 143, 147 f., 156, 160, 165,
180, 190 f., 200 f., 210 f.
Köhler, Th. 157
Körpertherapie 160, 182, 203
Krankenhaus 17, 27 ff., 98 f., 101,
166, 173
Krankenkasse 12 ff., 21 ff., 28, 29,
30, 32, 92, 98 f., 107, 114, 123,
132, 140 f., 148, 156, 160, 166,
180, 191, 200 f., 214
Krankheit, körperliche 24 f.
Krankheitseinsicht 14
Krankheitsgewinn, sekundärer 85,
90, 105, 134
Kriminalität 107
Krisenintervention 22, 29, 191
Kurzgutachten 22
Kurzpsychotherapie 133–138

Laboratorium, gruppendynami-
sches 204
136 f.
Langzeitanalyse 135, 137
Lebovici, S. 164
Lehranalyse 27, 52
Leidensdruck 17, 20 f., 89 ff., 114,
134, 146, 185
Leistungsversagen, neurotisches
146
Lerntheorie 25, 33, 72, 151, 168,
216
Lewin, K. 157, 204, 206
Libido, libidinös 62 ff., 89, 96, 105,
110, 116
Liebermann, M. A. 208
Liebesverlust 84
Lippitt, R. 206
Loewenstein, R. M. 75
Lorenz, K. 105
Lust-Unlust-Prinzip 40
Lustgewinn 89
Lückentechnik 121, 126

Machtstreben 105
Magersucht 85
Mahler, M. 63
Malan, D. H. 136 f.
Malinowski, B. 52
Manager-Training 165
Masochismus, masochistsich 26,
121, 151 f.
Masters, W. 178
Medikamente 13, 17, 24, 38, 170
Middendorf, I. 214
Minderwertigkeitsgefühle 105 f.,
144
Moreno, J. L. 139, 154, 162–166
Motivation 38, 90 f., 134, 172
Musiktherapeut 28 f.
Muskelrelaxation 28

Nachreifung 131
Narzißmus, narzißtisch, 30, 36,
43, 62, 64, 71, 85, 95, 97, 150,
174
Nebenanalyse 85
Neopsychoanalyse 64, 98, 102,
107, 109, 116–124
Neuroleptika 13
Neurologe, Neurologie 28
Neuropsychologe 28
Neurose, neurotisch 13 f., 17, 18,
20, 30, 42, 57, 60 f., 66 f., 69,
87 ff., 92, 94, 98, 100 f., 112, 114,
118, 122 f., 125, 129, 137,
145 ff., 159, 165, 167, 174,
178 ff., 191, 194 f., 200, 214 f.
Neurosenlehre 54, 210
Nichtrauchertraining 28

Objekt 62 f.
Objektbeziehung 61 f., 64, 91, 112,
141
Objektstufe 111
Operation 17, 18, 25, 98
Organisationstraining 204
Orgon-Energie 215
Ödipuskomplex 52, 61, 64, 94,
105, 117

Paar-Therapie 140
Parameter 75, 135
Parin, P. 52
Pastoraltheologie 41
Pawlow, I. P. 167, 178
Penisneid 104 f.
Perls, F. 154, 157, 159
Persönlichkeitsentwicklung 33, 44, 64, 100, 106, 194
Persönlichkeitsveränderung 119, 166, 189
Perversion 89 f.
Phobien s. Ängste
Phylo-Analyse 139
Ploeger, A. 166
Pohlen, M. 146, 148
Potenzschwierigkeiten 97
Primärgruppe 61, 62 ff., 81, 94, 117, 203
Primärtherapie s. Urschreitherapie
Probehandeln 208
Prognose 90, 107
Projektionsschirm 143
Prophezeiung, sich selbst erfüllende 142, 191
Prüfungsangst 38
Psyche, psychisch 158
Psychoanalyse 51–103, 104, 110, 112, 118 f., 129, 150 f., 153, 157, 159, 162, 164 f., 167, 168, 175, 178, 193, 216
Psychodrama 139 f., 154, 156, 160, 162–166, 213, 216
Psychodynamik 171, 173
Psychologie, analytische 109
Psychopath, Psychopathie 107–210
Psychopharmaka 13 f., 17, 25, 134
Psychose, psychotisch 13 f., 19, 66, 87, 89, 98, 107, 114, 123, 130, 145, 146, 152, 165, 167, 191, 200, 214 ff.
psychosomatisch 17, 25, 35, 38, 135, 146, 165, 198, 214, 216
Psychosynthese 111

Psychotherapie, analytische 22, 109–115, 116–124, 125, 133, 13, 146, 156, 167, 169, 178, 200 f.
Psychotherapie, dynamische 125–132, 134
Psychotherapie, klientenzentrierte 186 ff., 190
Psychotherapie, nicht-direktive 186

Rado, S. 122
Rapport, ordentlicher 74
Rationalisation 77, 130
Realeinfälle 122
Regression, regressiv 66 f., 83, 118, 122, 126, 130, 201
Rehabilitation 28 f., 218
Reich, W. 86, 215
Reizüberflutung 172 f.
Rekonstruktion, analytische 112, 113
Rentenversicherung 28
Riemann F. 60, 116, 122
Rogers, Carl 184
Rogers, G. 184 ff., 191, 207 f.
Rogers, J. 184
Rollenspiel 162, 165, 180
Rückzugsverhalten 94

Sargant, W. 197
Satir, V. 154
Schilder, P. 139
schizoid 90, 94, 122, 130
Schizophrenie, schizophren 88, 107, 141, 146 f., 156
Schuldgefühle 70, 72, 97, 125, 136, 146
Schulen der Psychotherapie 12 f., 163, 194
Schultz, J. H. 170
Schultz-Hencke, H. 94, 116, 118, 120
Schur, M. 109
Schütz, W. 207 f.
Schwellensituation 87
Seiff, M. 118

Sekundärgruppe 117
Selbstachtung 40
Selbstanalyse 83
Selbstbefreiung 56
Selbstbefriedigung 97
Selbstbehauptungstraining
 178–181
Selbstbeherrschung 197
Selbstbetrugsmanöver 152 f.
Selbstbezüge 64, 158, 184, 189
Selbsterfahrung 27
Selbsterfahrungsgruppe 160,
 200–212
Selbsterhaltung 110
Selbstheilung 185
Selbsthilfegruppe 41
Selbstkritik 20
Selbstmordabsichten 29, 152
Selbstsicherheitstraining 178–181
Selbststudium 206
Selbstverantwortung 153
Selbstverstärkungssystem 174
Selbstvertrauen 36, 40, 191
Selbstverwirklichung 44, 91, 113
Selbstwahrnehmung 36, 129, 136,
 139, 144, 204
Selbstwertgefühl 106, 113, 135,
 156
Selbstzerstörung 153
Sensitivitätstraining 43, 178, 206 f.
Sex, sexuell 41, 62, 69, 96 f., 105,
 116 f., 146 f., 178, 185
Sexualphysiologie 178
Sexualtabu 97
Simkin, J. 154
Sitzung, probatorische 22, 110
Skinner, B. F. 167, 173
Slavson, S. R. 139
Small, L. 137
Sozialamt 28, 99
Sozialtherapeut 140
Soziodrama 162
Spiele 152, 155, 207
Spontanaussagen 93 f.
Spontaneität 164 f., 208
Spontanheilung 28, 100 f.

Standardmethode 100 f., 107, 113,
 116 ff., 221, 125 f., 129 ff.
Stegreiftheater 162 f.
Stone, L. 73
Störungen, seelische 13, 19, 28 f.
 58, 133, 178, 191
Strafreiz 174
Straftäter 141
Streicheleinheiten 151 f.
Strupp, H. H. 187
Studien, ethnopsychoanalytische
 52
Stundenhäufigkeit 31, 98 f., 106,
 113, 119, 123, 129, 130, 133,
 147, 156, 160, 180, 190, 200 f.,
 208 f.
Subjektstufe 111, 159
Sublimierung 53
Sucht 44, 46 f., 89 f., 141
Sufi-Weisheiten 182
Sullivan, H. S. 117
Symbiose 63
Symptomanalyse 69, 87

Tai-Chi-Übungen 213
Tausch, A. 188
Tausch, R. 187
Tendenz, prospektive 112
Testpsychologe 129, 191
Therapeutenwechsel 30 f.
Therapie, feministische 41, 42
Therapie, individualpsychologi-
 sche 104–108, 113, 114, 125
Therapieziel 134
Tiefendeutung 85
Tiefenentspannung 170
Tiefenpsychologie 22, 180, 191
Todestrieb 53, 105
Training, autogenes 28, 214
Tranquilizer 13
Transaktionsanalyse 140,
 150–156, 164 f., 193
Traum, Träume 70–80, 85, 110 f.,
 113, 129, 159, 179
Trauma, Traumatisierung 141, 164,
 193, 210

Trennung 39, 40, 62
Trieb 45, 46, 95, 104f., 109f., 118,
    120, 127, 134f., 159
Trotzreaktion 117
Truax, Ch. B. 187

Ullrich de Muynck, R. 173, 180
Ullrich, R. 173, 180
Umstrukturierung 133
Unbewußtes 70, 109f., 118, 157
Unbewußtes, kollektives 109
Unbewußtes, persönliches 109
Unterbewußtes 110
Urerlebnis 196f.
Urschrei-Therapie 55, 57, 140,
    173, 193–199
Über-Ich 38, 40, 46, 85, 139, 145,
    150, 175
Übertragung 74, 80ff., 86, 106,
    116f., 126f., 143f., 191, 203
Übertragungsneurose 81f., 106,
    113, 116ff.
Übertragungsreaktionen 86,
    91–93, 125f.
Übertragungswiderstand 85

Vaginismus 173
Vaterfigur 94, 207
Verdrängung 120, 157
Vereinigung, kassenärztliche 145,
    151, 176f.
Verhaltensmodifikation s. Verstär-
    kungssystem
Verhaltenskorrektur 145, 151,
    176f.
Verhaltensstörung 123, 175f.
Verhaltenstherapie 12, 21, 24, 33,
    159, 165, 167–181, 191
Vermeidungsverhalten 172
Versagungsängste 94, 146
Verstärker 151, 160, 176, 180, 185
Verstärker, negativer 174ff.
Verstärker, positiver 174ff., 179

Verstärkung, intermittierende
    175f.
Verstärkung, kontinuierliche
    175f., 184
Verstärkungssystem 173–178
Vertrauen 30f., 74
Vorgespräch 93–99
Vorstellungskontrolle 177
Vorurteile 13

Wachtel, Paul 181
Wachstum, emotionales 159, 160
Wallerstein, J. 60
Weiterbildung 24, 204f.
Weltanschauung, therapeutische
    163
Wender, L. 139
Wertheimer, M. 157
White, R. W. 64
Widerstand, 84ff., 90, 93, 116,
    120, 127, 128, 140, 146
Widerstand, neurotischer 127
Widerstandsanalyse 86, 118
Wiederholungszwang 151f., 203,
    205
Wissen 57, 60, 66f., 75f., 122
Wittmann, Lothar 181
Wohngemeinschaft, therapeutische
    141
Wolf, A. 139
Wolpe, J. 168ff., 171
Wundt, W. 157

Yalom, I. 208
Yoga 213

Zeitaufwand 98f., 106f., 114, 117,
    119, 123, 126, 131f. 137, 141,
    143, 147f., 156, 160, 165, 171,
    180, 190, 200f., 210f.
Zwangsbehandlung 21
Zwangsneurose 18, 132, 136, 146